JN192263

非上場株式の評価と活用の留意点Q&A

税理士 **与良 秀雄** 著

税務研究会出版局

はじめに

　平成25年度改正により平成27年分から相続税の課税最低限が引き下げられました。国税庁発表の平成28年分相続税の申告状況を見ると、相続税の課税割合は8.1％（平成27年8.0％）となっており、平成26年分の4.4％に比べて倍増し、バブル期の昭和62年分の7.9％も上回りました。これまでに比べてより多くの人が相続税への関心をもつようになったといえます。

　このような中、近年の相続税を巡る最大の関心事は「事業承継」であり、非上場株式等についての贈与税・相続税の納税猶予及び免除の特例についても、平成21年度創設後、平成25年度、平成29年度と順次適用要件等が見直され、徐々に使い勝手がよくなってきているところですが、平成30年度改正では、「中小企業経営者の年齢分布のピークが60歳台半ばとなり、高齢化が急速に進展する中で、日本経済の基盤である中小企業の円滑な世代交代を通じた生産性向上は、まったなしの課題となっている」との問題認識の下、10年間の特例措置として、①納税猶予対象株式を全株に引き上げ、②相続税の納税猶予割合を100％に引き上げ、③雇用要件の抜本的な見直し、④新たな減免措置の創設等を内容とする新しい納税猶予制度が創設されました。

　このように目まぐるしく「事業承継税制」の改正が行われ、ついに承継時の税負担が「0」のところまできました。これで何も心配することはなくなったという声も聞かれますが、制度の内容をみていくと非上場株式等に係る株価対策の重要性は変わりません。

　本書は、このような非上場株式等に関して、その株価対策の基本となる評価方法、非上場株式等の移転に関する課税関係、特にオーナーと法

人との間の取引に重点を置いて解説した内容となっています。事業承継に伴う非上場株式等の株価対策は、その対象会社ごとに異なると思いますが、いずれによるとしても、その前提となるのは、まず現状把握に着手する必要があります。そして、その方法ごとに注意すべき点がありますが、特に、株式の移転による対策を採る場合には、事業承継における基本である相続税のほかに、贈与税、所得税、法人税の課税関係が発生することになりますので、慎重な検討と対応が求められます。

　本書は、改めて読み返すと不十分な部分もありますが、事業承継や自社株対策を検討される実務家の皆様のお役に少しでも立てば幸いです。

　税務研究会の知花隆次氏には貴重なアドバイスを含め、数々のご協力をいただきました。この場を借りてお礼申し上げます。

　平成30年5月

税理士　与良秀雄

目　次

第3章　純資産価額方式関係

～非上場株式の活用方法～

第6章 相続税の課税関係

第7章 贈与税の課税関係

第12章　その他

第3編　参考資料

＜凡　例＞

　本書において使用した主な省略用語は、それぞれ次に掲げる法令等を示します。

所法	所得税法
所令	所得税法施行令
所規	所得税法施行規則
所基通	所得税基本通達
相法	相続税法
相令	相続税法施行令
相基通	相続税法基本通達
法法	法人税法
法令	法人税法施行令
法基通	法人税基本通達
租法	租税特別措置法
租令	租税特別措置法施行令
通則法	国税通則法
評基通	財産評価基本通達

　本書は、平成30年4月1日現在の法令通達によっています。

第1編

非上場株式の評価と活用の概要

第1章

株式評価の全体像

1　基本的な考え方

　相続税法22条は、「相続、遺贈又は贈与により取得した財産の価額は、当該財産の取得の時における時価に…よる。」とし、評価通達1項は、「財産の価額は、時価によるものとし、時価とは、課税時期…において、それぞれの財産の現況に応じ、不特定多数の当事者間で自由な取引が行われる場合に通常成立すると認められる価額をいい、その価額は、この通達の定めによって評価した価額による。」としています。

　このような相続税または贈与税における時価の考え方の中、非上場株式は、証券市場における市場取引または証券会社の店頭取引のように、同種のものが大量かつ継続的に取引された結果形成される取引価格（市場価格）を有するものではありません。仮に取引事例があった場合でも、それは特定の当事者間あるいは特別の事情で取引されることが多く、その取引価格は客観的な交換価値として採用することは適当とはいえません。

　また、非上場株式の発行会社の規模は、大きいものは上場会社に匹敵するものから、小さいものは個人企業と変わらないものまで様々であり、その株主も、会社の所有者ともいうべき株主から、従業員株主などのような少数株主まで様々です。

　このような状況から、非上場株式を画一的な一つの方法のみによって評価することは適当ではないので、その非上場株式の発行会社の規模等の実態に即して評価を行うこととしています。

(1)　会社の規模に応じた原則的評価

　非上場株式の価額は、評価しようとする株式の発行会社の規模に応じて、それぞれの会社に適用すべき評価方法は次のとおりです。

　　①　上場会社に匹敵するような大会社の株式は、上場会社の株式の評価との均衡を図ることが合理的であるので、原則として、「類似業種比準方式」により評価します。

　　②　個人企業者とそれほど変わらない小会社の株式は、個人企業者の財産評価との均衡を図ることが合理的であるので、原則として、「純資産価額方式」により評価します。

　　③　大会社と小会社との中間にある中会社の株式は、大会社の評価方式と小会社の評価方式との「併用方式」によって評価します。

(2)　少数株主等に対する特例的評価方式

　株主の中でも事業経営への影響度の少ない同族株主の一部や従業員株主などが株式を所有する場合には、実質的には、単に配当を期待するにとどまるほか、評価手続の簡便性をも考慮して、原則的評価方式に代えて、特例的評価方式である「配当還元方式」により評価することとしています。

(3)　特定の評価会社の評価方式

　非上場株式の発行会社の中には、資産の保有状況が特定の資産に偏ったり、営業の状態等が特異な会社があり、一般の非上場株式と同じ方法でその株式を評価することは適当ではないと認められるものがあります。このような会社の株式を「特定の評価会社の株式」として、一般の非上場株式とは区分し、純資産価額方式等によって評価することとしています。

区分	評価方式	原則的評価方式	特例的評価方式
一般の評価会社	大　会　社	類似業種比準方式（純資産価額方式との選択可）	（同族株主以外の株主または少数株主が取得した場合） 配当還元方式
一般の評価会社	中　会　社	類似業種比準方式と純資産価額方式との併用方式（類似業種比準価額について純資産価額方式を選択可）	
一般の評価会社	小　会　社	純資産価額方式（併用方式を選択可）	
特定の評価会社	比準要素数1の会社	純資産価額方式（併用方式（Lの割合0.25）との選択可）	
特定の評価会社	株式等保有特定会社	純資産価額方式（「$S_1 + S_2$」方式との選択可）	
特定の評価会社	土地保有特定会社	純資産価額方式	
特定の評価会社	開業後3年未満の会社等	純資産価額方式	
特定の評価会社	開業前または休業中の会社	純資産価額方式	
特定の評価会社	清算中の会社	清算分配見込額の複利現価による評価方式	

2　会社の規模区分と評価方式

(1)　評価会社の規模区分の判定

　　評価会社の規模区分の判定は、「卸売業」、「小売・サービス業」及び「卸売業、小売・サービス業以外」の業種に区分し、それぞれの業種について「従業員数」「直前期末における総資産価額」及び「直前期末以前1年間の取引金額」の三つの判定要素ごとに定めた基準に基づき、「大会社」、「中会社」または「小会社」に区分することとしています。

(2)　会社の規模別の評価方式

　①　大会社

　　イ　大会社の株式の価額は、類似業種比準価額によって評価します。ただし、納税義務者の選択により、1株当たりの純資産価額（相続税評価額によって計算した金額）によって評価すること

ができます。

ロ　類似業種比準価額とは、評価会社と事業の種類が同一または類似する複数の上場会社の株価の平均値に比準して、その株式の価額を求めるものです。

　上場株式の価格は、1株当たりの利益や純資産だけで形成されているものではなく、事業の内容、資本の系列、経営者の手腕なども価格形成の要因となっており、また、その業種の置かれている経済的環境やその将来性も株価に影響を及ぼしています。上場株式の株価がそのように形成されているとすれば、それに匹敵するような大会社の株式を、収益価値とか純資産価値だけで評価することは、両者の間にアンバランスが生じ適切なものとはいえません。

　大会社の株式の評価に類似業種比準方式を適用するのは、これらのアンバランスに着目して、上場株式との間の評価バランスを図ろうとしたものです。

② 中会社

イ　中会社の株式の価額は、類似業種比準方式と純資産価額方式との併用方式によって評価します。ただし、納税義務者の選択により、類似業種比準価額を1株当たりの純資産価額（相続税評価額）によって計算することができます。

$$
\frac{類似業種}{比準価額} \times L + \frac{1株当たりの純資産価額}{（相続税評価額）} \times (1 - L)
$$

ロ　「Lの割合」は、評価会社の総資産価額（帳簿価額）及び従業員数または直前期末以前1年間における取引金額に応じて、大会社、中会社及び小会社の相互間の評価に差異が生じないよ

う3段階（0.90、0.75、0.60）に区分して定められています。

　会社の規模が大きくなるに従って「Lの割合」が大きくなり、類似業種比準価額のウェイトが高まります。

　中会社とは、大会社と小会社との中間に位置する会社であり、この範疇に属する会社は、大会社のような要素を持つとともに、小会社のような要素を併せ持つものと考えられますので、会社の規模に応じて、大会社の株式を評価する場合の収益性を反映した類似業種比準価額と小会社の株式を評価する場合の財産価値評価の純資産価額を併用して評価することとしたものです。

③　小会社

イ　小会社の株式の価額は、1株当たりの純資産価額（相続税評価額）によって評価します。ただし、納税義務者の選択により、Lの割合を0.5として上記②のイの算式によって評価することができます。

ロ　小会社の株式の実態は、株式を通じて会社財産をすべて支配しており、会社財産に対する持分的性格が強いので、評価会社の正味財産に着目して、純資産価額方式によって評価することとし、これにより、個人企業者の場合の財産評価とのバランスを図ったものです。純資産価額方式による評価額は、各資産の評価額の合計額から、各負債の合計額及び会社資産の評価替えに伴って生じる評価差額に対する法人税額等相当額を控除することとしています。これは、法人と個人とでは、その事業用財産の所有形態が異なることから、これを経済的に同一の条件の下に置き換えた上で評価の均衡を図る必要があることによるものです。

3　類似業種比準方式

(1)　類似業種比準価額の算定

　「類似業種比準価額」は、類似業種の株価並びに1株当たりの配当金額、年利益金額及び純資産価額（帳簿価額によって計算した金額）を基とし、次の算式によって計算した金額です。

$$A^{(注1)} \times \left[\frac{\dfrac{Ⓑ}{B} + \dfrac{Ⓒ}{C} + \dfrac{Ⓓ}{D}}{3} \right] \times 0.7^{(注2)}$$

（注）　1　課税時期以前3か月の各月の平均株価のうち最も低い株価による。ただし、納税義務者の選択により、類似業種の前年平均株価または課税時期以前2年間の平均株価を採用することができます。

　　　　2　0.7は、中会社の場合は「0.6」、小会社の場合は「0.5」

「A」＝類似業種の株価

「B」＝類似業種の1株当たりの配当金額

「C」＝類似業種の1株当たりの利益金額

「D」＝類似業種の1株当たりの純資産価額（帳簿価額によって計算した金額）

「Ⓑ」＝評価会社の1株当たりの配当金額

「Ⓒ」＝評価会社の1株当たりの利益金額

「Ⓓ」＝評価会社の1株当たりの純資産価額（帳簿価額によって計算した金額）

(2)　類似業種比準方式の意義

　類似業種比準方式は、資産要素（帳簿価額による純資産価額）に加えて、利益及び配当の収益要素を事業内容が類似する業種目に属する上場株式のそれらの平均値と比較の上、上場株価に比準して株式の価値を評価する方式です。

　株価構成要素としては、株式1株当たりの利益金額、配当金額及び純資産価額、事業の種類、将来性、市場占有率、資本の系列、経営者の手腕などがあり、類似業種の株価を評価する株式の価額に置きかえる過程においては、上場株式と評価する株式との株価構成要素のすべての差異を織り込むことが合理的であるといえますが、このうち、具体的に計数化してとらえることのできない要素もかなりあるので、類似業種比準方式においては、これらの株価構成要素のうち、基本的なもの及び直接的なもので計数化が可能な1株当たりの配当金額、利益金額及び純資産価額の三要素を採用しているものです。

　この比準要素については、その時々の経済情勢などを踏まえてこれまで幾度も改正が行われました。最も新しいところでは、平成29年4月に改正が行われました（後述(4)）。

(3)　評価の安全性に対するしんしゃく割合

　三要素による比準価額に大会社、中会社及び小会社の規準区分に応じた一定の割合を乗じた金額により評価することとしているのは、上述したような計数化が困難であるため比準要素とすることができない株価構成要素があること及び現実に取引市場を持たない株式の評価であることなどのほか、非上場株式の発行会社である大半の中小企業は、その情報力、組織力のほか技術革新、人材の確保、資金調達力等の点で上場企業に比して劣勢にあり、一般的に、その格差が拡大する傾向にあるといえる社会経済状況の変化を踏まえると、評価会社の規模が小さくなるに従って、上場会社との類似性が希薄になっていくことが顕著となってきたと認められるので、評価の安全性に対するしんしゃく率「0.7」を基本とし、中会社については「0.6」、小会社については「0.5」としているものといわれています。

(4)　平成29年改正事項

平成29年4月に類似業種比準方式の算式について次の改正が行われています。

① 類似業種の株価について、現行に課税時期の属する月以前2年間平均を加える。

② 類似業種の配当金額、利益金額及び純資産価額（帳簿価額によって計算した金額）について、連結決算を反映させたものとする。

③ 配当金額、利益金額及び純資産価額（帳簿価額によって計算した金額）の比重について、1：1：1とする。

　イ　類似業種の株価

　　従来から、類似業種の株価については、類似業種比準価額の計算において、上場会社の株価の急激な変動による影響を緩和する趣旨から、一定の選択肢を設けていたところですが、最近の株価の動向を踏まえると、株価の急激な変動を平準化するには、2年程度必要と考えられること及び現行においても課税時期が12月の場合には、前年平均株価の計算上、前年の1月までの株価を考慮しており、実質的に2年間の株価を考慮していることから、課税時期の属する月以前2年間の平均株価を選択可能としたとされています。

　ロ　類似業種の比準要素の計算

　　上場会社については、連結決算に係る財務情報を公表することが原則義務付けられており、投資判断に当たりその情報も重視されて株価の形成要素となっていると考えられることから、より適切な時価を算出するため、類似業種の比準要素の数値について、連結決算を反映させることとされました。

　この場合、上場会社は、原則として監査義務が課されており、利益計算の恣意性は排除されていることを考慮し、類似業種の比準要素については、財務諸表の数値を基に計算することとした上で、連結決算を行っている場合には、その数値を反映させたものとすることとした、とされています。

ハ　配当金額、利益金額及び簿価純資産価額の比重

　類似業種比準方式における三つの比準要素である配当金額、利益金額及び簿価純資産価額の比重は、平成12年の評価通達改正以前においては、株価形成に与える影響度が等しいものとして取り扱っていましたが、平成12年の評価通達の改正時に、上場会社のデータに基づき検証作業等を行ったところ、これらの要素の比重を1：3：1とした場合が最も適正に株価の算定がなされると認められたことから、この比重により計算することとされていました。

　今回、平成12年の評価通達の改正時と同様に、上場会社のデータに基づき、個別の上場会社について、これらの要素の比重をどのようにすると最も当該上場会社の株価に近似する評価額を導くか、それぞれの要素の比重を変えて検証作業が行われました。

　その結果、1：1：1という比重が最も実際の株価と評価額との乖離が少なく、適正に「時価」が算出されると認められたことから、これを踏まえて類似業種比準方式の算式を改正した、とされています。

4　純資産価額方式

(1)　純資産価額の算定

　「純資産価額」は、次の算式によって計算した金額です。

$$\left(\begin{array}{l}\text{総資産価額}\\(\text{相続税評価額})\end{array} - \begin{array}{l}\text{負債の}\\\text{合計額}\end{array} - \begin{array}{l}\text{評価差額に対する}\\\text{法人税額等相当額}^{※}\end{array}\right) \div \begin{array}{l}\text{課税時期におけ}\\\text{る発行済株式数}\end{array}$$

$$\begin{array}{l}※\text{評価差額に対}\\\text{する法人税額}\\\text{等相当額}\end{array} = \left\{\left(\begin{array}{l}\text{総資産価額}\\(\text{相続税評価額})\end{array} - \begin{array}{l}\text{負債}\\\text{の合}\\\text{計額}\end{array}\right) - \left(\begin{array}{l}\text{資産の合計額}\\(\text{帳簿価額})\end{array} - \begin{array}{l}\text{負債}\\\text{の合}\\\text{計額}\end{array}\right)\right\} \times 37\%$$

（相続税評価額による純資産価額）　（帳簿価額による純資産価額）

(2)　総資産価額（相続税評価額）

①　総資産価額（相続税評価額）は、課税時期における評価会社の各資産を評価通達の定めるところによって評価した価額の合計額によります。

この場合における評価会社の各資産の価額は、原則として、個人の事業用資産と同様の方法によって評価することとなるので、帳簿価額のない無償取得による借地権、特許権及び営業権についても評価通達に定めるところによって評価する必要があります。一方、繰延資産等のうち財産性のないものについては、帳簿価額があるものであっても評価を要しないこととなります。

②　評価会社の有する課税時期前3年以内に取得等をした土地等及び家屋等

評価会社が課税時期前3年以内に取得等した土地等及び家屋等の価額は、課税時期における通常の取引価額に相当する金額によって評価します（帳簿価額が課税時期における通常の取引価額に相当すると認められる場合は当該帳簿価額に相当する金額によって評価することができます。）。

③　評価会社の有する非上場株式等

評価会社が「非上場株式」、「出資」または「転換社債型新株予約権付社債」を所有している場合の当該株式の「1株当たりの純資産

価額（相続税評価額）」は、評価差額に対する法人税額等相当額（37％）を控除しないで計算します。

(3) 負債の合計額

「負債の合計額」は、課税時期における評価会社の各負債の合計額によりますが、次の点に留意してください。

① 負債に含まれないもの

貸倒引当金、退職給与引当金、納税引当金その他の引当金及び準備金に相当する金額は負債に含まれません。

(注) 引当金及び準備金を負債に含めないこととしているのは、個人事業者の負債については、相続税法14条の規定により確実な債務に限り債務控除の対象とし、これらの引当金及び準備金については債務としては取り扱わないこととされているので、個人の企業用財産の評価とのバランスを考慮したものです。

② 負債に含まれるもの

次の金額は、帳簿に負債としての記載がない場合であっても、課税時期において未払いとなっているものは負債として計上します。

　イ 課税時期の属する事業年度に係る法人税額、消費税額、事業税額、道府県民税額及び市町村民税額のうち、その事業年度開始の日から課税時期までの期間に対応する金額（課税時期において未払いのものに限ります。）

　ロ 課税時期以前に賦課期日のあった固定資産税の税額のうち、課税時期において未払いの金額

　ハ 被相続人の死亡により、相続人その他の者に支給することが確定した退職手当金、功労金その他これらに準ずる給与の金額

(4) 評価差額に対する法人税額等に相当する金額

① 法人税額等に相当する金額の算出方法

上記(1)の算式における「評価差額に対する法人税額等相当額」の

とおり評価差額に37％を乗じて計算した金額です。

② 帳簿価額による純資産価額

「総資産価額（相続税評価額）」の計算の基とした各資産についての課税時期における税務計算上の帳簿価額の合計額から、課税時期における各負債の金額の合計額を控除した金額（マイナスの場合は0）

各資産の帳簿価額については、次の点に留意します。

　イ　固定資産に係る減価償却累計額、特別償却準備金及び圧縮記帳に係る引当金または積立金の金額がある場合には、それらの金額をそれぞれの引当金等に対応する資産の帳簿価額から控除した金額をその固定資産の帳簿価額とします。

　ロ　営業権に含めて評価の対象となる特許権、漁業権等の資産の帳簿価額は、営業権の帳簿価額に含めます。

　ハ　各資産の中に、現物出資もしくは合併により著しく低い価額で受け入れた資産または株式交換もしくは株式移転により著しく低い価額で受け入れた株式（「現物出資等受入れ資産」）がある場合には、当該各資産の帳簿価額の合計額に、現物出資、合併、株式交換または株式移転の時において当該現物出資等受入れ資産を評価通達に定めるところにより評価した価額から当該現物出資等受入れ資産の帳簿価額を控除した金額を加算します。

③ 評価差額に対する法人税額等相当額の控除の考え方

　純資産価額の計算上、会社資産の評価替えに伴って生ずる評価差額に相当する部分の金額に対する法人税額等に相当する金額を会社の正味財産価額の計算上控除することとしているのは、小会社の株式といえども株式である以上は、株式の所有を通じて会社の資産を

所有することとなるので、個人事業主がその事業用資産を直接所有することとは、その所有形態が異なるため、両者の事業用資産の所有形態を経済的に同一の条件のもとに置き換えた上で評価の均衡を図る必要があることによるものといわれています。

5 特例的評価方式（配当還元方式）

　非上場株式を評価する場合は、それぞれの株主のその発行会社に対する支配力の強弱により評価方式を異にしており、原則として、同族株主等が取得した株式については原則的評価方式により評価し、同族株主等以外の者が取得した株式については、特例的評価方式である配当還元方式により評価します。

(1)　同族株主以外の株主等が取得した株式（株主の判定）

　「同族株主以外の株主等が取得した株式」は、次のいずれかに該当する株式をいい、その株式の価額は、特例的評価方式（配当還元方式）により評価します。

　①　同族株主のいる会社の場合

　　イ　「同族株主」のいる会社の株主のうち、「同族株主」以外の株主の取得した株式

> 　「同族株主」とは、課税時期における評価会社の株主のうち、株主の1人及びその同族関係者の有する議決権の合計数がその会社の議決権総数の30％以上（その評価会社の株主のうち、株主の1人及びその同族関係者の有する議決権の合計数が最も多いグループの有する議決権の合計数が、その会社の議決権総数の50％超である会社にあっては50％超）である場合におけるその株主及びその同族関係者をいう（評基通188(1)）。

(注) 1　同族株主のいる会社か否かの判定をする場合における「同族
株主」の判定は、納税義務者を中心に行うのではなく、納税義
務者を含めた株主の1人を中心にして判定することに留意して
ください。

2　「同族関係者」とは、法人税法施行令4条（同族関係者の範
囲）に規定する特殊の関係のある個人または法人をいいます。

ロ　「中心的な同族株主」のいる会社の株主のうち、「中心的な同
族株主」以外の同族株主で、その者の株式取得後の議決権の数
がその会社の議決権総数の5％未満であるもの（課税時期にお
いて評価会社の役員である者及び課税時期の翌日から法定申告期限
までの間に役員となる者を除きます。）の取得した株式

(注)　上記の「役員」とは、社長、理事長並びに法人税法施行令71
条1項1号、2号及び4号に掲げる者をいいます。

　　「中心的な同族株主」とは、課税時期において同族株主の
1人並びにその株主の配偶者、直系血族、兄弟姉妹及び1親
等の姻族（これらの者の同族関係者である会社のうち、これら
の者が有する議決権の合計数がその会社の議決権総数の25％以上
である会社を含む。）の有する議決権の合計数がその会社の議
決権総数の25％以上である場合におけるその株主をいう（評
基通188(2)）。

② 　同族株主のいない会社の場合

イ　「同族株主」のいない会社の株主のうち、課税時期において
株主の1人及びその同族関係者の有する議決権の合計数が、そ
の会社の議決権総数の15％未満である場合におけるその株主の
取得した株式

ロ　「中心的な株主」がおり、かつ、「同族株主」のいない会社の

株主のうち、課税時期において株主の1人及びその同族関係者の有する議決権の合計数がその会社の議決権総数の15％以上である場合におけるその株主で、その者の株式取得後の議決権の数がその会社の議決権総数の5％未満であるもの（役員である者及び役員となる者を除きます。）の取得した株式

> 「中心的な株主」とは、課税時期において株主の1人及びその同族関係者の有する議決権の合計数がその会社の議決権総数の15％以上である株主グループのうち、いずれかのグループに単独でその会社の議決権総数の10％以上の議決権を有している株主がいる場合におけるその株主をいう（評基通188(4)）。

(2) 同族株主以外の株主等が取得した株式の評価方法（特例的評価方式）

　同族株主以外の株主等が取得した株式の価額は、その株式に係る年配当金額（類似業種比準方式における「評価会社の1株当たりの配当金額」（Ⓑ）をいいます。ただし、その金額が2円50銭未満のもの及び無配のものにあっては2円50銭とします。）を基として、次の算式により計算した金額によって評価します（この評価方式を「配当還元方式」といいます。）。ただし、その金額がその株式を原則的評価方式により評価するものとして計算した金額を超える場合には、その原則的評価方式より計算した金額によって評価します。

$$\frac{\text{その株式に係る年配当金額}}{10\%} \times \frac{\text{その株式の1株当たりの資本金等の額}}{50\text{円}}$$

（注）「その株式に係る年配当金額」は、次の算式により、その金額が2円50銭未満のもの及び無配のものにあっては2円50銭とします。

$$\frac{直前期末以前2年間における剰余金の配当金額}{2} \div 1株当たりの資本金等の額を50円とした場合の直前期末における発行済株式数（資本金等の額÷50円）$$

※　直前期末以前2年間の剰余金の配当金額は、特別配当、記念配当等の名称による配当金額のうち、将来毎期継続することが予想できない金額は除きます。

6　特定の評価会社の評価方式

　非上場株式を発行する会社の中には、その経営状態、資産構成、営業活動の状況等において一般の評価会社と異なる会社もあり、会社規模や株主の態様の観点からの区分に応じた原則的な評価方式等をそのまま適用することではその会社の発行する株式の適正な価額を算定することが難しい場合があります。そこで、次の特定の評価会社については、それぞれに掲げる評価方法によって、評価することとされています。

　以下のフローチャートは、特定の評価会社の種類、評価方式、判定順序を示しています。

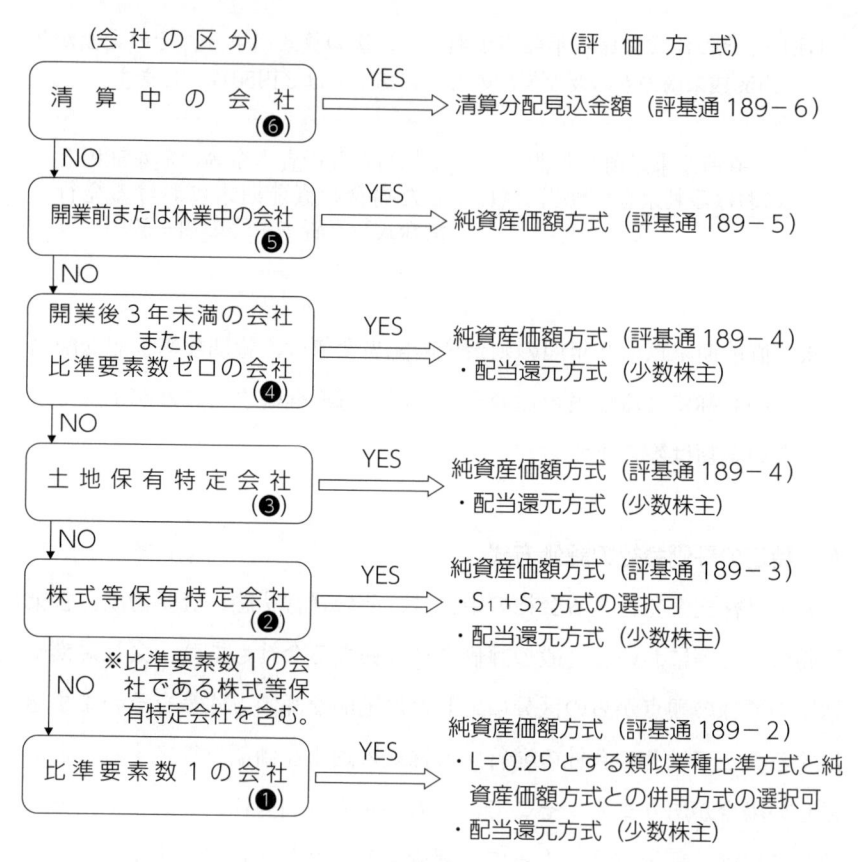

（会社の区分）　　　　　　　　　　　（評価方式）

清算中の会社（❻）　——YES——＞　清算分配見込金額（評基通189-6）

NO

開業前または休業中の会社（❺）　——YES——＞　純資産価額方式（評基通189-5）

NO

開業後3年未満の会社または比準要素数ゼロの会社（❹）　——YES——＞　純資産価額方式（評基通189-4）・配当還元方式（少数株主）

NO

土地保有特定会社（❸）　——YES——＞　純資産価額方式（評基通189-4）・配当還元方式（少数株主）

NO

株式等保有特定会社（❷）　——YES——＞　純資産価額方式（評基通189-3）・S_1+S_2 方式の選択可・配当還元方式（少数株主）

NO　※比準要素数1の会社である株式等保有特定会社を含む。

比準要素数1の会社（❶）　——YES——＞　純資産価額方式（評基通189-2）・L＝0.25 とする類似業種比準方式と純資産価額方式との併用方式の選択可・配当還元方式（少数株主）

（注）　評価会社が2以上の「特定の評価会社」に該当する場合には、このフローの上位の「特定の評価会社」に該当するものとして判定します。なお、❶～❻はQ5-2における番号です。

第2章

株式評価の活用策の概要

1　非上場株式の株価対策

事業承継に伴う非上場株式の株価対策は、一般的には次のような方法が採られています。どの方法によるかは、その対象会社ごとに異なると思いますが、いずれによるとしても、その前提となるのは、まず現状把握から着手する必要があります。そして、その方法ごとに注意すべき点がありますが、特に、株式の移転による対策を採る場合には、事業承継における基本である相続税のほかに、贈与税、所得税、法人税の課税関係が発生することになりますので、慎重な検討が求められます。

(1)　自社株の相続税評価額を把握します。非上場株式の評価によって、会社規模区分、原則的評価額（類似業種比準価額、純資産価額）、特例的評価額（配当還元価額）を把握します。

(2)　自社株対策は、大きく1株当たりの単価を引き下げる方法と所有株数を引き下げる（減少させる）方法に分かれます。

(3)　1株当たりの単価の引き下げでは、自社株の相続税評価額を構成する、会社規模区分の変更、類似業種比準価額の引き下げ、純資産価額の引き下げを検討します。

(4)　会社規模区分の変更は、類似業種比準価額が純資産価額よりも低いような場合に、中会社から大会社へ規模区分を変更します。この場合、会社規模区分の判定の基礎となる従業員数、取引金額、純資産価額の増加を検討します。

(5)　類似業種比準価額の引き下げでは、評価会社の1株当たりの配当金額、利益金額、純資産価額の引き下げを検討します。平成29年4

月の評価通達の改正によって、従来、配当、利益、純資産の比重が 1：3：1であったものが、1：1：1と変更されたことによって、利益部分の引き下げ効果が従来に比べて薄くなっていることに注意が必要です。

(6) 純資産価額の引き下げは、評価差額のある資産との交換（取得）によって行うことが一般的です。現金で土地建物を購入することによって、その土地建物の相続税評価額と現金との差額を圧縮するといったものです。なお、課税時期前3年以内に取得した土地建物については、相続税評価額ではなく、通常の取引価額により評価しますので注意が必要です。

(7) 次に、所有自社株数の引き下げ（減少）です。オーナーの所有する自社株の移転によりその株式数の減少を検討します。これにより、その自社株全体の相続税評価額（単価×所有株数）を引き下げる、原則的評価方式から特例的評価方式に変更するなどの効果が得られます。移転先別にみた注意点は以下のとおりです。

(8) オーナーが個人に対して自社株を移転する場合です。移転原因が贈与の場合には、受贈者に対して相続税評価額を基として贈与税が課税される一方、オーナーに対する課税関係は生じません。

　売買の場合には、オーナーに対して所得税課税（譲渡益）が行われる一方、譲受者に対しては原則として課税関係は生じません。ただし、著しく低い価額の対価で財産の譲渡を受けた場合には、その対価の額とその財産の時価との差額について、譲受者に対して贈与税が課税されますので、注意が必要です。

(9) 次に、オーナーが法人に対して自社株を移転する場合です。この場合は特に注意が必要です。個人が法人に対して譲渡所得の基因となる資産（非上場株式や土地建物）を贈与（遺贈）した場合や著しく

低い価額の対価（時価の1／2未満の金額）で譲渡した場合には、時価で譲渡したものとみなす、というみなし譲渡の対象となります。オーナーは、みなし譲渡の対象とならない場合には実際の譲渡価額により、みなし譲渡の対象となる場合はその時価により所得税課税（譲渡益）の対象となります。

(10)　譲受法人が有償で譲り受けた場合には基本的に課税関係は生じませんが、贈与を受けた場合や時価よりも低い金額で譲渡を受けた場合には、その譲受法人に受贈益課税が行われる場合がありますので、注意してください。

(11)　また、その贈与または低額譲渡を受けたことによってその譲受法人の他の株主の株式の価額が増加した場合には、その増加した部分についてその他の株主に対して贈与税が課税されますので、注意が必要です。

＜株式評価の活用策のフロー＞

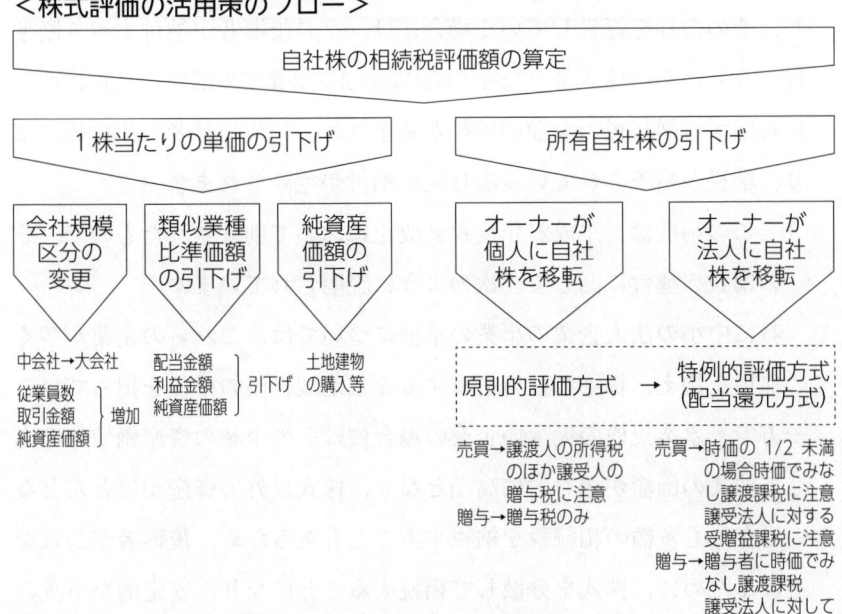

2　事業承継税制

　事業承継税制の基本となるのが、非上場株式等についての贈与税・相続税の納税猶予制度です。

⑴　非上場株式等についての相続税の納税猶予及び免除（一般措置）

　後継者である相続人等が、相続等により、中小企業における経営の承継の円滑化に関する法律（円滑化法）の認定を受ける非上場株式会社の株式等を被相続人（先代経営者）から取得し、その会社を経営していく場合には、その後継者が納税すべき相続税のうち、その株式等（発行済株式数の2／3までの部分が上限です。）に係る課税価格の80％に対応する相続税の納税が猶予され、後継者の死亡等により、納税が猶予されている相続税の納付が免除されます。

⑵　非上場株式等についての贈与税の納税猶予及び免除（一般措置）

　後継者である受贈者が贈与により、円滑化法の認定を受ける非上場会社の株式等を贈与者（先代経営者）から全部または一定以上を取得し、その会社を経営していく場合には、その後継者が納付すべき贈与税のうち、その株式等（発行済株式数の2／3までの部分が上限です。）に対応する贈与税の全額の納税が猶予され、先代経営者の死亡等により、納税が猶予されている贈与税の納付が免除されます。

⑶　この制度は、平成21年度税制改正において創設されたもので、その創設の趣旨に関して、次のように説明されています。

　特に中小の法人企業の事業の承継については、これらの企業が多くの雇用を抱え、様々な技術を有するなど地域経済の中核を担っている一方で、事業規模の大きい企業の場合にはその企業の資産価値等に応じて株式の価額が相対的に高額となり、株式以外の資産がほとんどない場合でも多額の相続税を納税することもあるため、後継者がこれを避けるために、株式を分散して相続することになり、安定的な事業の

継続に支障をきたすことになります。そこで、地域経済の活力を維持し、雇用を確保する観点から、このような非上場会社の株式に係る相続税の特例の大幅な拡充が求められるようになりました。

こうした中で、税制調査会は、平成19年11月20日の「抜本的な税制改革に向けた基本的考え方」において、事業継承税制について次のように答申しました。

「中小企業の事業承継においては、事業の将来性に対する不安や後継者不足などの問題が生じているが、これに関連して、相続税の負担についても、雇用確保や経済活力の維持の観点から一層の配慮が必要であるとの意見がある。他方、事業資産を持たないものとの課税の公平性や親族間の相続（世襲）による事業承継を支援することの必要性の観点から、十分な吟味が必要であるとの指摘もある。また、同族株式を遺産として残す者は、平均的にみれば、相続税の課税対象者の中でも富裕層に属していることも留意する必要がある。加えて、事業承継における相続税負担の影響等に関する分析も必要である。こうした点も踏まえれば、事業承継税制については、課税の公平等の観点からも許容できる、経済活力の維持のために真に効果的な制度とする必要がある。」

このような創設の趣旨を踏まえ、非上場株式等についての相続税・贈与税の納税猶予制度には、猶予対象株式を発行済株式数の2／3を上限とすること、雇用確保要件を設けること、相続税においては猶予対象税額を非上場株式等の課税価格の80％に対応する部分としていること、といった措置が採られています。しかし、このような制約があること等から平成21年度以降この納税猶予制度が充分に活用されているとはいえない状況が続いています。

(4)　このような現状から、「中小企業経営者の年齢分布のピークが60

歳台半ばとなり、高齢化が急速に進展する中で、日本経済の基盤である中小企業の円滑な世代交代を通じた生産性向上は、まったなしの課題となっている。こうした中で、事業承継税制について、10年間の特例措置として各種要件の緩和を含む抜本的な拡充を行う。」（平成30年度税制改正大綱（与党）平成29年12月14日）として、平成30年度税制改正において、次のとおり事業承継税制が拡充されました。

(5)　非上場株式等に係る贈与税・相続税の納税猶予の特例制度の創設（特例措置）

①　納税猶予対象株式数の上限の撤廃

　特例後継者が、特例認定承継会社の代表権を有していた者から、贈与または相続もしくは遺贈（以下「贈与等」といいます。）により当該特例認定承継会社の非上場株式等を取得した場合には、その取得したすべての非上場株式等に係る課税価格に対応する贈与税または相続税の全額について、その特例後継者の死亡の日等までその納税が猶予されます。

区　分	内　容
特　例　後　継　者	特例認定承継会社の特例承継計画に記載された当該特例認定承継会社の代表権を有する後継者[※1]であって、当該同族関係者のうち、当該特例認定承継会社の議決権を最も多く有する者[※2]をいいます。 （※1）同族関係者と合わせて当該特例認定承継会社の総議決権数の過半数を有する者に限ります。 （※2）当該特例承継計画に記載された当該後継者が2名または3名以上の場合には、当該議決権数において、それぞれ上位2名または3名の者（当該総議決権数の10％以上を有する者に限ります。）
特例認定承継会社	平成30年4月1日から平成35年3月31日までの間に特例承継計画を都道府県に提出した会社であって、円滑化法12条1項の認定を受けたものをいいます。
特　例　承　継　計　画	認定経営革新等支援機関の指導及び助言を受けた特例認定承継会社が作成した計画であって、当該特例認定承継会社の後継者、承継時までの経営見通し等が記載されたものをいいます。

＜事業承継税制の拡充＞

- 事業承継の際の贈与税・相続税の納税を猶予する「事業承継税制」を、<u>今後 5 年以内に承継計画を提出し、10 年以内に実際に承継を行う者を対象とし、抜本的に拡充。</u>
- ①対象株式数・猶予割合の拡大②対象者の拡大③雇用要件の弾力化④新たな減免制度の創設等を行う。

◆税制適用の入り口要件を緩和　～事業承継に係る負担を最小化～

従来の制度	改正後
○納税猶予の対象になる株式数には<u>2/3 の上限</u>があり、相続税の<u>猶予割合は 80％</u>。後継者は事業承継時に多額の贈与税・相続税を納税することがある。 ○税制の対象となるのは、<u>1 人の先代経営者から 1 人の後継者</u>へ贈与・相続される場合のみ。	○対象株式数の<u>上限を撤廃</u>し全株式を適用可能に。また、<u>納税猶予割合も 100％に拡大</u>することで、承継時の税負担ゼロに。 ○親族外を含む<u>複数の株主</u>から、<u>代表者である後継者（最大 3 人）</u>への承継も対象に。中小企業経営の実状に合わせた、多様な事業承継を支援。

◆税制適用後のリスクを軽減　～将来不安を軽減し税制を利用しやすく～

従来の制度	改正後
○後継者が自主廃業や売却を行う際、経営環境の変化により株価が下落した場合でも、<u>承継時の株価を基に贈与・相続税が課税される</u>ため、過大な税負担が生じうる。 ○税制の適用後、<u>5 年間で平均 8 割</u>以上の雇用を維持できなければ猶予打切り。人手不足の中、雇用要件は中小企業にとって大きな負担。	○<u>売却額や廃業時の評価額を基に納税額を計算</u>し、承継時の株価を基に計算された納税額との差額を減免。経営環境の変化による将来の不安を軽減。 ○5 年間で平均 8 割以上の雇用要件を<u>未達成の場合でも、猶予を継続可能</u>に（経営悪化等が理由の場合、認定支援機関の指導助言が必要）。

※以上のほか、相続時精算課税制度の適用範囲の拡大及び所要の措置を講じる。

（中小企業庁の資料を基に作成）

＜対象株式数上限等の撤廃＞

- ●従来の制度では、先代経営者から贈与／相続により取得した非上場株式等のうち、議決権株式総数の **2/3 に達する部分まで**の株式等が対象（贈与／相続前から後継者が既に保有していた部分は対象外）。例えば、**相続税の場合、猶予割合は 80%** であるため、猶予されるのは 2/3×80％＝約 53%のみ。
- ●**対象株式数の上限を撤廃**（2/3→3/3）、**猶予割合を 100%に拡大**することで、**事業承継時の贈与税・相続税の現金負担をゼロ**にする。

改正概要

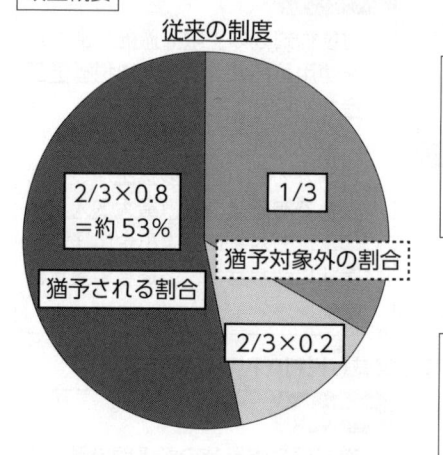

従来の制度

猶予対象外の割合

猶予される割合

2/3×0.8
＝約 53%

1/3

2/3×0.2

従来の制度

> 納税猶予の対象になるのは、発行済議決権株式総数の2/3までであり、相続税の納税猶予割合は 80%。そのため、実際に猶予される額は全体の約 53%にとどまる。

改正後

> ・対象株式数の上限を撤廃し議決権株式のすべてを猶予対象とする。
> ・猶予割合を 100%に拡大。
> ⇒事業承継に係る金銭負担はゼロとなる。

（中小企業庁の資料を基に作成）

<対象者の拡充>

- 従来の制度では、<u>**1人の先代経営者から1人の後継者**</u>へ贈与・相続される場合のみが対象。
- 親族外を含む<u>**複数の株主**</u>から、<u>**代表者である後継者（最大3人）**</u>への承継も対象に。中小企業経営の実状に合わせた、多様な事業承継を支援。

改正概要

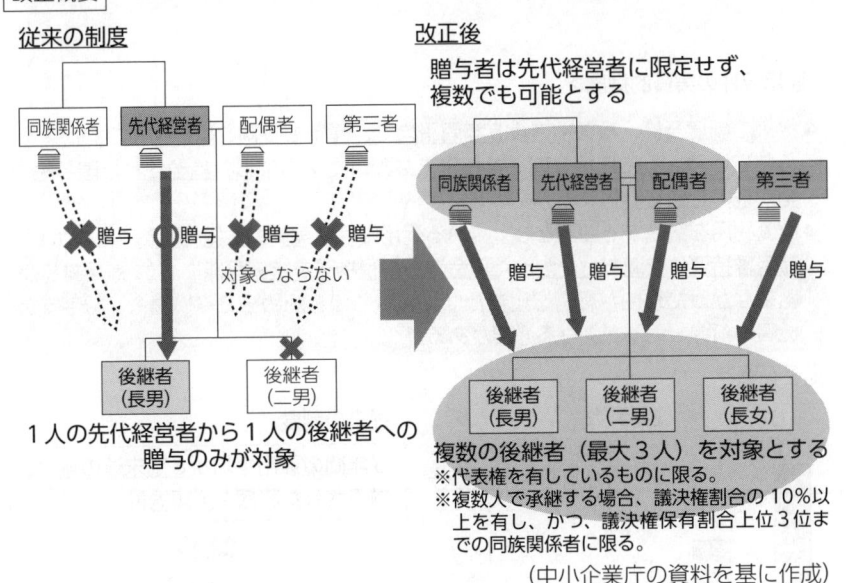

（中小企業庁の資料を基に作成）

② 適用対象者の拡大

　特例後継者が特例認定承継会社の代表者以外の者から贈与等により取得する特例認定承継会社の非上場株式等についても、特例承継期間（5年）内に当該贈与等に係る申告書の提出期限が到来するものに限り、本特例の対象とされます。

③ 雇用要件の抜本的見直し

　従来の事業承継税制における雇用確保要件を満たさない場合であっても、納税猶予の期限は確定しません。ただし、この場合には、その満たせない理由を記載した書類（認定経営革新等支援機関

の意見が記載されているものに限ります。）を都道府県に提出しなければなりません。なお、その理由が、経営状況の悪化である場合または正当なものと認められない場合には、特例認定承継会社は、認定経営革新等支援機関から指導及び助言を受けて、当該書類にその内容を記載しなければなりません。

＜雇用要件の実質的撤廃＞

● 従来の制度では、事業承継後<u>5年間平均で、雇用の8割を維持</u>することが求められている。仮に雇用8割を維持出来なかった場合には、<u>猶予された贈与税・相続税の全額を納付</u>する必要がある。

● 制度利用を躊躇する要因となっている<u>雇用要件を実質的に撤廃する</u>ことにより、<u>雇用維持要件を満たせなかった場合でも納税猶予を継続可能</u>に。（※雇用維持が出来なかった理由が経営悪化または正当なものと認められない場合、認定支援機関の指導・助言を受ける必要がある。）

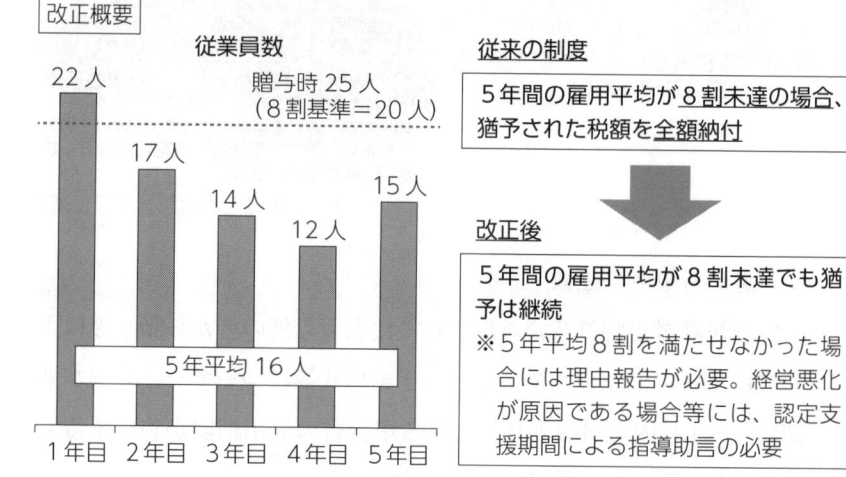

改正概要

従業員数

22人 / 贈与時 25人（8割基準＝20人） / 17人 / 14人 / 12人 / 15人

5年平均 16人

1年目　2年目　3年目　4年目　5年目

従来の制度

5年間の雇用平均が<u>8割未達の場合</u>、猶予された税額を<u>全額納付</u>

改正後

5年間の雇用平均が8割未達でも猶予は継続

※5年平均8割を満たせなかった場合には理由報告が必要。経営悪化が原因である場合等には、認定支援期間による指導助言の必要

（中小企業庁の資料を基に作成）

④ 経営環境変化に応じた減免

経営環境の変化を示す一定の要件を満たす場合において、特例承継期間経過後に、特例認定承継会社の非上場株式等の譲渡をすると

き、特例認定承継会社が合併により消滅するとき、特例認定承継会社が解散をするとき等には、次のとおり納税猶予税額が免除されます。

<経営環境変化に応じた減免>

- 従来の制度では、後継者が自主廃業や売却を行う際、経営環境の変化により株価が下落した場合でも、**承継時の株価を基に贈与・相続税を納税**するため、過大な税負担が生じうる。
- 売却額や廃業時の評価額を基に**納税額を再計算**し、事業承継時の株価を基に計算された納税額との**差額を減免**。経営環境の変化による将来の不安を軽減。

制度概要

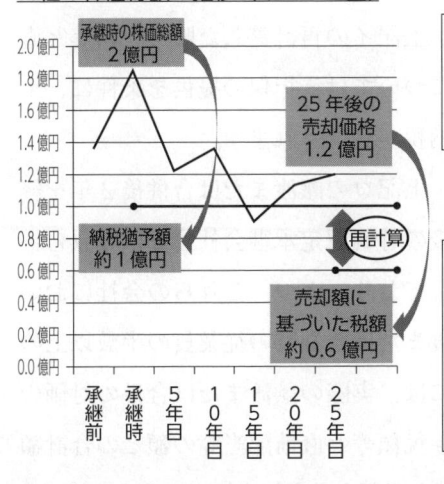

X社の株価総額の推移（イメージ図）

従来の制度

事業承継時の株価を元に贈与税額・相続税額を算定し、猶予取消しとなった場合には、その贈与税額・相続税額を納税する必要がある

改正後

経営環境の変化を示す一定の要件を満たす場合において、事業承継時の価額と差額が生じているときは、売却・廃業時の株価を基に納税額を再計算し、減免可能とすることで将来不安を軽減

（中小企業庁の資料を基に作成）

　イ　特例認定承継会社に係る非上場株式等の譲渡もしくは合併の対価の額（当該譲渡または合併の時の相続税評価額の50％に相当する額を下限とします。）または解散の時における特例認定承継会社の非上場株式等の相続税評価額を基に再計算した贈与税額等と譲渡等の前5年間に特例後継者及びその同族関係者に対して支払われた配当及び過大役員給与等に相当する額（以下「直

前配当等の額」といいます。）との合計額（合併の対価として交付された吸収合併存続会社等の株式の価額に対応する贈与税額等を除いた額とし、当初の納税猶予税額を上限とします。）を納付することとし、当該再計算した贈与税額等と直前配当等の額との合計額が当初の納税猶予税額を下回る場合には、その差額が免除されます。

ロ　特例認定承継会社の非上場株式等の譲渡をする場合または特例認定承継会社が合併により消滅する場合（当該譲渡または合併の対価の額が当該譲渡または合併の時の相続税評価額の50％に相当する額を下回る場合に限ります。）において、下記ハの適用を受けようとするときには、上記イの再計算した贈与税額等と直前配当等の額との合計額については、担保の提供を条件に、上記イにかかわらず、その納税が猶予されます。

ハ　上記ロの場合において、上記ロの譲渡または合併後2年を経過する日において、譲渡後の特例認定承継会社または吸収合併存続会社等の事業が継続しており、かつ、これらの会社において特例認定承継会社の譲渡または合併時の従業員の半数以上の者が雇用されているときには、実際の譲渡または合併の対価の額を基に再々計算した贈与税額等と直前配当等の額との合計額（合併の対価として交付された吸収合併存続会社等の株式の価額に対応する贈与税額等を除きます。）を納付することとし、当該再々計算した贈与税額等と直前配当等の額との合計額が上記ロにより納税が猶予されている額を下回る場合には、その差額が免除されます。

「経営環境の変化を示す一定の要件を満たす場合（事業の継続が困難な事由が生じた場合）」とは、次のいずれか（特例認定承継会社が解散をした場合にあっては、(e)を除きます。）に該当する場合をいいます（Q8－5参照）。

(a)　直前の事業年度終了の日以前3年間のうち2年以上、特例認定承継会社が赤字である場合

(b)　直前の事業年度終了の日以前3年間のうち2年以上、特例認定承継会社の売上高が、その年の前年の売上高に比して減少している場合

(c)　直前の事業年度終了の日における特例認定承継会社の有利子負債の額が、その日の属する事業年度の売上高の6か月分に相当する額以上である場合

(d)　特例認定承継会社の事業が属する業種に係る上場会社の株価（直前の事業年度終了の日以前1年間の平均）が、その前年1年間の平均より下落している場合

(e)　特例後継者が特例認定承継会社における経営を継続しない特段の理由があるとき

⑤　特例後継者が贈与者の推定相続人以外の者（その年1月1日において20歳以上である者に限ります。）であり、かつ、その贈与者が同日において60歳以上の者である場合には、相続時精算課税の適用を受けることができることとされました。

＜相続時精算課税制度の適用範囲の拡大＞

● 従来の制度では、相続時精算課税制度は、原則として <u>直系卑属への贈与のみが対象</u>。
● 事業承継税制の適用を受ける場合には、相続時精算課税制度の適用範囲を拡大することにより、<u>猶予取消し時に過大な税負担が生じない</u>ようにする。

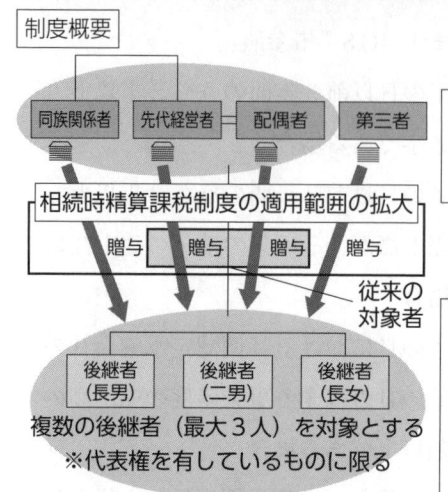

従来の制度

60 歳以上の父母または祖父母から、20 歳以上の子または孫への贈与が相続時精算課税制度の対象

改正後

従来の制度に加えて、事業承継税制の適用を受ける場合には、60 歳以上の贈与者から、20 歳以上の後継者への贈与を相続時精算課税制度の対象とする（贈与者の子や孫でない場合でも適用可能。）。

（中小企業庁の資料を基に作成）

⑥　その他の要件等は、従来の事業承継税制と同様です。

(6)　従来の事業承継税制についても、上記(5)②と同様に、複数の贈与者からの贈与等が対象となります。

(注)　上記の改正は、平成30年1月1日から平成39年12月31日までの間に贈与等により取得する財産に係る贈与税または相続税について適用されます。

3　一般社団法人等に関する相続税・贈与税の見直し

(1)　一般社団法人等に対して贈与等があった場合の贈与税等の課税の見直し

個人から一般社団法人または一般財団法人（公益社団法人等、非営利型法人その他一定の法人を除きます。以下「一般社団法人等」といいま

す。）に対して財産の贈与等があった場合の贈与税等の課税については、贈与税等の負担が不当に減少する結果とならないものとされる要件（役員等に占める親族等の割合が3分の1以下である旨の定款の定めがあること等）のうちいずれかを満たさない場合に贈与税等が課税されます（規定の明確化）。

(注)　上記の改正は、平成30年4月1日以後に贈与または遺贈により取得する財産に係る贈与税または相続税について適用されます。

(2)　特定一般社団法人等に対する相続税の課税

　平成20年の公益法人制度改革に伴い、一般社団法人等が登記だけで設立できることとなりました。この一般社団法人等には持分がないため、一族で実質的に支配する一般社団法人等に財産を移転した後、役員の交代による支配権の移転を通じて子や孫にその財産を代々承継させた場合でも相続税は課税されないこととなる、というようなことが云われていました。

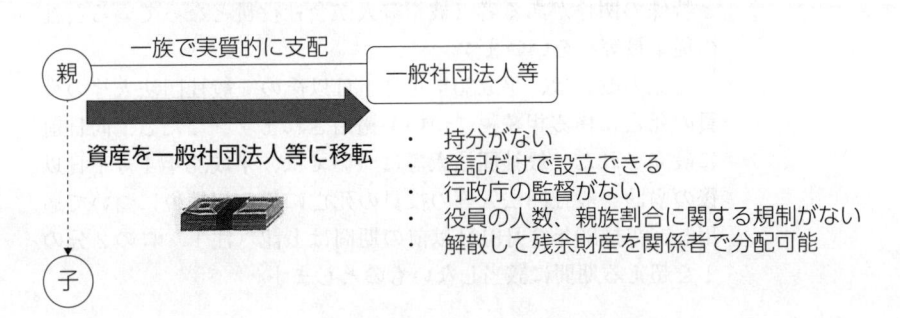

　このような相続税の課税回避を抑止するため、次のような措置が構じられました。

①　特定一般社団法人等の役員（理事に限ります。以下同じ。）である者（相続開始前5年以内のいずれかの時において特定一般社団法人等の役員であった者を含みます。）が死亡した場合には、当該特定

一般社団法人等が、当該特定一般社団法人等の純資産額をその死亡の時における同族役員（被相続人を含みます。）の数で除して計算した金額に相当する金額を当該被相続人から遺贈により取得したものとみなして、当該特定一般社団法人等に相続税を課税することとされました。

② ①により特定一般社団法人等に相続税が課税される場合には、その相続税の額から、贈与等により取得した財産について既に当該特定一般社団法人等に課税された贈与税等の額を控除します。

(注)1 上記の「特定一般社団法人等」とは、次に掲げる要件のいずれかを満たす一般社団法人等をいいます。
 イ 相続開始の直前における同族役員数の総役員数に占める割合が2分の1を超えること
 ロ 相続開始前5年以内において、同族役員数の総役員数に占める割合が2分の1を超える期間の合計が3年以上であること
2 上記の「同族役員」とは、一般社団法人等の理事のうち、被相続人、その配偶者または3親等内の親族その他当該被相続人と特殊の関係がある者（被相続人が会社役員となっている会社の従業員等）をいいます。
3 上記の改正は、平成30年4月1日以後の一般社団法人等の役員の死亡に係る相続税について適用されます。ただし、同日前に設立された一般社団法人等については、平成33年4月1日以後の当該一般社団法人等の役員の死亡に係る相続税について適用し、平成30年3月31日以前の期間は上記（注1）ロの2分の1を超える期間に該当しないものとします。

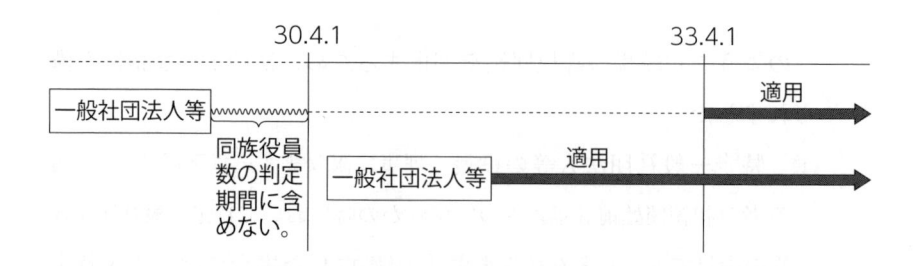

第2編
質疑応答

第1章

非上場株式の評価総則

1-1 非上場株式の評価方法

Q 非上場株式の評価方法についてその概要を教えてください。

A 非上場株式の評価の全体像は次のとおりです。

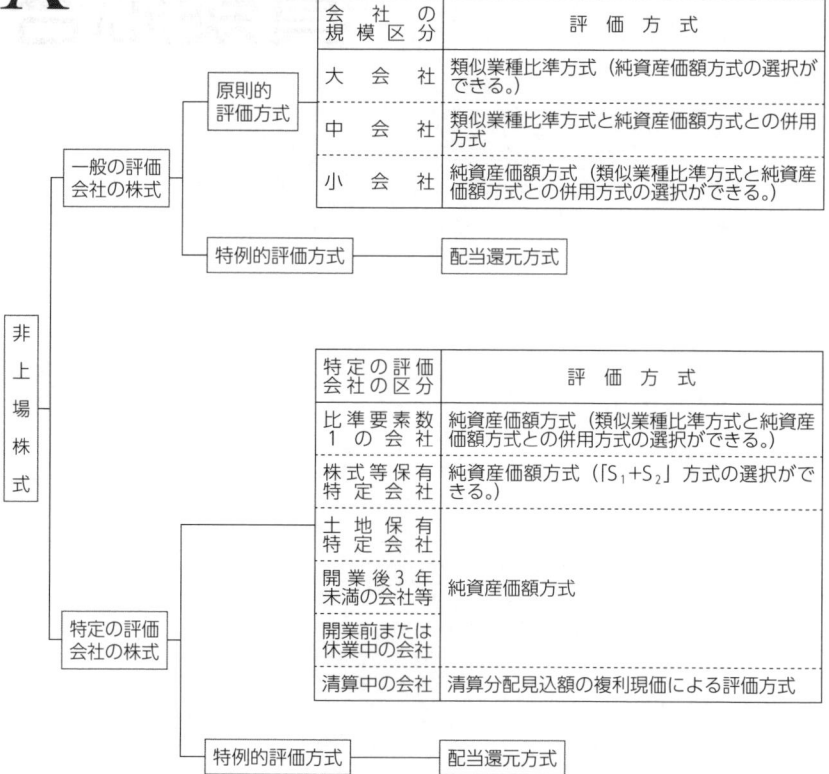

会社の規模区分	評価方式
大会社	類似業種比準方式（純資産価額方式の選択ができる。）
中会社	類似業種比準方式と純資産価額方式との併用方式
小会社	純資産価額方式（類似業種比準方式と純資産価額方式との併用方式の選択ができる。）

特定の評価会社の区分	評価方式
比準要素数1の会社	純資産価額方式（類似業種比準方式と純資産価額方式との併用方式の選択ができる。）
株式等保有特定会社	純資産価額方式（「S_1+S_2」方式の選択ができる。）
土地保有特定会社	純資産価額方式
開業後3年未満の会社等	純資産価額方式
開業前または休業中の会社	
清算中の会社	清算分配見込額の複利現価による評価方式

一般の評価会社の株式 ── 原則的評価方式
一般の評価会社の株式 ── 特例的評価方式 ── 配当還元方式

特定の評価会社の株式 ── 特例的評価方式 ── 配当還元方式

＊「開業前または休業中の会社」及び「清算中の会社」の株式については配当還元方式の適用はありません。

解 説

　非上場株式については、上場株式と異なり市場価格がありません。仮に取引価格があったとしても、それを客観的な交換価値ということはできません。

　そこで、評価通達では、非上場株式の価額を客観的・合理的に評価することができるようにするため、その評価する株式の発行会社（評価会社）の規模に応じて、大会社、中会社、小会社に区分し、その規模区分に従いそれぞれの会社に適用すべき原則的な評価方式を定めるとともに、その例外として、少数株主等支配権のない株主の取得した株式についての特例的な評価方式を定めています。非上場株式の評価方法を巡っては、これまで幾度かの大きな改正が行われ現在に至っていますが、平成29年4月には、原則的評価方式のうちの類似業種比準方式と会社規模の判定について大きな改正が行われています（これらの改正の経緯については巻末の参考資料に掲げてあります。）。

　なお、非上場会社の中には一般的な会社と比較して、特定の資産（土地や株式）に保有が偏っている会社や開業後3年未満の会社など営業状況が著しく乖離している会社については、一般の非上場株式の評価方法とは異なる評価方法を定めています。

1-2 原則的評価方式と特例的評価方式

Q 原則的評価方式、特例的評価方式とはどのような評価方式ですか。

A ❶ **原則的評価方式**

その株式発行会社に対する支配力の強い株主（同族株主）が取得した株式について適用される評価方式です。

その評価方法は会社の規模に応じて類似業種比準方式、純資産価額方式またはその併用方式によることとしています。

❷ **特例的評価方式**

その株式発行会社に対する支配力の弱い株主（同族株主以外の株主）の取得した株式について適用される評価方式です。

その評価方式は、配当還元方式によることとしています。

解説

非上場株式の評価方法は、その所有者の議決権数、同族株主の議決権数、その者の会社における地位等を総合的に勘案して、その株主の株式発行会社に対する支配力の強弱によって評価方式を異にしています。

1-3　原則的評価方式と特例的評価方式の評価方式の判定

Q　原則的評価方式と特例的評価方式の判定はどのように行うのですか。

A　同族株主のいる会社なのか、同族株主のいない会社なのかによって判断が異なります。解説の図表のようになります。

解説

❶　株主の判定と評価方式の区分

株主の判定と評価方式の区分は次のようになります。

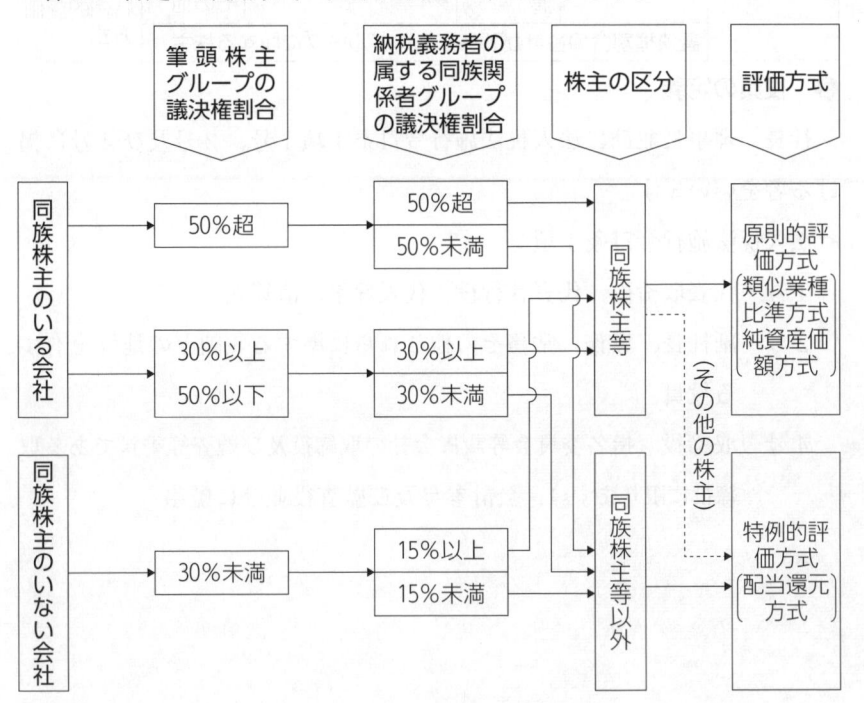

❷ 株主の態様による評価方式の区分

株主の態様による区分					評価方式
会社区分	株主区分				
同族株主のいる会社	同族株主	取得後の議決権割合が5％以上			原則的評価方式
		取得後の議決権割合5％未満	中心的な同族株主がいない場合		
			中心的な同族株主がいる場合	中心的な同族株主	
				役員	
				その他	特例的評価方式
	同族株主以外の株主				
同族株主のいない会社	議決権割合の合計が15％以上のグループに属する株主	取得後の議決権割合が5％以上			原則的評価方式
		取得後の議決権割合5％未満	中心的な株主がいない場合		
			中心的な株主がいる場合	役員	
				その他	特例的評価方式
	議決権割合の合計が15％未満のグループに属する株主				

❸ 役員の定義

　社長、理事長並びに法人税法施行令71条1項1号、2号及び4号に掲げる者をいいます。

＜法人税法施行令71条1項＞

　　1号…代表取締役、代表執行役、代表理事、清算人

　　2号…副社長、専務、常務その他これらに準ずる職制上の地位を有する役員

　　4号…取締役（指名委員会等設置会社の取締役及び監査等委員である取締役に限ります。）、会計参与及び監査役並びに監事

1-4　同族株主の定義

Q 同族株主、同族関係者、中心的な同族株主、中心的な株主の定義について教えてください。

A 原則的評価方式によるか特例的評価方式によるのかの判定の基礎となる「同族株主」、「同族関係者」、「中心的な同族株主」、「中心的な株主」の定義はそれぞれ解説に掲げるとおりです。

解説

❶ 同族株主の定義

同族株主とは、課税時期（相続、遺贈または贈与により財産を取得した日をいいます。）におけるその株式の発行会社の株主のうち、株主の1人及びその同族関係者の有する議決権の合計数がその会社の議決権総数の30％以上である場合におけるその株主及びその同族関係者をいいます。この場合の「株主の1人」とは納税義務者に限りません。

ただし、その株式の発行会社の株主のうちに、株主の1人及びその同族関係者の有する議決権の合計数が最も多いグループ（筆頭株主グループ）の有する議決権の合計数が、その会社の議決権総数の50％超である会社にあっては、50％超のその株主及びその同族関係者をいうこととされています。このため、50％超の株主グループがいる場合には、たとえ他に30％超の株主グループがいたとしても、その30％超の株主グループは「同族株主以外の株主」となります。法人税法でいう同族会社とは必ずしも一致しませんので注意してください。

❷ 同族関係者の定義

同族関係者とは法人税法施行令4条に規定する特殊の関係のある個人または法人をいい、次のようになります。

	区分	内　　容
同族関係者	個人	(1)　株主等の親族（配偶者、6親等以内の血族及び3親等以内の姻族） (2)　株主等と婚姻の届出をしていないが事実上婚姻関係と同様の事情にある者 (3)　個人株主等の使用人 (4)　(1)～(3)以外の者で個人株主等から受ける金銭その他の資産によって生計を維持しているもの (5)　(2)～(4)と生計を一にするこれらの者の親族
	法人	(1)　同族会社であるかどうかを判定しようとする会社の株主等（判定会社株主等）の1人[注1]が、他の会社を支配している場合における当該他の会社 　　（注1）　その株主等が個人である判定会社株主等の場合には、その1人及び上記の特殊の関係のある個人をいう（以下(2)・(3)において同じ。）。 (2)　判定会社株主等の1人及び上記(1)の会社が他の会社を支配している場合における当該他の会社 (3)　判定会社株主等の1人及び上記(1)及び(2)の会社が他の会社を支配している場合における当該他の会社 　　（注2）　上記(1)～(3)における「他の会社を支配している場合」とは次のいずれかに該当する場合をいう。 　　　①　他の会社の発行済株式総数または出資総額（いずれも自己株式または出資を除きます。）の50％超の数または金額の株式または出資を有する場合 　　　②　他の会社の次に掲げる議決権のいずれかにつき、その総数（当該議決権を行使することができない株主等が有する当該議決権の数を除きます。）の50％超を有する場合 　　　　イ　事業の全部もしくは重要な部分の譲渡、解散、継続、合併、分割、株式交換、株式移転または現物出資に関する決議に係る議決権 　　　　ロ　役員の選任及び解任に関する決議に係る議決権 　　　　ハ　役員の報酬、賞与その他の職務執行の対価として会社が供与する財産上の利益に関する事項についての決議に係る議決権 　　　　ニ　剰余金の配当または利益の配当に関する決議に係る議決権 　　　③　他の会社の株主等（合名会社、合資会社または合同会社の社員（当該他の会社が業務を執行する社員を定めた場合には、業務執行社員）に限ります。）の総数の半数超を占める場合 (4)　同一の個人または法人と特殊の関係のある2以上の会社が判定会社株主等である場合には、その2以上の会社は、相互に特殊の関係のある会社であるものとみなされる。

【参考裁決：東京地裁 H29.8.30】

　法人税法施行令4条6項について次のように判示し、国側の主張を斥けています。

　被告（国）は、C社及びB社がその有するA社の議決権についてA社の意思と同一の内容の議決権を行使することに同意していれば、法人税法施行令4条6項により、評価通達188の適用上、その議決権はA社が有するとみなされる旨主張する。しかしながら、評価通達188は、評価会社の株主の「同族関係者」の定義として、法人税法施行令4条を引用しており、同条6項は当該「同族関係者」に当たる同条3項に定める特殊の関係のある法人についてのその該当性の判断等に関して設けられた規定である。そうすると、評価通達188の適用上、評価会社における株主の議決権割合の判定そのものに同条6項が適用されるわけではないから、仮にC社及びB社がその有するA社の議決権についてA社や原告の意思と同一の内容の議決権を行使することに同意していたとしても、評価会社であるA社における株主の議決権割合の判定において、C社及びB社の有する議決権をA社や原告が有するとみなされることになるものではない。したがって、被告の上記主張は、評価通達188の解釈を誤った独自の見解というべきものである。

❸　中心的な同族株主、中心的な株主の定義

(1)　中心的な同族株主とは

　課税時期において、同族株主の1人並びにその株主の配偶者、直系血族、兄弟姉妹及び1親等の姻族（これらの者の同族関係者である会社のうち、これらの者が有する議決権の合計数がその会社の議決権総数の25％以上である会社を含みます。）の有する議決権の合計数が、その会社の議決権総数の25％以上である場合におけるその株主をいいます。

　なお、中心的な同族株主の判定は、株主個々に判定を行う必要があります。「ある株主」が他の同族株主にとって中心的な同族株主の判定の基礎に含まれる場合であっても、その「ある株主」を基礎としてその判定を行った場合には、その株主が中心的な同族株主とならないケースがあるので注意が必要です。

(2)　中心的な株主とは

　課税時期において、同族株主がいない会社の株主の1人及びその同族関係者の有する議決権の合計数がその会社の議決権総数の15％以上である株主グループのうち、いずれかのグループに単独でその会社の議決権総数の10％以上の議決権を有している株主がいる場合におけるその株主をいいます。

1-5　議決権割合判定上の留意点

Q　同族株主や中心的な同族株主などの判定を行う場合において、議決権割合の判定に当たっての留意点について教えてください。

A　議決権割合の判定に当たって留意する点は、①判定時期、②未分割の場合、③自己株式を所有している場合、④相互保有している場合、⑤種類株を発行している場合、⑥投資育成会社が株主である場合です。これらの判定上の留意点は解説のとおりです。

解説

❶　議決権割合の判定時期

議決権割合の判定は、相続、遺贈、贈与による異動（取得）後の議決権数を基に行います。

❷　遺産が未分割の場合の議決権割合の判定

相続税の申告期限において遺産が未分割である場合、議決権割合の判定は、その未分割である株式のすべてを取得したものとして議決権割合の判定を行います。

なお、遺産分割協議が整った後に、実際の取得の状況に応じて議決権割合の再判定を行います。その結果、納付すべき相続税に異動が生じる場合は、修正申告または更正の請求を行う必要があります。

❸　判定会社が自己株式を所有している場合

評価会社が自己株式を所有している場合には、その自己株式に係る議決権数は「0」として計算して議決権総数を求めます（評基通188-3）。

❹ 議決権が制限される相互保有株式を所有している場合

　株主が会社法308条1項の規定に基づく議決権を有しない株式を所有している場合には、その議決権を有しない株式に係る議決権数は「0」として計算して評価会社の議決権総数を求めます（評基通188−4）。会社法308条1項では、ある株主が判定しようとする会社の議決権総数の25％以上を所有されている場合には、その株主は議決権を有しないとされます。

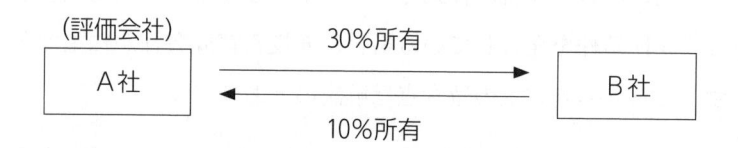

　B社は、A社（評価会社）に議決権の1/4以上（30％）を所有されていますので、B社の有するA社の議決権についてはないものとされます。

❺ 株主が種類株式を所有している場合

　判定会社が種類株式を発行している場合における議決権の数または議決権総数の判定に当たっては、種類株式のうち株主総会の一部の事項について議決権を行使できない株式に係る議決権の数は、判定の基礎に含めることとしています（評基通188−4）。

　なお、種類株式のうち株主総会の全部の事項について議決権を行使できない株式（配当優先の無議決権株式等）については、判定の基礎には含まれません。

❻ 投資育成会社が株主である場合

　中小企業投資育成株式会社（投資育成会社）が株主である場合には次のように取り扱われます。

　(1)　投資育成会社が同族株主に該当し、かつ、当該投資育成会社以外
　　　に同族株主に該当する株主がいない場合は、当該投資育成会社は同

族会社に該当しないものとして判定を行います。

(2)　投資育成会社が中心的な同族株主または中心的な株主に該当し、かつ、当該投資育成会社以外に中心的な同族株主または中心的な株主がいない場合には、当該投資育成会社は中心的な同族株主または中心的な株主に該当しないものとして判定を行います。

(3)　上記(1)・(2)の場合において、評価会社の議決権総数から投資育成会社が所有する議決権数を控除した数をその評価会社の議決権総数とした場合に、同族株主となる者がいるときは、その同族株主以外の株主等が取得した株式については、同族株主のいる会社の同族株主以外の株主等が取得した株式として判定を行います。

1-6 同族株主等の判定の具体例① —同族株主のいる会社で筆頭株主グループの議決権割合が50％超の場合—

Q 同族株主のいる会社で筆頭株主グループの議決権割合が50％超の場合の判定はどうなりますか。

甲社の株主構成

株　主	株主Aとの関係	議決権数
A	本　　　　　　　人	30,000個
B	A　　の　　配　　偶　　者	9,000
C	A　　の　　　　長　　　　男	6,000
D	A　　の　　　　長　　　　女	6,000
E	A　　の　　友　　　　人	25,000
F	E　　の　　　　長　　　　男	14,000
G	E　　の　　　　二　　　　男	10,000
	（議　決　権　総　数）	100,000

A 甲社の株主構成は、Aを中心とするグループとEを中心とするグループで構成されていますので、次のように判定します。

解説

❶ 同族株主の議決権割合の計算

(1) 株主Aとその同族関係者（B、C、D）が所有する議決権の合計数と議決権割合

　　(A)　　　(B)　　　(C)　　　(D)
① 30,000＋9,000＋6,000＋6,000＝51,000……株主Aのグループの議決権の合計数

② 51,000÷100,000（議決権総数）＝51％……議決権割合

(2) 株主Eとその同族関係者（F、G）が所有する議決権の合計数と議決権割合

　　(E)　　　(F)　　　(G)
① 25,000＋14,000＋10,000＝49,000……株主Eのグループの議決

権の合計数

②　49,000÷100,000（議決権総数）＝49％……議決権割合

❷　判定

　株主Aのグループは、甲社の議決権総数の50％超（51％）を所有していますので、株主A、B、C及びDは、同族株主となります。

　株主Eのグループはその議決権割合が49％で30％以上となっていますが、株主Aのグループの議決権割合が50％超ですので、株主E、F及びGは同族株主以外の株主となります。

1-7 同族株主等の判定の具体例② —筆頭株主グループの議決権割合が30％以上50％以下の場合—

Q 筆頭株主グループの議決権割合が30％以上50％以下の場合の判定はどうなりますか。

乙社の株主構成

株　主	株主Aとの関係	議決権数
A	本　　　　　　　　　人	10,000個
B	Aの長男	15,000
C	Aの二男	10,000
D	Aの長女	7,000
E	Bの配偶者	3,000
F	友　　　　　　　　　人	15,000
G	Fの配偶者	5,000
H	友　　　　　　　　　人	30,000
I	Hの配偶者	25,000
（議決権総数）		120,000

A 乙社の株主構成は、Aを中心とするグループ、Fを中心とするグループ、Hを中心とするグループで構成されていますので、次のように判定します。

解説

❶ 同族株主の議決権割合の計算

(1) 株主Aとその同族関係者（B、C、D、E）が所有する議決権の合計数と議決権割合

　　　(A)　　　(B)　　　(C)　　　(D)　　　(E)
① 　10,000＋15,000＋10,000＋7,000＋3,000＝45,000

　　　　　　　　　……株主Aのグループの議決権の合計数

② 　45,000÷120,000（議決権総数）＝37.5％……議決権割合

(2)　株主Fとその同族関係者（G）が所有する議決権の合計数と議決権割合

　　①　$\underset{(F)}{15,000}+\underset{(G)}{5,000}=20,000$……株主Fのグループの議決権の合計数

　　②　$20,000÷120,000$（議決権総数）$=16.7\%$……議決権割合

(3)　株主Hとその同族関係者（I）が所有する議決権の合計数と議決権割合

　　①　$\underset{(H)}{30,000}+\underset{(I)}{25,000}=55,000$……株主Hのグループの議決権の合計数

　　②　$55,000÷120,000$（議決権総数）$=45.8\%$……議決権割合

❷　判定

　乙社の筆頭株主グループは株主Hのグループで、その議決権割合は50％以下（45.8％）ですから、30％以上の議決権割合の株主グループに属する株主が同族株主となります。

　したがって、株主Hのグループ及び株主Aのグループに属する株主が同族株主と判定され、株主FとGは同族株主以外の株主となります。

1-8 同族株主等の判定の具体例③ —同族株主のいない会社で株主グループの議決権割合が15%以上の場合—

Q 同族株主のいない会社で株主グループの議決権割合が15%以上の場合の判定はどうなりますか。

丙社の株主構成

株 主	株主Aとの関係	議決権数
A	本 　 　 　 人	15,000個
B	A 　 の 　 配 　 偶 　 者	8,000
C	A 　 の 　 長 　 男	2,000
D	友 　 　 　 人	10,000
E	D 　 の 　 配 　 偶 　 者	5,000
F	D 　 の 　 長 　 男	5,000
G	A 　 の 　 友 　 人	15,000
H	G 　 の 　 配 　 偶 　 者	5,000
I	友 　 　 　 人	15,000
J	友 　 　 　 人	10,000
K	友 　 　 　 人	10,000
	（議 決 権 総 数）	100,000

A 丙社の株主構成をみると、Aを中心とするグループ、Dを中心とするグループ、Gを中心とするグループなどから構成されていますが、いずれも議決権割合が30%以上とはなりませんので、同族株主のいない会社になります。具体的には次のように判定します。

解説

❶ 同族株主の議決権割合の計算

（1） 株主Aとその同族関係者（B、C）が所有する議決権の合計数と議決権割合

① $\underset{\text{(A)}}{15,000} + \underset{\text{(B)}}{8,000} + \underset{\text{(C)}}{2,000} = 25,000$……株主Aのグループの議決権の合計数

 ②　25,000÷100,000（議決権総数）＝25％……議決権割合

(2)　株主Dとその同族関係者（E、F）が所有する議決権の合計数と議決権割合

    (D) (E) (F)

 ①　10,000＋5,000＋5,000＝20,000……株主Dのグループの議決権の合計数

 ②　20,000÷100,000（議決権総数）＝20％……議決権割合

(3)　株主Gとその同族関係者（H）が所有する議決権の合計数と議決権割合

    (G) (H)

 ①　15,000＋5,000＝20,000……株主Gのグループの議決権の合計数

 ②　20,000÷100,000（議決権総数）＝20％……議決権割合

(4)　その他の株主の議決権割合

 株主Ｉ　15,000（議決権数）÷100,000（議決権総数）＝15％

 株主Ｊ　10,000（議決権数）÷100,000（議決権総数）＝10％

 株主Ｋ　10,000（議決権数）÷100,000（議決権総数）＝10％

❷　判定

　丙社には、議決権割合が30％以上となる株主グループがいないので、同族株主のいない会社になります。

　したがって、議決権割合が15％以上となる株主グループに属する株主が同族株主等と判定され、それ以外の株主は、同族株主等以外の株主と判定されます。

　このため、株主Aのグループ、株主Dのグループ及び株主Gのグループに属する株主並びに株主Ｉが同族株主等と判定され、株主ＪとＫは同族株主等以外の株主となります。

1-9 同族株主等の判定の具体例④ —法人株主がいる場合—

Q 法人株主がいる場合の判定はどうなりますか。
丁社の株主の議決権割合等は、次のとおりです。

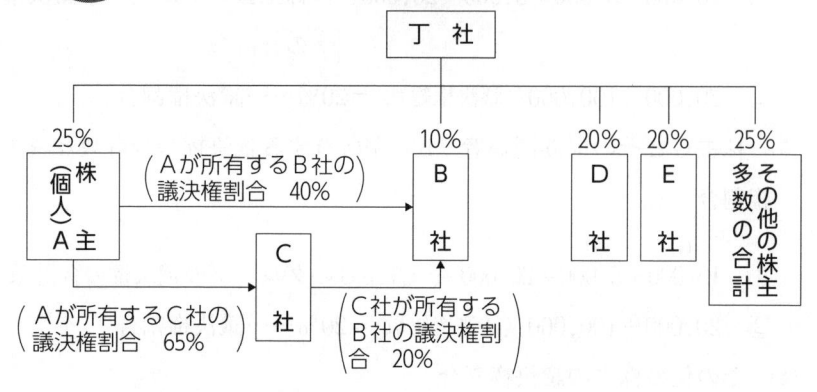

A 株主Aが丁社の同族株主に当たるかどうかの判定に当たって、B社及びC社は株主Aの同族関係者に該当しますので、株主Aは同族株主に該当します。

解説

❶ 判定

(1) 同族株主とは、課税時期における評価会社の株主のうち、株主の1人及びその同族関係者の有する議決権の合計数がその会社の議決権総数の30％以上である場合におけるその株主及びその同族関係者をいいます。この「同族関係者」とは、法人税法施行令4条に規定する特殊の関係のある個人または法人をいいます（Q1-4参照）

(2) 株主Aとその同族関係者であるC社（株主Aが65％所有しています。）が合わせて50％超（40％（A）＋20％（C社））の議決権を持っ

　ているB社は、株主Aの同族関係者となります。

　したがって、株主Aとその同族関係者（B社）が所有する丁社の議決権の合計数は、30％以上（25％（A）＋10％（B社））ですから、株主Aは、同族株主と判定されます。

1-10 同族株主等の判定の具体例⑤ —同族株主グループの中に中心的な同族株主がいる場合—

Q 同族株主グループの中に中心的な同族株主がいる場合の判定はどうなりますか。

戊社の同族株主グループの株主であるA、B、C、D、E、F及びGは、相続または遺贈により戊社の株式を取得し、その取得後の議決権割合等は次のとおりです。

なお、甲社の役員となっている者は、株主Aのみです。

戊社の株主構成

株主の氏名	株主Aとの関係	議決権割合
A	本　　　　人	15%
B	妻	13
C	長　　　男	11
D	父	3
E	弟	3
F	甥（Eの子）	4
G	従　　　兄	4

A 中心的な同族株主とは、同族株主のいる会社の株主で、課税時期において同族株主の1人並びにその株主の配偶者、直系血族、兄弟姉妹及び1親等の姻族などの有する議決権の合計数がその会社の議決権総数の25％以上である場合におけるその株主をいいます。この中心的な同族株主の判定は、それぞれの株主ごとに行います。戊社の場合は、解説のように判定します。

解説

❶　判定

（1）　株主Aとその同族関係者で、議決権総数の50％超（53％）を所有

しているので、株主A、B、C、D、E、F及びGは同族株主となります。

(2)　この同族株主グループの中では、株主Aを中心としてみた場合には、株主A、B、C、D及びEが中心的な同族株主の判定の基礎となる株主グループ（議決権割合45％）となり、株主Dを中心としてみた場合には、A、B、C、D、E及びFが中心的な同族株主の判定の基礎となる株主グループ（議決権割合49％）となり、また、株主Eを中心としてみた場合には、A、D、E及びFが中心的な同族株主の判定の基礎となる株主グループ（議決権割合25％）となります。

したがって、株主A、B及びCは議決権割合が5％以上ですし、また、株主D及びEは議決権割合が5％未満ですが中心的な同族株主に該当しますので、いずれも原則的評価方式によって評価します。

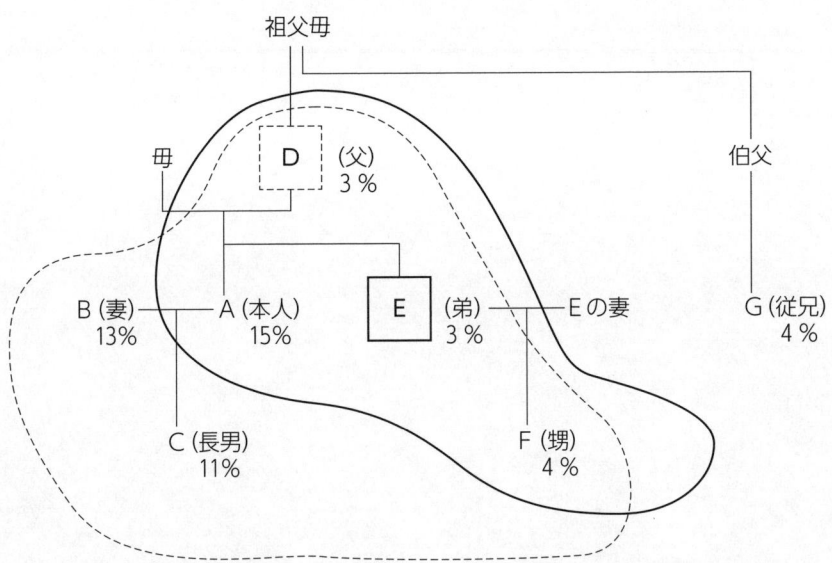

(注)　点線（株主Dからみた場合）及び実線（株主Eからみた場合）で囲んだ株主が中心的な同族株主の判定の基礎となる株主グループです。

(3) 株主F及びGは、同族株主ですが、議決権割合が5％未満で、かつ、中心的な同族株主にも該当しないので、株主F及びGの取得した株式は配当還元方式によって評価します。

(注) 株主Fは、株主Eを中心としてみた場合には中心的な同族株主（議決権割合25％）判定の基礎となる株主になりますが、株主Fを中心としてみた場合には、株主D、E及びFの議決権割合は10％になりますので中心的な同族株主には該当しないこととなります。

〔中心的な同族株主の判定の基礎となる同族株主の範囲（ 網かけ 部分）〕

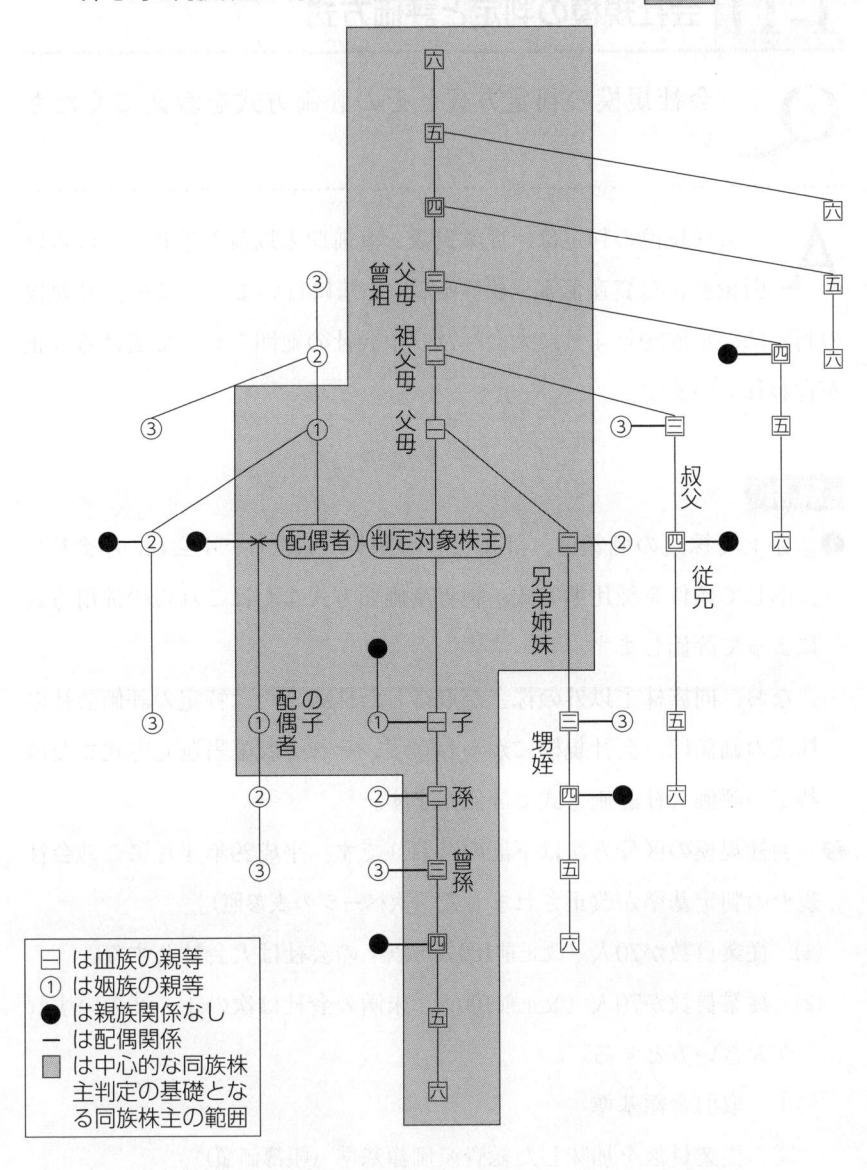

1-11 会社規模の判定と評価方式

Q 会社規模の判定方式とその評価方式を教えてください。

A 会社規模の判定は、従業員数、直前期末以前1年間における取引金額、総資産価額（帳簿価額）を基に行います。この会社規模の判定は、平成29年4月に大会社及び中会社の範囲を総じて広げる改正が行われています。

解説

❶ 非上場株式の価額は、評価会社の規模（大会社、中会社、小会社）に応じて類似業種比準方式、純資産価額方式またはこれらの併用方式によって評価します。

　なお、同族株主以外の株主が取得した株式または特定の評価会社の株式の価額は、会社規模にかかわらず、それぞれ配当還元方式または特定の評価会社評価方式で評価します。

❷ 会社規模の区分方法は下記のとおりです。平成29年4月にこの会社規模の判定基準が改正されました（次ページの表参照）。

(1) 従業員数が70人（改正前100人）以上の会社は大会社とする。

(2) 従業員数が70人（改正前100人）未満の会社は次の①・②のいずれか大きい方とする。

　① 取引金額基準

　② 従業員数を加味した総資産価額基準（帳簿価額）

改正後

規模区分	区分の内容	総資産価額（帳簿価額によって計算した金額）及び従業員数	直前期末以前1年間における取引金額
大会社	従業員数が70人以上の会社または右のいずれかに該当する会社	卸売業：20億円以上（従業員数が35人以下の会社を除く。）	30億円以上
		小売・サービス業：15億円以上（従業員数が35人以下の会社を除く。）	20億円以上
		卸売業、小売・サービス業以外：15億円以上（従業員数が35人以下の会社を除く。）	15億円以上
中会社	従業員数が70人未満の会社で右のいずれかに該当する会社（大会社に該当する場合を除く。）	卸売業：7,000万円以上（従業員数が5人以下の会社を除く。）	2億円以上30億円未満
		小売・サービス業：4,000万円以上（従業員数が5人以下の会社を除く。）	6,000万円以上20億円未満
		卸売業、小売・サービス業以外：5,000万円以上（従業員数が5人以下の会社を除く。）	8,000万円以上15億円未満
小会社	従業員数が70人未満の会社で右のいずれにも該当する会社	卸売業：7,000万円未満または従業員数が5人以下	2億円未満
		小売・サービス業：4,000万円未満または従業員数が5人以下	6,000万円未満
		卸売業、小売・サービス業以外：5,000万円未満または従業員数が5人以下	8,000万円未満

改正前

規模区分	区分の内容	総資産価額（帳簿価額によって計算した金額）及び従業員数	直前期末以前1年間における取引金額
大会社	従業員数が100人以上の会社または右のいずれかに該当する会社	卸売業：20億円以上（従業員数が50人以下の会社を除く。）	80億円以上
		小売・サービス業：10億円以上（従業員数が50人以下の会社を除く。）	20億円以上
		卸売業、小売・サービス業以外：10億円以上（従業員数が50人以下の会社を除く。）	20億円以上
中会社	従業員数が100人未満の会社で右のいずれかに該当する会社（大会社に該当する場合を除く。）	卸売業：7,000万円以上（従業員数が5人以下の会社を除く。）	2億円以上80億円未満
		小売・サービス業：4,000万円以上（従業員数が5人以下の会社を除く。）	6,000万円以上20億円未満
		卸売業、小売・サービス業以外：5,000万円以上（従業員数が5人以下の会社を除く。）	8,000万円以上20億円未満
小会社	従業員数が100人未満の会社で右のいずれにも該当する会社	卸売業：7,000万円未満または従業員数が5人以下	2億円未満
		小売・サービス業：4,000万円未満または従業員数が5人以下	6,000万円未満
		卸売業、小売・サービス業以外：5,000万円未満または従業員数が5人以下	8,000万円未満

1-12 会社規模の判定に使用する従業員数、総資産価額、取引金額

Q 会社規模の判定上使用する「従業員数」「総資産価額」「直前期末以前1年間における取引金額」について教えてください。

. . . .

A 会社規模の判定の基本となるものは従業員数です。この従業員は、評価会社に勤務し賃金を受け取るすべての者が含まれます。詳しくは解説のとおりです。

解 説

❶　従業員数の考え方

従業員は、勤務時間の長短や常時使用される者であるか否かにかかわらず、評価会社に勤務し賃金等を受け取るすべての者が含まれます。

ただし、評価会社の役員（社長、理事長及び法人税法施行令71条1項1号、2号、4号に規定する役員）は含まれません。

評価会社の従業員数は課税時期の直前期末以前1年間における評価会社の従業員の労働時間も考慮します。

$$継続勤務従業員の数 + \frac{継続勤務従業員以外の従業員の直前期末以前1年間における労働時間の合計時間数}{1,800時間}$$

(注)1　上記により評価会社の従業員数を求め、例えば5.1人となる場合には、従業員数「5人超」に、4.9人となる場合は従業員数「5人以下」に該当します。

　　2　「継続勤務従業員」とは、課税時期の直前期末以前1年間を通じて継続して勤務していた従業員のうち、就業規則等で定められた1週間当たりの労働時間が30時間以上である従業員をいいます。

❷　総資産価額の考え方

　総資産価額は評価会社の直前期末における各資産の帳簿価額の合計額をいいます。

(注)　1　固定資産の減価償却累計額を間接法によって表示している場合には、帳簿価額の合計額から減価償却累計額を控除します。

　　2　売掛金、受取手形、貸付金等に対する貸倒引当金は控除しません。

　　3　前払費用、繰延資産、税効果会計の適用による繰延税金資産など、確定決算上の資産として計上されている資産は、帳簿価額の合計額に含めます。

　　4　収用等に伴い代替資産を取得した場合や特定の資産の買換え等の場合における、圧縮記帳引当金勘定繰入額、圧縮記帳積立金積立額、特別勘定繰入額は、帳簿価額の合計額から控除しません。

❸　直前期末以前1年間における取引金額の考え方

　「直前期末以前1年間における取引金額」は、直前期末以前1年間の評価会社の収入金額（売上高）とします。

　なお、金融業・証券業については収入利息及び収入手数料とします。

(注)　直前期の事業年度が1年未満であるときには、課税時期の直前期末以前1年間の実際の収入金額によりますが、実際の収入金額を明確に区分することが困難な時期がある場合には、実務上はその期間の収入金額を月数按分して求めた金額として差し支えありません。

❹　「卸売業」、「小売・サービス業」、「卸売業、小売・サービス業以外」の業種目の判定

　会社規模判定の際には、評価会社が「卸売業」「小売・サービス業」「卸売業、小売・サービス業以外」のいずれかに該当するかの判断を行わなくてはなりません。対象となる期間は直前期末以前1年間の取引であり、直前期末以前1年間の取引金額に、複数の業種目に係る取引金額が含まれている場合は、取引金額の最も多い業種により判定することとされています。

　評価会社がどの業種に該当するかは、平成29年 6 月13日付資産評価企画官情報第 4 号「（別表）日本標準産業分類の分類項目と類似業種比準価額計算上の業種目の対比表（平成29年分）」を参考にしてください。

第2章

類似業種比準方式関係

2-1 平成29年の改正事項

Q 平成29年4月の改正事項について教えてください。

A 類似業種比準方式について、平成29年4月27日付課評2－12ほか「財産評価基本通達の一部改正について（法令解釈通達）」で約10年ぶりの大きな改正が行われています。その内容は解説のとおりです。

解説

　非上場株式等を評価する際の類似業種比準方式の算式について、次のとおり改正されました。

　この改正は、平成29年1月1日以後に相続、遺贈または贈与により取得した財産の評価に適用されます。

(1)　類似業種の株価（A）について、現行に課税時期の属する月以前2年間平均を加える。

(2)　類似業種の1株当たりの配当金額（B）、利益金額（C）及び純資産価額（帳簿価額によって計算した金額）（D）について、連結決算を反映させたものとする。

(3)　配当金額、利益金額及び純資産価額（帳簿価額によって計算した金額）の比重について、1：1：1とする。

（評価通達180、182、183－２、189－３、194－２、明細書通達＝改正）

① 従来の取扱い

（改正前の算式）

$$A \times \left[\frac{\dfrac{Ⓑ}{B} + \dfrac{Ⓒ}{C} \times 3 + \dfrac{Ⓓ}{D}}{5} \right] \times 0.7$$

A＝類似業種の株価

Ⓑ＝評価会社の１株当たりの配当金額

Ⓒ＝評価会社の１株当たりの利益金額

Ⓓ＝評価会社の１株当たりの純資産価額（帳簿価額によって計算した金額）

B＝課税時期の属する年の類似業種の１株当たりの配当金額

C＝課税時期の属する年の類似業種の１株当たりの年利益金額

D＝課税時期の属する年の類似業種の１株当たりの純資産価額（帳簿価額によって計算した金額）

(注)1 　上記算式中の「0.7」は、中会社の場合「0.6」、小会社の場合「0.5」とします。

　　2 　類似業種における３要素は１株当たりの資本金等の額を50円として計算されるため、評価会社におけるⒷⒸⒹの金額も１株当たりの資本金等の額が50円に換算した金額を基に計算します。

　　3 　課税時期が直後期末に近かったとしても、類似業種比準価額の計算は必ず直前期末を基に計算する必要があります。

② 通達改正の背景

　この通達改正の背景については、平成29年４月28日付資産評価企画官情報第３号で次のように説明されています。

　イ　類似業種の株価

　　従来から、類似業種の株価については、類似業種比準価額の計算

において、上場会社の株価の急激な変動による影響を緩和する趣旨
から、一定の選択肢を設けていたところであるが、最近の株価の動
向を踏まえると、株価の急激な変動を平準化するには、2年程度必
要と考えられること及び現行においても課税時期が12月の場合に
は、前年平均株価の計算上、前年の1月までの株価を考慮してお
り、実質的に2年間の株価を考慮していることから、課税時期の属
する月以前2年間の平均株価を選択可能とした。

ロ　類似業種の比準要素の計算

　上場会社については、連結決算に係る財務情報を公表することが
原則義務付けられており、投資判断に当たりその情報も重視されて
株価の形成要素となっていると考えられることから、より適切な時
価を算出するため、類似業種の比準要素の数値について、連結決算
を反映させることとした。

　この場合、上場会社は、原則として監査義務が課されており、利
益計算の恣意性は排除されていることを考慮し、類似業種の比準要
素については、財務諸表の数値を基に計算することとした上で、連
結決算を行っている場合には、その数値を反映させたものとするこ
ととした。

(注)　非上場会社である評価会社には、原則として、上場会社のような
　　監査義務は課されておらず、利益計算の恣意性を排除し、評価会社
　　の株式を同一の算定基準により評価することが合理的であることに
　　鑑み、納税者利便の観点から、評価会社の1株当たりの配当金額、
　　利益金額及び簿価純資産価額については、従来どおり法人税等の数
　　値に基づき計算することとされている。

ハ　配当金額、利益金額及び簿価純資産価額の比重

　類似業種比準方式における3つの比準要素である配当金額、利益
金額及び簿価純資産価額の比重は、平成12年の評価通達改正以前に

おいては、株価形成に与える影響度が等しいものとして取り扱って
いたが、平成12年の評価通達の改正時に、上場会社のデータに基づ
き検証作業等を行ったところ、これらの要素の比重を1：3：1と
した場合が最も適正に株価の算定がなされると認められたことか
ら、この比重により計算することとしたものである。

　今回、平成12年の評価通達の改正時と同様に、上場会社のデータ
に基づき、個別の上場会社について、これらの要素の比重をどのよ
うにすると最も当該上場会社の株価に近似する評価額を導くか、そ
れぞれの要素の比重を変えて検証作業を行った。

　その結果、1：1：1という比重が最も実際の株価と評価額との
乖離が少なく、適正に「時価」が算出されると認められたことか
ら、これを踏まえて類似業種比準方式の算式を改正した。

（改正後の算式）

$$A^{(注1)} \times \left[\frac{\dfrac{Ⓑ}{B} + \dfrac{Ⓒ}{C} + \dfrac{Ⓓ}{D}}{3} \right] \times 0.7^{(注2)}$$

（注）1　課税時期以前3か月の各月の平均株価のうち最も低い株価に
　　　　　よります。ただし、納税義務者の選択により、類似業種の前年
　　　　　平均株価または課税時期以前2年間の平均株価を採用すること
　　　　　ができます。
　　　2　0.7は、中会社の場合は「0.6」、小会社の場合は「0.5」

---

③　改正されたA、B、C、Dについては、国税庁が公表した「平成
　29年分の類似業種比準価額計算上の業種目及び業種目別株価等につ
　いて」（法令解釈通達）に記載されています。

（抜すい）

連結決算を反映
（改正事項）

類似業種比準価額計算上の業種目及び業種目別株価等（平成29年分）　　（単位：円）

業　　　種　　　目				B〔配当金額〕	C〔利益金額〕	D〔簿価純資産価額〕	A（株価）		
大　分　類 中　分　類 小　分　類		番号	内　　容				平成28年平均	28 年11月分	28 年12月分
建　設　業		1		4.0	39	272	213	223	236
	総 合 工 事 業	2		3.5	39	245	212	223	236
	建築工事業（木造建築工事業を除く）	3	鉄骨鉄筋コンクリート造建築物、鉄筋コンクリート造建築物、無筋コンクリート造建築物及び鉄骨造建築物等の完成を請け負うもの	3.8	46	223	257	260	280

各月の株価

課税時期の属する
月以前 2 年間の平
均株価（改正事項）

類似業種比準価額計算上の業種目及び業種目別株価等（平成29年分）　　（単位：円）

業種目			A（株価）〔上段：各月の株価，下段：課税時期の属する月以前 2 年間の平均株価〕											
大　分　類 中　分　類 小　分　類		番号	平成29 年1月分	2月分	3月分	4月分	5月分	6月分	7月分	8月分	9月分	10月分	11月分	12月分
建　設　業		1	242 217	244 218	256 220	245 221	262 223	272 225	281 227	284 230	289 233	305 237	315 240	328 244
	総 合 工 事 業	2	241 216	241 218	251 220	241 221	259 223	269 224	277 227	281 229	286 232	303 235	311 239	323 243
	建築工事業（木造建築工事業を除く）	3	282 255	278 258	283 261	273 262	298 264	320 266	330 269	339 273	342 276	353 280	371 284	397 289

2-2 類似業種比準方式の計算方法

Q 類似業種比準方式の計算の仕組みについて教えてください。

A 類似業種比準方式とは、評価会社の事業内容と類似する類似業種（上場会社）について、その類似業種の株価、1株当たりの配当金額、年利益金額、純資産価額の3要素を基に、評価会社の1株当たりの配当金額、利益金額、純資産価額（帳簿価額によって計算した金額）を比準要素として、株式の価額を求める方式です。

解説

具体的には次の算式で計算します。なお、様々な比準要素の中から計数化できる3要素を基に評価することとしていること、現実の市場価格を有していないこと等から評価の安全性に配慮し、比準価額の70％相当額（中会社は60％、小会社は50％）で評価することとしています。

$$A \times \left[\frac{\dfrac{Ⓑ}{B} + \dfrac{Ⓒ}{C} + \dfrac{Ⓓ}{D}}{3} \right] \times 0.7^{(注)}$$

（注） A、Ⓑ〜Ⓓ、B〜Dの意義についてはQ2−1参照、また、0.7は、中会社の場合は「0.6」、小会社の場合は「0.5」

2-3 類似業種の判定

Q 類似業種の判定について教えてください。

....

A 類似業種比準価額における業種目の判定は、会社規模の判定と同様に、事業実態を国税庁が公表している「日本標準産業分類の分類項目と類似業種比準価額計算上の業種目の対比表（平成29年分）」により判定します。

解 説

　類似業種比準価額計算上の業種目は納税者の選択により、該当する業種目が小分類の業種目である場合には、その業種目が属する中分類の業種目を、また、中分類の業種目である場合には、その業種目が属する大分類の業種目をそれぞれ業種目とすることができます、これにより、評価額が低くなる業種目を採用することができます。

　なお、取引金額のうちに2以上の業種目に係る取引金額が含まれている場合には、取引金額が50％を超える業種目を採用し、また、50％を超える業種目がない場合には、次によります。

(1)　評価会社の事業が一つの中分類の業種目中の2以上の類似する小分類の業種目に属し、それらの取引金額の割合が50％を超える場合
　⇒その中分類の中にある類似する小分類の「その他の○○業」

(2)　評価会社の事業が一つの中分類の業種目中の2以上の類似しない小分類の業種目に属し、それらの取引金額の割合が50％を超える場合
　⇒その中分類の業種目

(3)　評価会社の事業が一つの大分類の業種目中の2以上の類似する中分

類の業種目に属し、それらの取引金額の割合が50%を超える場合

⇒その大分類の中にある類似する中分類の「その他の○○業」

(4)　評価会社の事業が一つの大分類の業種目中の2以上の類似しない中

分類の業種目に属し、それらの取引金額の割合が50%を超える場合

⇒その大分類の業種目

(5)　上記(1)〜(4)のいずれにも該当しない場合

⇒大分類の業種目の中の「その他の産業」

2-4 評価会社の1株当たりの配当金額

Q 類似業種比準価額の計算に当たって使用する評価会社の1株当たりの配当金額について教えてください。

A 1株当たりの配当金額は次の算式で計算した金額です。

$$\frac{\text{直前期末以前}}{2} \div \begin{array}{l}\text{直前期末における株式1株当た}\\\text{りの資本金等の額を50円とした}\\\text{場合の発行済株式数}\end{array}$$

= 評価会社の1株（50円）当たりの配当金額「Ⓑ」

解説

1株当たりの配当金額の算定に当たっては次の点に注意してください。

(1)　1株当たりの配当金額は、直前期末以前2年間におけるその会社の剰余金の配当金の合計額の2分の1相当額（年平均配当金額）を直前期末における発行済株式数で除して計算した金額、すなわち直前期末以前2年間の平均金額となります。

(2)　評価会社の1株当たりの資本金等の額が50円以外の金額である場合には、直前期末における資本金等の額を50円で除して計算をする、つまり評価会社が1株50円であると仮定した場合の1株当たりの配当金額を計算する必要があります。

(3)　なお、特別配当、記念配当等の名称による配当金額のうち、将来継続することが予想できないものや、資本金等の減少によるものは、ここでいう剰余金の配当金額には含まれません。

 評価会社の1株当たりの利益金額

 類似業種比準価額の計算に当たって使用する1株当たりの利益金額について教えてください。

A 1株当たりの利益金額は次の算式で計算した金額です。

$$\left(\begin{array}{l} \text{法人税の} \\ \text{課税所得} \\ \text{金額} \end{array} + \begin{array}{l} \text{所得の計算上益金の額に} \\ \text{算入されなかった剰余金} \\ \text{の配当}^{(注1)}\text{等の金額}^{(注2)} \end{array} + \begin{array}{l} \text{損金に算入} \\ \text{された繰越} \\ \text{欠損金の控} \\ \text{除額} \end{array} \right) \div \begin{array}{l} \text{直前期末における株式} \\ 1\text{株当たりの資本金等} \\ \text{の額を50円とした場合} \\ \text{の発行済株式数} \end{array}$$

＝評価会社の1株（50円）当たりの利益金額「ⓒ」

（注）1　資本金等の額の減少によるものを除きます。また、評価会社が所有する株式をその株式発行法人に譲渡することにより配当等とみなされる部分（みなし配当）の金額を除きます。

　　　2　所得税額に相当する金額を除きます。

解説

❶　基本的計算方法

　1株当たりの利益金額は、直前期末以前1年間における法人税の課税所得金額を基に計算します。この課税所得の中に固定資産売却益、保険差益等の非経常的な利益金額が含まれている場合には、その金額を除き、益金不算入とされた剰余金の配当等の金額（所得税額に相当する金額を除きます。）及び損金算入された繰越欠損金控除額を加算します。こうして求めた課税所得金額を、直前期末における発行済株式数で除して1株当たりの利益金額を求めます。

　なお、納税義務者の選択により、直前期末以前2年間の各事業年度の

課税所得金額の平均（上記算式の（　）内の金額の平均）を直前期末における発行済株式数で除して 1 株当たりの利益金額を求める方法も認められています。

　発行済株式数は、類似業種の 1 株当たりの利益金額が 1 株50円を基にしているため、評価会社の 1 株当たりの資本金等の額が50円以外の金額である場合には、直前期末における資本金等の額を50円で除して計算した数となります。

❷　非経常的な利益金額

　評価会社にとって非経常的な利益か否かについては、その評価会社の事業の内容や発生原因、その発生原因たる行為の反復継続性または臨時偶発性等を総合的に勘案して判断します。一般的には特別損益に計上される次のような金額がこの対象になります。

- 土地等の固定資産売却益
- 保険金を受け取ったことによる保険差益

　非経常的な利益とは、直前期末 1 年間における利益のうちの非経常的な利益の総体を指していますので、個々の非経常的な損益は通算し、通算した後の利益の金額があれば、これを除外することになります。なお、損失の金額が残る場合には、その損失額を加算する必要はありません。

 2-6 評価会社の1株当たりの純資産価額

Q 類似業種比準価額の計算に当たって使用する1株当たりの純資産価額（帳簿価額によって計算した金額）について教えてください。

A 1株当たりの純資産価額は次の算式で計算した金額です。

$$\left(\begin{array}{c}\text{資本金}\\\text{等の額}\end{array} + \begin{array}{c}\text{法人税法に}\\\text{規定する利}\\\text{益積立金額}\end{array}\right) \div \begin{array}{c}\text{直前期末における株式1株当}\\\text{たりの資本金等の額を50円と}\\\text{した場合の発行済株式数}\end{array} = \begin{array}{c}\text{評価会社の1株(50}\\\text{円) 当たりの純資}\\\text{産価額「Ⓓ」}\end{array}$$

解説

　1株当たりの純資産価額は、直前期末における資本金等の額と利益積立金額の合計額を直前期末における発行済株式数で除して計算した金額とされます。

　評価会社の直前期末における資本金等の額は、法人税申告書別表五㈠「利益積立金額及び資本金等の額の計算に関する明細書」の「差引翌期首現在資本金等の額の差引合計額」を、法人税法上の利益積立に相当する金額は、法人税申告書別表五㈠「利益積立金額及び資本金等の額の計算に関する明細書」の「差引翌期首現在利益積立金額の差引合計額」を使います。この利益積立金額がマイナスとなる場合は、その金額を資本金等の額から控除します。控除後の金額がマイナスとなった場合には1株当たりの純資産価額は「0」と取り扱われます。

　発行済株式数は、類似業種の1株当たりの純資産価額が1株50円を基にしているため、評価会社の1株当たりの資本金等の額が50円以外の金額である場合には、直前期末における資本金等の額を50円で除して計算した数となります。

2-7　類似業種比準価額の修正

Q 類似業種比準価額の修正について教えてください。

A 類似業種比準価額は、直前期末における 1 株当たりの配当金額、利益金額、純資産価額を基に算定しますが、直前期末の翌日から課税時期までの間に配当金交付の効力が発生した場合や株式の割当て等に係る払込期日の経過または新株式無償交付の効力の発生により、株式の割当て等の効力が発生した場合には、類似業種比準価額を修正する必要があります。

解説

類似業種比準価額の修正は次によります。

❶ **直前期末の翌日から課税時期までの間に配当金交付の効力が発生した場合**

類似業種比準価額 − 株式 1 株当たりの配当金額 ＝ 修正比準価額

❷ **直前期末の翌日から課税時期までの間に株式の割当て等の効力が発生した場合**

$$\left(\begin{array}{l}\text{類似業種比準価額}\\\text{(上記❶により修正}\\\text{した場合には、そ}\\\text{の修正後の金額)}\end{array} + \begin{array}{l}\text{割当株式1}\\\text{株当たりの}\\\text{払込金額}\end{array} \times \begin{array}{l}\text{株式1株当}\\\text{たりの割当}\\\text{株式数}\end{array}\right) \div \left(1 + \begin{array}{l}\text{株式1株当た}\\\text{りの割当株式}\\\text{数または交付}\\\text{株式数}\end{array}\right) = \begin{array}{l}\text{修正比}\\\text{準価額}\end{array}$$

2-8 類似業種比準方式の計算上の留意点①
―業種目の判定―

Q 評価会社が、2以上の業種を兼業している場合、類似業種比準価額を算定する際の評価会社の業種目の判定は、具体的にどのように行うのですか。

A 評価会社が複数の業種を兼業している場合は、原則として主たる業種の該当する類似業種に比準して類似業種比準価額の計算を行うことになっています。そして、この場合の主たる業種目は、単独の業種目に係る取引金額の総取引金額に対する割合が50％を超えるものによります。

　また、主たる業種目がない場合には、原則として、解説の設例1～5の例によるものとします。

解説

　設例に基づいて解説をします。

> ＜設例1＞　評価会社の事業が一つの中分類の業種目中の2以上の類似する小分類の業種目に属し、それらの業種目別の割合の合計が50％を超える場合

＜判定＞

その中分類の中にある類似する小分類の「その他の○○業」とします。

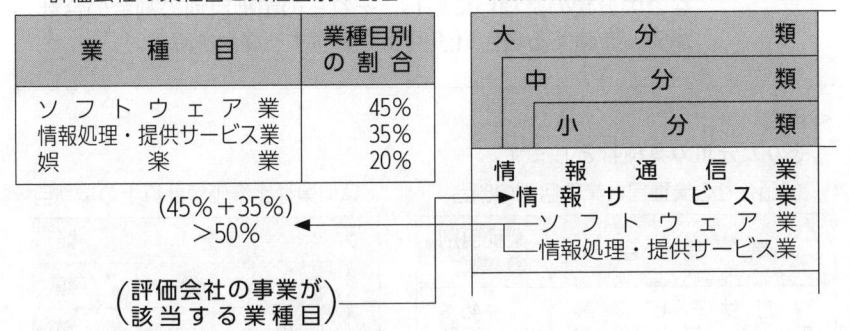

評価会社の業種目と業種目別の割合

業　種　目	業種目別の割合
有機化学工業製品製造業	45%
医薬品製造業	30%
不動産賃貸業・管理業	25%

類似業種比準価額計算上の業種目

大　　分　　類
　中　　分　　類
　　小　　分　　類
製　　　　　造　　　　　業
　化　　学　　工　　業
　　有機化学工業製品製造業
　　　～（中略）～
　　医　薬　品　製　造　業
　　その他の化学工業

(45％＋30％)
＞50％

(評価会社の事業が
該当する業種目)

＜設例2＞ 評価会社の事業が一つの中分類の業種目中の2以上の類似しない小分類の業種目に属し、それらの業種目別の割合の合計が50％を超える場合（設例1に該当する場合を除く。）

＜判定＞

その中分類の業種目とします。

評価会社の業種目と業種目別の割合

業　種　目	業種目別の割合
ソフトウェア業	45%
情報処理・提供サービス業	35%
娯楽業	20%

類似業種比準価額計算上の業種目

大　　分　　類
　中　　分　　類
　　小　　分　　類
情　報　通　信　業
　情報サービス業
　　ソフトウェア業
　　情報処理・提供サービス業

(45％＋35％)
＞50％

(評価会社の事業が
該当する業種目)

> <設例3> 評価会社の事業が一つの大分類の業種目中の2以上の類似する中分類の業種目に属し、それらの業種目別の割合の合計が50%を超える場合

<判定>

その大分類の中にある類似する中分類の「その他の○○業」とします。

評価会社の業種目と業種目別の割合

業　種　目	業種目別の割合
プラスチック製品製造業	45%
ゴ ム 製 品 製 造 業	35%
不動産賃貸業・管理業	20%

類似業種比準価額計算上の業種目

大　　　　分　　　　類		
	中　　　分　　　類	
		小　　分　　類

製　　　　　　造　　　　　　業
　　　　　　～(中 略)～
　　プラスチック製品製造業
　　ゴ ム 製 品 製 造 業
　　　　　～(中 略)～
　　そ の 他 の 製 造 業

(45%＋35%)
＞50%

(評価会社の事業が
該当する業種目)

> <設例4> 評価会社の事業が一つの大分類の業種目の2以上の類似しない中分類の業種目に属し、それらの業種目別の割合の合計が50%を超える場合(設例3に該当する場合を除く。)

<判定>

その大分類の業種目とします。

評価会社の業種目と業種目別の割合

業　種　目	業種目別の割合
専 門 サ ー ビ ス 業	45%
広　　　告　　　業	35%
物　品　賃　貸　業	20%

類似業種比準価額計算上の業種目

大　　　　分　　　　類		
	中　　　分　　　類	
		小　　分　　類

専 門・技 術 サ ー ビ ス 業

専 門 サ ー ビ ス 業

広　　　　告　　　　業

(45%＋35%)
＞50%

(評価会社の事業が
該当する業種目)

<設例5> 設例1から設例4のいずれにも該当しない場合

<判定>

大分類の「その他の産業」とします。

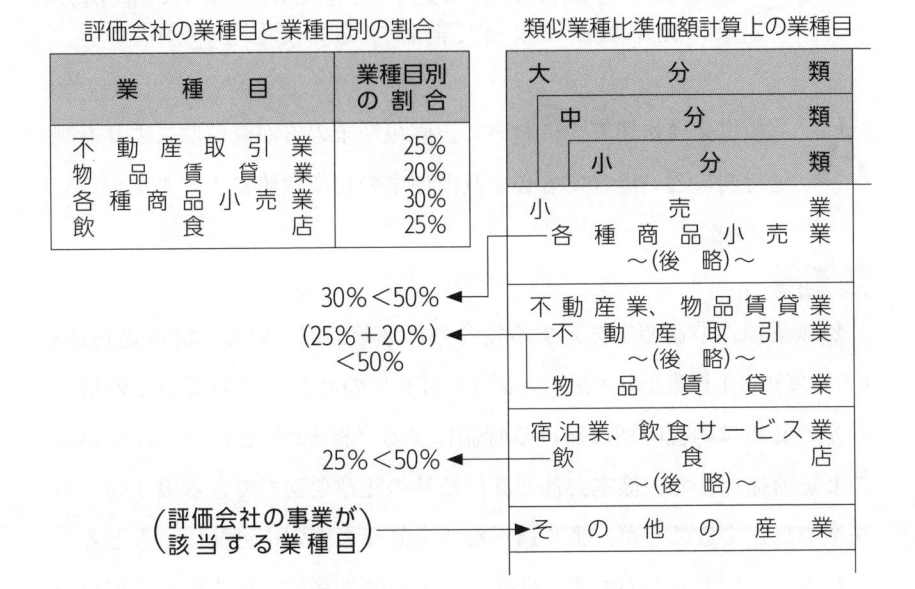

評価会社の業種目と業種目別の割合

業　種　目	業種目別の割合
不 動 産 取 引 業	25%
物 品 賃 貸 業	20%
各 種 商 品 小 売 業	30%
飲 食 店	25%

類似業種比準価額計算上の業種目

大　　　分　　　類		
中　　　分　　　類		
小　　分　　類		
小 売 業 —各 種 商 品 小 売 業 〜(後 略)〜		
不 動 産 業、物 品 賃 貸 業 —不 動 産 取 引 業 〜(後 略)〜 └物 品 賃 貸 業		
宿 泊 業、飲 食 サ ー ビ ス 業 —飲 食 店 〜(後 略)〜		
そ の 他 の 産 業		

30%＜50%

(25%＋20%)＜50%

25%＜50%

(評価会社の事業が該当する業種目)

2-9 類似業種比準方式の計算上の留意点② —直後期末の方が課税時期に近い場合—

Q 類似業種比準方式によるときには、課税時期が直前期末よりも直後期末に近い場合であっても、直前期末の比準数値によって評価するのでしょうか。

A 類似業種比準方式において、直後期末の方が直前期末よりも課税時期に近い場合でも必ず直前期末の比準数値によります。

解 説

類似業種比準価額を算定する場合の比準数値について、評価通達183（評価会社の1株当たりの配当金額等の計算）のとおり定めているのは、財産の価額は課税時期における時価による（相法22）と規定されていることを前提として、標本会社と評価会社の比準要素をできる限り同一の基準で算定することが、より適正な比準価額の算定を可能にすると考えられることによるものです。併せて、課税時期後における影響要因を排除することを考慮したものといえますから、仮に直後期末の方が課税時期に近い場合であっても、直前期末の比準数値によることになります。

2-10 類似業種比準方式の計算上の留意点③ ―類似業種比準価額が1株当たりの純資産価額を上回る場合―

Q 非上場株式を発行する会社は、中会社（L＝0.6）に該当しますので、類似業種比準価額と1株当たりの純資産価額とを計算したところ、類似業種比準価額が1株当たりの純資産価額よりも高く算出されました。どう評価したらよいですか。
また、同族関係者で保有する議決権割合が50％以下ですが、純資産価額によって評価する場合に、80％を乗じて計算して評価することができますか。

A 中会社の株式は類似業種比準価額と1株当たりの純資産価額とをLの割合によってウェイトを付けて計算し、評価するのが原則ですが、類似業種比準価額が、1株当たりの純資産価額を超えることとなった場合には、併用方式の算式中、類似業種比準価額に代えて、純資産価額によって評価することができることとされています（評基通179(1)、(2)）。この場合、類似業種比準価額に代えて1株当たりの純資産価額を採用する場合には議決権割合が50％以下であっても80％評価をすることはできません。

$$\left(\begin{array}{c} \text{類似業種比準価額または} \\ \text{（納税義務者の選択により）} \\ \text{1株当たりの純資産価額} \\ \text{（相続税評価額：80％評価不可）} \end{array} \right) \times L + \begin{array}{c} \text{1株当たりの純資産価額} \\ \text{（相続税評価額：80％評価可）} \end{array} \times (1 - L)$$

解　説

　1株当たりの純資産価額を計算する場合に、その株式の取得者とその

同族関係者の有する株式の議決権数が、評価会社の総議決権数の50％以下である場合には、1株当たりの純資産価額に80％を乗じて計算することとされています（評基通185ただし書）。

　しかし、これは、小会社の評価及び中会社の評価における併用方式の算式中の「1株当たりの純資産価額」を求める際に適用されるもので、類似業種比準価額に代えて1株当たりの純資産価額を採用する場合には適用がありませんので注意が必要です。

2-11　類似業種比準方式の計算上の留意点④ —資本金等の額がマイナスである場合の 1 株（50円）当たりの資本金等の額の計算—

Q 評価会社の資本金等の額がマイナスの場合、類似業種比準価額を求める場合の 1 株（50円）当たりの資本金等の額の計算はどのようにするのですか。

A 「資本金等の額」が負の値となる場合がありますが、そのまま計算します。具体的には、「取引相場のない株式（出資）の評価明細書」の「第 4 表　類似業種比準価額等の計算明細書」（第 3 編 P325 参照）の作成に当たって、「1 株当たりの資本金等の額」、「2. 比準要素等の金額の計算」及び「比準割合の計算」の欄は、マイナスのまま計算します（配当還元方式により評価する場合及び株式等保有特定会社の株式の評価並びに医療法人の出資の評価の場合においても同様に計算することになります。）。

解 説

　「資本金等の額」がマイナスとなる原因としては、自己株式を取得したような場合に、その取得対価の全額を「資本金等の額」から控除することとなりますが、「資本金等の額」を上回る価額で自己株式を取得したようなときには、「資本金等の額」が負の値となることが考えられます。

　しかし、仮に「資本金等の額」が負の値となったとしても、その結果算出された株価（1 株当たりの資本金等の額を50円とした場合の株価）に、同じ資本金等の額を基とした負の値（1 株当たりの資本金等の額の50円に対する倍数）を乗ずることにより正の数となるため、結果として適正な評価額が算出されることとなります。

2-12 類似業種比準方式の計算上の留意点⑤ —優先株式を発行している場合の1株（50円）当たりの配当金額（Ⓑ）の計算—

Q いわゆる配当優先株を発行している会社の普通株式を相続により取得した場合の「1株当たりの配当金額（Ⓑ）」は、配当金額の合計額を発行済株式数で除した金額によるべきですか、普通株式についての「1株当たりの配当金額（Ⓑ）」によるべきですか。

A 株式の種類ごとに「1株当たりの配当金額Ⓑ」を計算することになります。

解説

　配当について優先・劣後のある株式を発行している会社の株式の株価に当たっては、配当金の多寡は、比準要素のうち「1株当たりの配当金額（Ⓑ）」に影響するので、「1株当たりの配当金額（Ⓑ）」は、株式の種類ごとにその株式に係る実際の配当金により計算することになります。

2-13 類似業種比準方式の計算上の留意点⑥ ―固定資産の譲渡が数回ある場合の 1 株（50円）当たりの利益金額（©）の計算―

Q 評価会社の「1 株当たりの利益金額（©）」の計算に当たっては、法人税の課税所得金額から固定資産売却益、保険差益等の非経常的な利益の金額を除外することとされていますが、固定資産の譲渡が期中に数回あり、個々の譲渡に売却益と売却損があるときは、どのように計算するのですか。

A 期中に固定資産の売却益と売却損がある場合は、これを通算し利益の金額があれば除外し、損失の金額（マイナス）は「0」とします。

解説

「1 株当たりの利益金額（©）」の計算の際に、非経常的な利益の金額を除外することとしているのは、評価会社に臨時偶発的に生じた収益力を排除し、評価会社の営む事業に基づく経常的な収益力を株式の価額に反映させるためです。この場合の非経常的な利益とは、臨時偶発的に生じた個々の利益をいうものではなく、課税時期の直前期末以前 1 年間における利益のうちの非経常的な利益の総体を指しています。したがって、個々の譲渡の損益を通算し、利益の金額があればこれを非経常的な利益として除外することになります（マイナスの場合は 0）。

2-14 類似業種比準方式の計算上の留意点⑦ —種類の異なる非経常的な損益がある場合の1株（50円）当たりの利益金額（©）の計算—

Q 種類の異なる非経常的な損益がある場合（例えば、固定資産売却損と保険差益がある場合等）には、これらを通算した上で「1株当たりの利益金額（©）」を算定するのですか。

A 固定資産売却損と保険差益のように種類の異なる非経常的な損益がある場合でもこれを通算します。

解説

「1株当たりの利益金額（©）」を算定する際に除外する非経常的な利益とは、課税時期の直前期末以前1年間における利益のうちの非経常的な利益の総体をいいます。したがって、種類の異なる非経常的な損益がある場合であっても、これらを通算（負数となる場合は0）することとなります。

第3章

純資産価額方式関係

3-1 純資産価額方式の計算（基本的計算方法）

Q 純資産価額方式の計算についての基本的な考え方を教えてください。

A 純資産価額方式における1株当たりの純資産価額は、課税時期における相続税評価額に基づく総資産価額から、相続税評価額に基づく負債の金額の合計を控除し、さらに評価差額に対する法人税額等相当額を控除し、その金額を課税時期における発行済株式数で除して計算します。

$$\frac{\left\{\begin{array}{l}総資産価額（相続税評価額）\\ -負債の金額（相続税評価額）\end{array}\right\}-\begin{array}{l}評価差額に対する\\ 法人税額等相当額（37\%控除）\end{array}}{発行済株式数}$$

解 説

　純資産価額は原則として、課税時期における仮決算を行って資産、負債の金額を求める必要がありますが、直前期末の翌日から課税時期までの間に資産、負債について著しい増減がない場合には、直前期末の資産、負債を用いて差し支えないこととされています。実務上は直前期末によるケースが多いと考えられます。

　また、評価会社の株式を議決権割合50%以下の同族株主グループに属する株主が取得した場合には、単独の同族株主グループの議決権の合

計数によって会社支配を行っている場合（議決権割合50％超）の支配力との較差を考慮して上記により計算した1株当たりの純資産価額から20％の評価減を行います。これは、同族株主がいない会社を評価する場合にも適用されます。

　なお、純資産価額を計算する際に使用した発行済株式数は、直前期末ではなく課税時期における発行済株式数を使用します（自己株式を保有している場合にはその株式数を控除します。）。また、1株50円であると仮定した場合の発行済株式数ではなく、実際の発行済株式数による必要があります。類似業種比準方式とは異なりますので注意してください。

3-2 純資産価額方式の計算① ―相続税評価額と帳簿価額―

Q 純資産価額を計算する際に使用する「相続税評価額」と「帳簿価額」の考え方について教えてください。

A 「相続税評価額」とは、課税時期における評価会社の各資産を評価通達に基づいて計算した金額です。また「帳簿価額」とは法人税法の規定に基づく帳簿価額をいいます。

解説

❶ 「相続税評価額」として計上すべき金額とは

「相続税評価額」として計上すべき金額は、課税時期における評価会社の各資産を評価通達に基づいて計算した金額です。帳簿に資産として記載されていなかったとしても、相続税法上の課税資産に該当するもの、例えば借地権、特許権や営業権についても、評価通達の定めに基づき計上する必要があります。一方、財産性のない前払費用、繰越資産、繰延税金資産等は計上する必要がありません。

❷ 負債として計上すべき金額とは

負債として計上すべき金額は、相続税法14条の規定により債務控除の対象になることが確実と認められる債務に限られます。よって、貸倒引当金、納税充当金等の引当金は計上できません。一方、帳簿上記載がない負債でも、未納公租公課、固定資産税の未払いとなっている金額、相続人に支給する退職金、功労金その他これに準ずる給与の金額などは負債として計上する必要があります。

❸ 「帳簿価額」とは

「帳簿価額」とは、法人税法の規定に基づく帳簿価額を計上します。

よって、減価償却資産についてはその資産の取得価額から減価償却累計額を控除した金額、税務上加算または減算する必要がある資産についてはその加減算後の金額、圧縮記帳に係る引当金が計上されている場合にはその資産の取得価額から圧縮記帳に係る引当金を控除した金額を計上する必要があります。

3-3 純資産価額方式の計算②
―評価差額に対する法人税額等の控除（37%控除）―

Q 純資産価額を計算する際に使用する「評価差額に対する法人税額等の控除（37% 控除）」の考え方について教えてください。

A 純資産価額の計算上、会社資産の評価替えに伴って生ずる評価差額に対する法人税額等に相当する金額を会社の正味財産価額の計算上控除することとしているのは、小会社の株式といえども株式である以上は、株式の所有を通じて会社の資産を所有することとなるので、個人事業主がその事業用資産を直接所有するのとは、その所有形態が異なるため、両者の事業用財産の所有形態を経済的に同一条件のもとに置きかえたうえで評価の均衡を図る必要があることによるものです。

解説

❶ **計算方法**

評価差額に対する法人税額等の控除額は、課税時期における次の(1)の金額から(2)の金額を控除した残額に37% を乗じた金額です。

(1) 各資産に係る相続税評価額の合計額 − 各負債の相続税評価額の合計額 ＝ 相続税評価額の純資産価額

(2) 各資産に係る帳簿価額の合計額 − 各負債の帳簿価額の合計額 ＝ 帳簿価額による純資産価額

　(注) (2)の金額がマイナスとなった場合は「０」として計算する

法人税額等の割合（37%）は、法人税、事業税、道府県民税及び市町村民税の税率の合計に相当する割合とされています。

❷　現物出資等受入れ資産がある場合の留意点

(1)　評価会社が有する資産の中に現物出資や合併により著しく低い価額で受け入れた資産または株式交換や株式移転により著しく低い価額で受け入れた株式（現物出資等受入れ資産）がある場合には、現物出資、合併、株式交換または株式移転の時において現物出資等受入れ資産の相続税評価額から同資産の帳簿価額を控除した金額（現物出資等受入れ差額）を、課税時期における各資産の帳簿価額の合計額に加算することにより、現物出資等受入れ差額に対する法人税額等に相当する金額は控除しないこととされています。

(注)　課税時期における現物出資受入れ資産の相続税評価額が、現物出資等の時における相続税評価額を下回る場合、「現物出資等受入れ差額」は、課税時期における相続税評価額から同資産の帳簿価額を控除した金額によります。

(2)　さらに合併による場合に限って、合併時または課税時期の合併受入れ資産の相続税評価額が合併受入れ資産に係る被合併会社の帳簿価額を上回る場合における「現物出資等受入れ差額」は、被合併会社の帳簿価額から評価会社の帳簿価額を控除した金額とするとされています。

(3)　ただし、課税時期における現物出資等受入れ資産の相続税評価額が、課税時期における評価会社の相続税評価額による総資産価額の20%以下であるときは、上記の取扱いはせずに「評価差額に対する法人税額等の控除（37%控除）」をすることができます。

❸　評価会社が非上場株式を保有している場合の「評価差額に対する法人税額等の控除（37％控除）」の不適用について

評価会社が非上場株式を所有している場合、その非上場株式の1株当たりの純資産価額の計算に当たっては「評価差額に対する法人税額等の

控除（37%控除）」をすることはできません。よって、その37％控除を行わないで計算した当該非上場株式の評価額を、評価会社における純資産価額の計算上の相続税評価額とします。例えばA社がB社の株式を保有している場合、B社の１株当たりの純資産価額の計算に当たっては「評価差額に対する法人税額等の控除（37％控除）」をせずに評価し、その評価額をもってA社が所有しているB社株式の評価額とします。

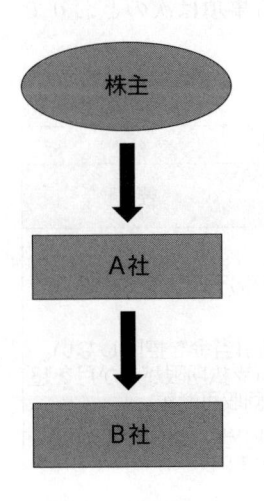

A社の評価をする場合、B社の株式の１株当たりの純資産価額の計算については 37% 控除を行わない。

3-4　純資産価額方式の計算上の各資産・負債の相続税評価額と帳簿価額

Q 純資産価額方式により計算する場合における各資産・負債の評価について留意すべき事項を教えてください。

A 資産・負債の評価換えに当たって留意する事項は次のとおりです。

（単位：千円）

資　産　の　部			
科　　目	相続税評価額	帳簿価額	摘　　要
現　　金	1,000	1,000	
預　　金	50,750	50,000	既経過利子の額750千円（所得税等の額を控除）
受　取　手　形	29,500	30,000	帳簿価額は貸倒引当金を控除しない。評価減500千円（支払期限が6か月を超える場合⇒割引回収可能額）
売　掛　金	67,000	70,000	帳簿価額は貸倒引当金を控除しない。回収不能分3,000千円
未　収　入　金	5,000	5,000	帳簿価額は貸倒引当金を控除しない。
貸　付　金	3,050	3,000	既経過利子の額50千円
前　渡　金	500	500	
仮　払　金	500	500	
株　　式	30,000	20,000	上場株式の評価増10,000千円
法人税額等相当額の控除不適用の株式	8,000	5,000	関連会社の株式（非上場株式）の評価増3,000千円
ゴルフ会員権	8,000	13,000	ゴルフ会員権の評価減5,000千円
商　　品	15,000	15,000	⎫
製　　品	12,000	12,000	⎬ たな卸商品等として評価
半　製　品	3,500	3,500	
仕　掛　品	3,000	3,000	⎭

原　材　料	12,000	12,000	⎫
貯　蔵　品	200	500	⎬
土　　地	188,000	13,000	相続税評価額は路線価または倍率により評価
課税時期前3年以内に取得した土地	12,000	10,000	
借　地　権	50,000	0	帳簿価額は「0」と記載する。ただし、有償取得のものについては、その取得価額を記載する。
建　　物	32,000	37,000	相続税評価額は「固定資産税評価額×1.0」。帳簿価額は減価償却累計額の控除後の金額。
構　築　物	3,700	3,500	相続税評価額は評価通達97により再建築価額から償却費を控除して評価。
借　家　権	0	2,000	財産性のあるものは評価額が「0」であっても帳簿価額を計上する。
船　　舶	75,000	100,000	帳簿価額は減価償却累計額の控除後の金額。
車輌運搬具	6,000	6,000	同上
什　器　備　品	2,000	2,000	同上
機　械　装　置	15,000	15,000	同上
重要産業用機械	22,500	15,000	帳簿価額は減価償却累計額の控除後の金額。
機　械　装　置	29,000	19,000	帳簿価額は減価償却累計額の控除後の金額。
特　許　権			⎫
意　匠　権			⎪
商　標　権			特許権から漁業権までの権利は営業権として一括評価する。
出　版　権			⎪
漁　業　権			⎪
営　業　権	28,000	50,000	⎭
著　作　権	1,000	0	
電話加入権	6	200	
未　収　地　代	300	300	

科　　　　目	相続税評価額	帳簿価額	摘　　　　要
創　立　費			財産性のない資産（評価の対象とならない資産）なので相続税評価額は計上せず、したがって帳簿価額にも計上しない。
開　業　費			
新 株 発 行 費			
社 債 発 行 費			
社 債 発 行 差 金			
開　発　費			
試 験 研 究 費			
建　設　利　息			
合　　　　計	① 713,506	② 507,000	

（単位：千円）

科　　　　目	相続税評価額	帳簿価額	摘　　　　要
支 払 手 形	25,000	25,000	
買　掛　金	29,500	30,000	事実上支払いを要しないもの500千円
借　入　金	85,500	85,500	
無 利 息 借 入 金	65,000	100,000	無利息の長期借入金で経済的利益35,000千円
未　払　金	500	500	
未 払 費 用	200	200	
前　受　金	300	300	
仮　受　金	100	100	
預　り　金	600	600	
保　証　金	1,000	1,000	
前 受 収 益	300	300	
社　　　債	20,000	20,000	
資　本　金			相続税評価額及び帳簿価額ともに記載しない。
資 本 積 立 金			
利 益 積 立 金			
当期未処分利益			
未 納 法 人 税	23,000	23,000	会計上の帳簿価額に負債として記載がなくても、負債として相続税評価額及び帳簿価額のいずれにも計上する。
未 納 消 費 税	5,000	5,000	

負　債　の　部

未納固定資産税	1,500	1,500	賦課期日が課税時期以前のもののうち未納分
未 払 配 当 金	13,000	13,000	
未 払 退 職 金	45,000	45,000	被相続人の死亡に伴い相続人に対し支給の確定したもの
合　　　　計	③315,500	④351,000	

解 説

❶　各資産の「相続税評価額」は、課税時期における評価会社の各資産について、評価通達の定めにより評価した価額（「相続税評価額」）を記載します。

(1)　課税時期前3年以内に取得した土地等もしくは家屋等または新築した家屋等がある場合には、当該土地等または家屋等の相続税評価額は、課税時期における通常の取引価額に相当する金額（ただし、その土地等または家屋等の帳簿価額が課税時期における通常の取引価額に相当すると認められる場合には、その帳簿価額に相当する金額）によって評価した価額を記載します。この場合、その土地等または家屋等は、他の土地等または家屋等と「科目」欄を別にして、「課税時期前3年以内に取得した土地等」などと記載します。

(2)　非上場株式、出資または転換社債（評基通197－5《転換社債型新株予約権付社債の評価》の(3)のロに定めるものをいいます。）の価額を純資産価額（相続税評価額）で評価する場合には、評価差額に対する法人税額等相当額の控除を行わないで計算した金額を「相続税評価額」として記載します（なお、その株式などが株式等保有特定会社の株式などである場合において、納税義務者の選択により、「$S_1＋S_2$」方式によって評価する場合のS_2の金額の計算においても、評価差額に対する法人税額等相当額の控除は行わないで計算することになります。）。こ

　　の場合、その株式などは、他の株式などと「科目」欄を別にして、「法人税額等相当額の控除不適用の株式」などと記載します。

　⑶　評価の対象となる資産について、帳簿価額がないもの（例えば、借地権、営業権等）であっても相続税評価額が算出される場合には、その評価額を「相続税評価額」欄に記載し、「帳簿価額」欄には「０」と記載します。

　⑷　評価の対象となる資産で帳簿価額のあるもの（例えば、借家権、営業権等）であっても、その課税価格に算入すべき相続税評価額が算出されない場合には、「相続税評価額」欄に「０」と記載し、その帳簿価額を「帳簿価額」欄に記載します。

　⑸　評価の対象とならないもの（例えば、財産性のない創立費、新株発行費等の繰延資産、繰延税金資産）については、記載しません。

❷　各資産の「帳簿価額」は、各資産についての課税時期における税務計算上の帳簿価額を記載します。

　（注)1　固定資産に係る減価償却累計額、特別償却準備金及び圧縮記帳に係る引当金または積立金の金額がある場合には、それらの金額をそれぞれの引当金等に対応する資産の帳簿価額から控除した金額をその固定資産の帳簿価額とします。
　　　　2　営業権に含めて評価の対象となる特許権、漁業権等の資産の帳簿価額は、営業権の帳簿価額に含めて記載します。

❸　課税時期における各負債の金額については次の点に注意してください。

　⑴　貸倒引当金、退職給与引当金、納税引当金及びその他の引当金、準備金並びに繰延税金負債に相当する金額は、負債に該当しないものとします。

　⑵　次の金額は、帳簿に負債としての記載がない場合であっても、課税時期において未払いとなっているものは負債として「相続税評価

額」及び「帳簿価額」のいずれにも計上します。

① 　未納公租公課、未払利息等の金額

② 　課税時期以前に賦課期日のあった固定資産税及び都市計画税の税額

③ 　被相続人の死亡により、相続人その他の者に支給することが確定した退職手当金、功労金その他これらに準ずる給与の金額（ただし、経過措置適用後の退職給与引当金の取崩しにより支給されるものは除きます。）

④ 　課税時期の属する事業年度に係る法人税額（地方法人税額を含みます。）、消費税額（地方消費税額を含みます。）、事業税額（地方法人特別税額を含みます。）、都道府県民税額及び市区町村民税額のうち、その事業年度開始の日から課税時期までの期間に対応する金額

　　なお、④については、課税時期において仮決算を行っている場合について適用されるもので、直前期末の資産、負債に基づき評価会社の株価を算定する場合には適用ありません。

❹ 　1株当たりの純資産価額（相続税評価額）の計算は、課税時期における各資産及び各負債の金額によることとしていますが、評価会社が課税時期において仮決算を行っていないため、課税時期における資産及び負債の金額が明確でない場合において、直前期末から課税時期までの間に資産及び負債について著しく増減がないため評価額の計算に影響が少ないと認められるときは、課税時期における各資産及び各負債の金額は、次により計算しても差し支えありません。

(1) 「相続税評価額」欄については、直前期末の資産及び負債の課税時期の相続税評価額

(2) 「帳簿価額」欄については、直前期末の資産及び負債の帳簿価額

（注）1　(1)及び(2)の場合において、帳簿に負債としての記載がない場合で
　　　あっても、次の金額は、負債として取り扱うことに留意してくださ
　　　い。
　　　①　未納公租公課、未払利息等の金額
　　　②　直前期末日以前に賦課期日のあった固定資産税及び都市計画税
　　　　の税額のうち、未払いとなっている金額
　　　③　直前期末日後から課税時期までに確定した剰余金の配当等の金
　　　　額
　　　④　被相続人の死亡により、相続人その他の者に支給することが確
　　　　定した退職手当金、功労金その他これらに準ずる給与の金額
　　2　被相続人の死亡により評価会社が生命保険金を取得する場合に
　　　は、その生命保険金請求権（未収保険金）の金額を資産の部の「相
　　　続税評価額」欄及び「帳簿価額」欄のいずれにも計上します。

3-5 純資産価額方式の計算上の留意点①
―課税時期直前に建物を増築した場合の「通常の取引価額」の適用―

Q 平成30年1月に非上場株式を相続しました。この株式の発行法人は平成29年1月に旧建物に3,000万円の費用をかけて増築をしていますが、法人の株式を評価する場合、この建物の評価額はいくらになりますか。

　なお、この建物の固定資産税評価額は、旧建物部分が600万円で増築部分が1,200万円です。

A 課税時期前3年以内に行われた増築部分については、「通常の取引価額」によって評価します。

解説

　評価会社が所有する各資産を評価する場合、その資産の中に、課税時期前3年以内に取得または新築した土地等または建物等があるときは「通常の取引価額」に相当する金額によって評価することとなります。

　増築部分についても、この「通常の取引価額」が適用されます。一方、旧建物部分については、固定資産税評価額で計算することになります。

　建物の増築とは、既存の建物に新たな部分を付加し床面積を増加させることですから、この床面積の増加部分についてみれば実質的に新築と同じことになります。したがって、課税時期前3年以内に建物等の増築があった場合には、新築と同じに扱われて「通常の取引価額」の規定が適用になります。ご質問の場合の建物の金額は、次のとおりとなります。

① 旧建物部分600万円（固定資産税評価額）

② 増築部分2,874万円（取得価額－減価償却費相当額）

　①＋②＝3,474万円

3-6 純資産価額方式の計算上の留意点②
―有償取得した営業権の取扱い―

Q 　1株当たりの純資産価額（相続税評価額によって計算した金額）の計算に当たって、評価会社が有償取得した営業権の帳簿価額がある場合には、どのように取り扱うのですか。

A 　営業権に帳簿上の価額がある場合、「相続税評価額」欄には、評価通達の定めに基づき計算したその営業権の価額を記載します。

解説

　1株当たりの純資産価額（相続税評価額によって計算した金額）を計算する場合、評価会社が有償で取得した営業権について帳簿上の価額があるときには、その帳簿価額を「相続税評価額」欄に記載するのではなく、評価通達の定めに基づき計算したその営業権の価額を記載します。

　なお、評価明細書第5表の記載に当たっては、上記により計算した営業権の評価額が0円となる場合であっても、「帳簿価額」欄には評価会社の帳簿上の営業権の価額をそのまま記載します。

(注)　権利者が自ら実施している場合の特許権、意匠権、商標権、出版権、漁業権等は営業権として一括評価します。

3-7　純資産価額方式の計算上の留意点③ ―評価会社が受け取った生命保険金の取扱い―

Q　1株当たりの純資産価額（相続税評価額によって計算した金額）を計算する場合において、被相続人の死亡が保険事故によるものであったときに、評価会社が受け取った生命保険金は、評価会社の資産に計上する必要がありますか。

　また、この生命保険金が5年間の年金払いだった場合はどのようにすればいいのでしょうか。

A　被相続人の死亡が保険事故によるものであった場合に、評価会社が受け取った生命保険金は、保険事故発生により課税時期にその請求権が具体的に確定するものですから、1株当たりの純資産価額（相続税評価額によって計算した金額）を計算する場合には、生命保険金請求権として資産（「相続税評価額」及び「帳簿価額」）に計上することになります。

解説

❶　生命保険金請求権を資産に計上する場合、生命保険金の掛金が資産に計上されているときは、これを資産から除外します。また、支払退職金を控除した後の保険差益について、法人税等が課されることになるときは、その法人税額等に相当する金額を1株当たりの純資産価額の計算上負債として計上します。

　なお、評価会社が仮決算を行っていないため、1株当たりの純資産価額の計算を直前期末現在の資産及び負債を基として計算する場合における保険差益に対応する法人税額等は、この保険差益によって課税所得金額が算出される場合のその課税所得金額の37％相当額によって

も差し支えありません。

❷　また、生命保険金を原資として被相続人に係る死亡退職金が支払われた場合においては、その支払退職金を純資産価額の計算上負債として計上するとともに、支払退職金を控除した後の保険差益について課されることになる法人税等についても負債とします。

$$\left(\text{受取保険金額} - \frac{\text{保険積立金}}{\text{の金額}} - \frac{\text{支払退職手当}}{\text{金等}}\right) \times 37\% = \frac{\text{受取保険金に課税}}{\text{される法人税等}}$$

❸　年金払いの生命保険金についても資産に計上する必要があります。この生命保険金請求権は有期定期金（相法24）として資産に計上することになります。具体的には、次に掲げる金額のうちいずれか多い金額とされています。

⑴　当該契約に関する権利を取得した時において当該契約を解約するとしたならば支払われるべき解約返戻金の金額

⑵　定期金に代えて一時金の給付を受けることができる場合には、当該契約に関する権利を取得した時において当該一時金の給付を受けるとしたならば給付されるべき当該一時金の金額

⑶　当該契約に関する権利を取得した時における当該契約に基づき定期金の給付を受けるべき残りの期間に応じ、当該契約に基づき給付を受けるべき金額の1年当たりの平均額に、当該契約に係る予定利率による複利年金現価率（複利の計算で年金現価を算出するための割合）を乗じて得た金額

　　（参考）　複利年金現価率の計算は、国税庁ホームページの「定期金に関する権利の評価明細書」で行うことができます。

3-8 純資産価額方式の計算上の留意点④
―評価会社が有する生命保険契約に関する権利の評価―

Q 　1株当たりの純資産価額（相続税評価額によって計算した金額）を計算する場合において、評価会社が契約者であり、受取人でもあり、かつ、保険料の負担者になっている生命保険契約がありますが、これを生命保険契約に関する権利として評価するのですか。

A 　1株当たりの純資産価額（相続税評価額によって計算した金額）は、課税時期における評価会社のすべての資産について相続税評価額を求め、これを基に計算することになっています。

　ご質問の生命保険契約については、評価通達214《生命保険契約に関する権利の評価》の定めにより、その権利を評価することになります。

解説

　相続開始の時において、まだ保険事故（共済事故を含みます。）が発生していない生命保険契約に関する権利の価額は、相続開始の時において当該契約を解約するとした場合に支払われることとなる解約返戻金の額（解約返戻金のほかに支払われることとなる前納保険料の金額、剰余金の分配額等がある場合にはこれらの金額を加算し、解約返戻金の額につき源泉徴収されるべき所得税の額に相当する金額がある場合には当該金額を減算した金額）によって評価します。

3-9 純資産価額方式の計算上の留意点⑤ ―欠損法人の負債に計上する保険差益に対応する 法人税額等相当額の取扱い―

Q 欠損法人である評価会社が被相続人を被保険者として保険料を負担していた生命保険契約について、被相続人の死亡により生命保険金を受け取った場合には、この生命保険金に係る法人税額等は、どのように計算するのですか。

A 前述「Q3−7純資産価額方式の計算上の留意事項③」のとおり保険差益に対する法人税額等については、負債の金額に計上できますが、ご照会のように、評価会社に繰越欠損金がある場合には、保険差益の額から欠損金の額を控除して法人税額等を計算します。

解 説

保険差益に対して繰越欠損金の額を控除した金額が0（または赤字）となる場合には、法人税額等は算出されませんので、保険差益に対する法人税額等の控除はできません。

3-10 純資産価額方式の計算上の留意点⑥ ―課税時期が直後期末に近い場合―

Q 　1株当たりの純資産価額（相続税評価額によって計算した金額）は、直前期末現在の資産及び負債の金額を対象として計算しても差し支えないとのことですが、次のように課税時期が直後期末に非常に近いような場合は、直前期末をとらずに直後期末現在の資産及び負債の金額を対象として計算してもよろしいですか。

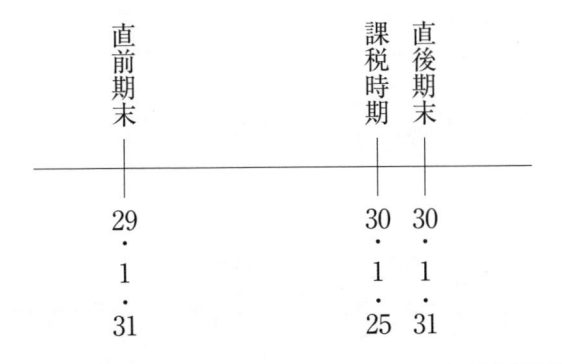

A 　1株当たりの純資産価額は、原則として、評価会社の課税時期における各資産及び負債の金額について評価通達の定めによって評価した価額を基として計算します。ただし、直前期末から課税時期までの間に資産及び負債の金額について著しく増減がないと認められる場合には、直前期末現在の資産及び負債の金額を対象として評価しても差し支えないことになっています。

解説

　ご質問の場合のように、課税時期が直後期末に非常に近く、課税時期から直後期末までの間に資産及び負債の金額について著しく増減がない

と認められる場合には、財産・債務について経理操作を行っているなどの課税上弊害がある場合を除き、直後期末の各資産及び負債の金額を課税時期における各資産及び負債の金額として計算しても差し支えありません。

　類似業種比準価額の計算については、たとえ課税時期が直前期末よりも直後期末の方が非常に近い場合であっても必ず直前期末の数値に基づいて計算することに注意してください。

3-11　純資産価額方式の計算上の留意点⑦
—相当の地代を支払っている場合または「土地の無償返還に関する届出書」を提出している場合の純資産価額に計上する借地権の評価（借受地を同族会社の本社建物の敷地として使用している場合）—

Q 被相続人が同族関係者となっている同族会社が、被相続人所有の土地を借地し、相当の地代を支払っている場合または「土地の無償返還に関する届出書」を提出している場合において、当該同族会社の株式の評価上、純資産価額に計上する借地権の価額はどのように評価するのですか。

A 純資産価額の計算において、被相続人が同族関係者となっている同族会社にその土地を貸し付けて、相当の地代を収受している場合（または「土地の無償返還に関する届出書」を提出している場合）には、同族会社の株式または出資の評価上、その土地の自用地としての価額の20％に相当する金額を借地権の価額として純資産価額に計上することとしています（昭和43年10月28日直資3－22ほか「相当の地代を収受している貸宅地の評価について」）。

解説

　相当の地代を収受しているとはいえ、その土地には借地権が設定されている以上、所有権者が自由に使用、収益することはできないことから、借地権の設定されていない土地（自用地）に比し相当の制約があること、また、相当の地代の額の決定事情等を考慮し、相続税課税上の相当の地代を収受している場合の貸宅地の価額は、自用地としての価額から、その価額の20％に相当する金額（借地権の価額）を控除した金額に

より評価することとしたものです。これを受けて、その土地の価額の全部を相続税の課税財産とするため、この20％相当額について株式の評価上、純資産価額に計上することとしたものです。

　ただし、「土地の無償返還に関する届出書」が提出されている場合でも、その貸借が使用貸借であるときのその土地の価額は、自用地としての価額によって評価することになりますので、同族会社の株式または出資の評価上、純資産価額への影響はありません。

3-12 純資産価額方式の計算上の留意点⑧ —Q3-11において借受地を貸家の用に供している場合—

Q 同族会社が被相続人から借り受けている土地上の建物を貸家の用に供している場合における当該同族会社の株式の評価上、純資産価額に計上する借地権の価額はどのように評価するのですか。

A その会社の株式の評価上、純資産価額に計上する借地権の価額は、次のとおり、自用の借地権価額（その土地の自用地としての価額の20％に相当する金額）から借家人の敷地利用権相当額を控除した金額（貸家建付借地権の価額）によって評価します。

$$自用地価額 \times 20\% \times \overset{(借家権割合)}{（1 - 30\%）} = 自用地価額 \times 14\%$$

解説

　相当の地代を支払って土地を借り受けた場合の純資産価額に計上する借地権の考え方は前問（Q3-11）を参照してください。この場合、その各資産の相続税評価額は評価通達に基づいて計算した金額となりますので、その建物が貸家の用に供されている場合には、貸家建付借地権として評価することになります。

第4章

原則的評価方式

4-1 大会社の評価

Q 大会社の評価について教えてください。

A 大会社とは、従業員数が70人以上の会社または次の表のいずれかに該当する会社をいいます（評基通178）。

業　　　種	総資産価額（帳簿価額によって計算した金額）及び従業員数	直前期末以前1年間における取引金額
卸　　売　　業	20億円以上（従業員数が35人以下の会社を除く。）	30億円以上
小 売・サ ー ビ ス 業	15億円以上（従業員数が35人以下の会社を除く。）	20億円以上
卸 売 業、 小 売・サ ー ビ ス 業 以 外	15億円以上（従業員数が35人以下の会社を除く。）	15億円以上

この大会社の評価は次によります。

類似業種比準価額

または（納税義務者の選択により）

1株当たりの純資産価額
（相続税評価額：80％評価不可）

（注）「80％評価」とは、議決権割合の50％以下である同族関係者グループに属する株主の取得した株式についての20％の評価減をいい（評基通185ただし書）、「不可」とは、その20％の評価減の適用がないことを指しています。

解　説

❶　大会社の株式の評価方法

　大会社の株式は、原則として類似業種比準方式によって計算した金額（類似業種比準価額）によって評価します。ただし、納税義務者の選択により、純資産価額方式によって計算した金額（課税時期における1株当たりの純資産価額（相続税評価額によって計算した金額））によって評価することができます（評基通179(1)）。

　大会社の株式については、上場株式の株価等に比準して評価することとしていますが、上場株式の株価は株式市場での需給関係に応じ、1株当たりの純資産価額を上回る価額で成立する場合もあります。しかし、それは現実に取引された価額であるのに対し、非上場株式は、上場株式のような市場を有していないので、類似業種比準価額が1株当たりの純資産価額を上回る場合に、その類似業種比準価額によって評価することは評価の安全性からみて適当でないと考えられます。このため、類似業種比準価額に対する純資産価額（相続税評価額）によるいわゆる「頭打ち」制度が採られています。

　そこで、大会社の株式であっても、納税義務者の選択により、1株当たりの純資産価額によって評価することができることとされています。

　なお、この場合の1株当たりの純資産価額については、評価通達185ただし書の定め（同族株主等の議決権割合が50％以下である場合の評価減）による20％の評価減の適用はありませんから注意してください。

4-2 中会社の評価

 中会社の評価について教えてください。

中会社とは、従業員数が70人未満の会社で、次の表のいずれか
に該当する会社をいいます（大会社に該当する場合を除きます。）
（評基通178）。

業　　種	総資産価額（帳簿価額によって計算した金額）及び従業員数	直前期末以前1年間における取引金額
卸　　売　　業	7,000万円以上（従業員数が5人以下の会社を除く。）	2億円以上30億円未満
小売・サービス業	4,000万円以上（従業員数が5人以下の会社を除く。）	6,000万円以上20億円未満
卸売業、小売・サービス業以外	5,000万円以上（従業員数が5人以下の会社を除く。）	8,000万円以上15億円未満

この中会社の評価は次によります。

$$\frac{類似業種}{比準価額} \times L + \frac{1株当たりの純資産価額}{（相続税評価額によって計算した金額）} \times (1 - L)$$

解説

❶　中会社の株式の評価方法

中会社の株式は、大会社の株式を評価する場合の原則的な評価方法である「類似業種比準方式」と小会社の株式を評価する場合の原則的な評価方法である「純資産価額方式」との併用方式によって評価します。た

だし、納税義務者の選択により、併用方式の算式中、類似業種比準価額に代えて、純資産価額（相続税評価額によって計算した金額）を採用し、評価することができます（評基通179(2)）。

　中会社は、大会社と小会社の中間的な規模の会社ですから、大会社の規模に近い会社から、小会社の規模に近い会社まで多岐にわたることになります。

　そこで、中会社の株式の評価は、原則として、大会社の株式を評価する場合の類似業種比準方式と小会社の株式の評価をする場合の純資産価額方式との併用方式によることとし、両者の比重を会社の規模に応じて定められた割合（「Lの割合」といいます。）によって段階的に区分して評価することとしています。

❷　類似業種比準方式と純資産価額方式との併用方式

　類似業種比準方式と純資産価額方式との併用方式は、類似業種比準価額と課税時期における1株当たりの純資産価額（相続税評価額によって計算した金額）を基に、1株当たりの価額を求める方式です。

　具体的には、次の算式によって計算します。

$$\text{類似業種比準価額} \times L + \begin{pmatrix} \text{1株当たりの純資産価額} \\ \text{（相続税評価額によって計算した金額）} \end{pmatrix} \times (1 - L)$$

❸　Lの割合

　中会社の株式の評価は、Lの割合によって3段階に分けて評価することとされています。

　Lの割合は、「評価会社の課税時期の直前期末における総資産価額（帳簿価額によって計算した金額）及び従業員数」（次ページの(1)の表）と「直前期末以前1年間における取引金額」（次ページの(2)の表）に応じ、(1)及び(2)に掲げる表の割合欄の数値のうちいずれか大きい方の数値によりま

す（評基通179(2)）。例えば「(1)」の表ではＬの割合が「0.6」に該当し、「(2)」の表ではＬの割合が「0.75」に該当する場合には、いずれか大きい方「0.75」がＬの割合となります。

中会社でも大会社の規模に近い会社の株式は、類似業種比準方式によって計算した金額を90％加味し、小会社の規模に近い会社の株式は、類似業種比準方式によって計算した金額を60％加味して評価することにしています。

（注）　直前期末以前1年間の取引金額は、その期間における評価会社の目的とする事業に係る収入金額をいい、固定資産の売却代金や火災の際の受取保険金などの非経常的な収入金額は含まれません。

(1)　総資産価額（帳簿価額によって計算した金額）及び従業員数に応ずる割合

卸売業	小売・サービス業	卸売業、小売・サービス業以外	割合
4億円以上 （従業員数が35人以下の会社を除く。）	5億円以上 （従業員数が35人以下の会社を除く。）	5億円以上 （従業員数が35人以下の会社を除く。）	0.90
2億円以上 （従業員数が20人以下の会社を除く。）	2億5,000万円以上 （従業員数が20人以下の会社を除く。）	2億5,000万円以上 （従業員数が20人以下の会社を除く。）	0.75
7,000万円以上 （従業員数が5人以下の会社を除く。）	4,000万円以上 （従業員数が5人以下の会社を除く。）	5,000万円以上 （従業員数が5人以下の会社を除く。）	0.60

(2)　直前期末以前1年間における取引金額に応ずる割合

卸売業	小売・サービス業	卸売業、小売・サービス業以外	割合
7億円以上30億円未満	5億円以上20億円未満	4億円以上15億円未満	0.90
3億5,000万円以上7億円未満	2億5,000万円以上5億円未満	2億円以上4億円未満	0.75
2億円以上3億5,000万円未満	6,000万円以上2億5,000万円未満	8,000万円以上2億円未満	0.60

❹ 中会社の株式の評価の特例

　中会社の株式を評価する場合においては、併用方式の算式中の類似業種比準価額を課税時期における１株当たりの純資産価額（相続税評価額によって計算した金額）によって計算することができることとされています。

　この場合の１株当たりの純資産価額（相続税評価額によって計算した金額）については、大会社の場合と同様に評価通達185ただし書の定め（同族株主等の議決権割合が50％以下である場合の評価減）による20％評価減の適用はありません。

　なお、併用方式の算式中、本来の純資産価額方式による１株当たりの純資産価額（相続税評価額によって計算した金額）については、上記20％の評価減の適用があります。

　以上をまとめると、中会社の株式の価額は、次のように評価することとなります。

$$\left(\begin{array}{c} \text{類似業種比準価額または} \\ \text{（納税義務者の選択により）} \\ \text{１株当たりの純資産価額} \\ \text{（相続税評価額：80％評価不可）} \end{array} \right) \times L + \begin{array}{c} \text{１株当たりの純資産価額} \\ \text{（相続税評価額：80％評価可）} \end{array} \times (1-L)$$

小会社の評価

 小会社の評価について教えてください。

A 小会社とは、従業員数が70人未満の会社で、次の表のいずれにも該当する会社をいいます（評基通178）。

業　　　　種	総資産価額（帳簿価額によって計算した金額）及び従業員数	直前期末以前1年間における取引金額
卸　　売　　業	7,000万円未満　または従業員数が5人以下	2億円未満
小　売・サービス業	4,000万円未満　または従業員数が5人以下	6,000万円未満
卸　売　業、小　売・サービス業以外	5,000万円未満　または従業員数が5人以下	8,000万円未満

この小会社の評価は次によります。

1株当たりの純資産価額（相続税評価額：80％評価可）

または（納税義務者の選択により）

類似業種比準価額×0.5＋1株当たりの純資産価額 ×（1−0.5）
（相続税評価額：80％評価可）

解　説

　小会社は、一般的に個人企業と変らない規模のものであり、その株主構成をみると、特定の一族で株式を所有しているケースがほとんどです。このような小会社の株式の所有の実態は、個人事業主が所有している事業用財産の支配関係と実質的にはあまり変わるところがないものと考えられます。

　これらのことから、小会社の株式の評価方法は、その実態に着目し、個人事業財産の評価とのバランスをも考慮して、純資産価額方式による課税時期における1株当たりの純資産価額（相続税評価額を基として計算した金額）によって評価することとされています（評基通179(3)）。

　ところで、個人事業と類似する小会社とはいえ営利を目的として機能している以上は、その株式評価に当たって何らかの形で収益性を加味することが合理的といえますので、純資産価額方式を評価方式の基本に据えながら収益性の要素を反映させ得るように、納税者の選択により、Lの割合を0.5とした類似業種比準方式と純資産価額方式との併用方式によって評価することができることとされています（評基通179(3)ただし書）。

第5章
特例的評価方式・特定の評価会社の評価

5-1 配当還元方式の計算

Q 配当還元方式の計算の仕組みについて教えてください。

A 同族株主等以外の株主及び同族株主等のうち少数株式所有者が取得した株式については、その株式の発行会社の会社規模にかかわらず、配当還元方式によって評価します。

配当還元方式により配当還元価額を計算する場合は、次の算式に基づき計算を行います。

$$配当還元価額 = \frac{その株式に係る年配当金額}{10\%} \times \frac{その株式の1株当たりの資本金等の額}{50円}$$

解説

❶　その株式に係る年配当金額

その株式に係る年配当金額は、類似業種比準価額を計算する場合の1株当たりの年配当金額と同じ方法で計算します。つまり、評価会社の直前期末以前2年間における評価会社の剰余金の配当金額から、特別配当、記念配当等の名称による配当金額のうち、将来毎期継続することが予想できない金額を控除した金額の合計額の2分の1に相当する金額

を、直前期末における発行済株式数（1株当たりの資本金等の額が50円以外の金額である場合には、直前期末における資本金等の額を50円で除して計算した数によります。）で除して計算した金額になります。

❷　「その株式に係る年配当金額」が2円50銭未満の場合または無配の場合、「その株式に係る年配当金額」は、2円50銭とします（類似業種比準価額における年配当金額とは、ここが異なります。）。

　この年配当金額の最低を2円50銭としているのは、非上場株式の発行会社においては、実際に配当可能利益があるにもかかわらず、政策的にこれを留保し配当しない例もみられることを考慮したものです。

❸　配当還元価額が、原則的評価方式によって評価した価額を超える場合には、その原則的評価方式によって計算した金額によります。

　なお、この措置は、年配当金額の最低を2円50銭とした場合の配当還元価額が、原則的評価方式により評価した価額を上回るときの評価の安全弁としての役割を果たすことになっています。

<評価方式の区分>

区　　分 / 評価方式		原 則 的 評 価 方 式	特 例 的 評価方式
一般の評価会社	大　　会　　社	類似業種比準方式（純資産価額方式との選択可）	（同族株主以外の株主または少数株主が取得した場合） 配当還元方式
	中　　会　　社	類似業種比準方式と純資産価額方式との併用方式（類似業種比準価額について純資産価額方式を選択可）	
	小　　会　　社	純資産価額方式（併用方式を選択可）	
特定の評価会社	比準要素数1の会社	純資産価額方式（併用方式（Lの割合0.25）との選択可）	
	株式等保有特定会社	純資産価額方式（「$S_1 + S_2$」方式との選択可）	
	土地保有特定会社	純資産価額方式	
	開業後3年未満の会社等	純資産価額方式	
	開業前または休業中の会社	純資産価額方式	
	清 算 中 の 会 社	清算分配見込額の複利現価による評価方式	

5-2 特定の評価会社の評価方法

Q 特定の評価方式の評価方法について教えてください。

A　非上場会社株式を発行する会社の中には、その経営状態、資産構成、営業活動の状況等において一般の評価会社と異なる会社もあり、会社規模や株主の態様の観点からの区分に応じた原則的な評価方式等をそのまま適用することではその会社の発行する株式の適正な価額を算定することが難しい場合があります。そこで、次の❶から❻の特定の評価会社については、それぞれに掲げる評価方法によって、評価することとされています。

解説

❶　比準要素数1の会社

　比準要素数1の会社とは、類似業種比準方式における直前期末の三つの比準要素のうちいずれか2が0であり、かつ、直前々期末の三つの比準要素についてもいずれか2以上が0である会社をいいます。

　比準要素数1の会社の株式の評価方法は、純資産価額方式により評価することとされ、納税者の選択により、類似業種比準方式と純資産価額方式との併用方式（以下の算式）により評価をすることができることとされています。

$$類似業種比準価額 \times 0.25 + \begin{matrix} 1株当たりの純資産価額 \\ （相続税評価額） \\ （80\%評価可） \end{matrix} \times （1-0.25）$$

❷　株式等保有特定会社

　株式等保有特定会社とは、評価会社の課税時期における総資産に占める株式等の保有割合が50％以上の会社をいいます。「株式等の保有割合」は、評価会社の有する各資産の価額（相続税評価額）の合計額のうちに占める株式等の価額（相続税評価額）の割合をいいます。この「株式等」とは、株式、出資及び新株予約権付社債をいいます。

　株式等保有特定会社に該当した株式の評価は、原則として純資産価額方式により、納税者の選択により$S_1 + S_2$方式（Q5－4参照）により、評価することとされています。

※　なお、評価会社が、課税時期前において合理的な理由もなく評価会社の資産構成に変動があり、その変動が株式等保有特定会社に該当する会社であると判定されることを免れるためのものと認められる場合には、その変動はなかったものとしてその判定を行うこととされています（評基通189なお書）。

❸　土地保有特定会社

　土地保有特定会社とは、評価会社の課税時期における総資産に占める土地等（土地及び土地の上に存する権利）の割合が、次の基準に該当する会社をいいます。

　土地保有特定会社に該当した株式の評価は、純資産価額方式によることとされています。

会社区分	総資産価額（帳簿価額）基準	土地等の保有割合
大 会 社	① 卸売業…………………………20億円以上 ② 小売・サービス業…………15億円以上 ③ ①、②以外の業種…………15億円以上	70％以上 （土地保有特定会社）
小 会 社	総資産価額基準が大会社に該当するもの	
	総資産価額基準が大・中会社に該当しないもの	
	総資産価額基準が中会社に該当するもの	90％以上 （土地保有特定会社）
中 会 社	① 卸売業……………………………7,000万円 　　　　　　　　　　　　　　　～20億円未満 ② 小売・サービス業………………4,000万円 　　　　　　　　　　　　　　　～15億円未満 ③ ①、②以外の業種………………5,000万円 　　　　　　　　　　　　　　　～15億円未満	

（注）1 「土地等の保有割合」とは、課税時期における評価会社の各資産の
価額（相続税評価額）の合計額のうちに占める土地等の価額（相続税
評価額）の割合です。

　　　　なお、土地等の範囲には、たな卸資産として保有している土地も含
め、所有目的や所有期間のいかんにかかわらず、すべての土地等が含
まれます。

　　2 なお、評価会社が課税時期前において合理的な理由もなく評価会社
の資産構成に変動があり、その変動が土地保有特定会社に該当する会
社であると判定されることを免れるためと認められる場合には、その
変動はなかったものとして判定を行うこととされています。

❹ 開業後3年未満の会社または比準要素数0の会社

　開業後3年未満の会社または比準要素数0の会社の株式の評価は、純
資産価額方式により評価することとされています。

・開業後3年未満の会社とは課税時期において開業後3年未満の会社を
いいます。

・比準要素数0の会社とは、直前期末を基とした1株当たりの「配当金
額」「利益金額」及び「純資産価額（帳簿価額）」がいずれも0である
会社をいいます。

（注）「配当金額」及び「利益金額」については、直前期末以前2年間の実績
を反映して判定することになり、「比準要素数1の会社」の判定（直前々

期の前期を含めた3年間）とは異なりますので注意してください。

❺　開業前または休業中の会社

　開業前または休業中の会社の株式の評価は、純資産価額方式により評価することとされています。なお、配当還元方式は適用できません。

・開業前とは会社設立の登記は完了したが、現に事業活動を開始するまでに至っていない場合をいいます。

・休業中とは、課税時期において相当長期間にわたり休業している場合をいいます。したがって、休業が一時的なもので、近く事業が再開されることが見込まれるときには「休業中の会社」には該当しません。

❻　清算中の会社

　清算中の会社の株式の評価は、清算の結果分配を受けると見込まれる金額を基として評価することとされています。なお、配当還元方式は適用できません。

5-3 判定順序

Q 特定の評価会社の判定順序について教えてください。

A 前問（Q5-2）の❶から❻に掲げた特定の評価会社の判定順序については解説のフローチャートのとおりです。

解 説

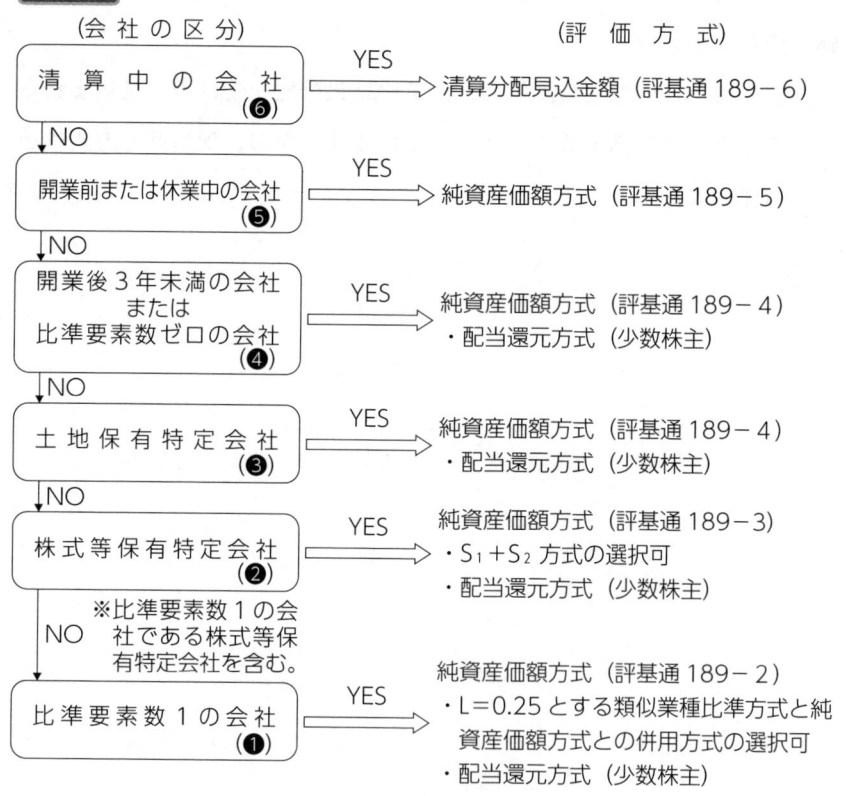

（会 社 の 区 分）　　　　　　　　　　　　　（評 価 方 式）

清 算 中 の 会 社（❻）　—YES→　清算分配見込金額（評基通189-6）

↓NO

開業前または休業中の会社（❺）　—YES→　純資産価額方式（評基通189-5）

↓NO

開業後3年未満の会社　または　比準要素数ゼロの会社（❹）　—YES→　純資産価額方式（評基通189-4）
・配当還元方式（少数株主）

↓NO

土 地 保 有 特 定 会 社（❸）　—YES→　純資産価額方式（評基通189-4）
・配当還元方式（少数株主）

↓NO

株 式 等 保 有 特 定 会 社（❷）　—YES→　純資産価額方式（評基通189-3）
・S₁+S₂方式の選択可
・配当還元方式（少数株主）

NO　※比準要素数1の会社である株式等保有特定会社を含む。

↓

比 準 要 素 数 1 の 会 社（❶）　—YES→　純資産価額方式（評基通189-2）
・L=0.25とする類似業種比準方式と純資産価額方式との併用方式の選択可
・配当還元方式（少数株主）

（注）　評価会社が2以上の「特定の評価会社」に該当する場合には、このフローの上位の「特定の評価会社」に該当するものとして判定します。
　　　なお、各番号は前問における番号です。

5-4 S₁+S₂方式

Q S₁+S₂方式について教えてください。

A 株式等保有特定会社に該当した場合には、純資産価額方式を原則的な評価方法として定めていますが、納税者の選択により「S₁+S₂方式」による評価も認められています。

S₁+S₂方式とは、評価する会社を、株式等に係る部分（S₂）とそれ以外の部分（S₁）とに区分し、S₂については純資産価額方式により評価し、S₁については原則的評価方式、つまり類似業種比準方式や純資産価額方式により評価をした金額を合算する方法です。

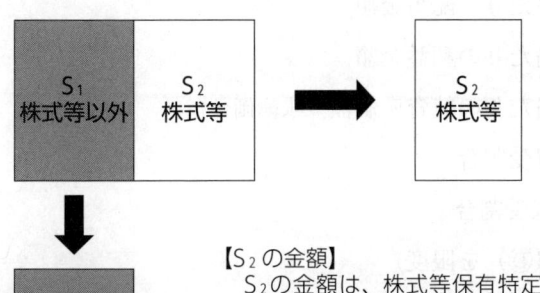

【S₂の金額】
　S₂の金額は、株式等保有特定会社が所有する株式等のみを評価会社の資産として1株当たりの純資産価額に相当する金額（相続税評価額により計算した金額）によって計算した金額をいいます（評基通189-3(2)）。
　なお、この場合の純資産価額には、評価通達185ただし書（80%評価）の適用はありません。

【S₁の金額】
　S₁の金額は、株式等保有特定会社が所有する株式等及び当該株式等に係る受取配当収入がなかったとした場合のその株式等保有特定会社の株式を、会社の規模に応じた原則的評価方式により評価した金額をいいます。
　なお、この場合の規模区分の判定は、一般の評価会社と同様に判定します（株式等の帳簿価額を控除するなどしません。）（評基通189-3(1)）。

解 説

❶　S $_1$ の金額

(1)　原則的評価方式が類似業種比準方式の場合

$$A \times \left[\frac{\dfrac{Ⓑ - ⓑ}{B} + \dfrac{Ⓒ - ⓒ}{C} + \dfrac{Ⓓ - ⓓ}{D}}{3}\right] \times 0.7$$

A ＝類似業種の株価

B ＝課税時期の属する年の類似業種の 1 株当たりの配当金額

C ＝課税時期の属する年の類似業種の 1 株当たりの年利益金額

D ＝課税時期の属する年の類似業種の 1 株当たりの純資産価額（帳簿価額）

Ⓑ＝評価会社の 1 株当たりの配当金額

Ⓒ＝評価会社の 1 株当たりの利益金額

Ⓓ＝評価会社の 1 株当たりの純資産価額（帳簿価額）

ⓑ＝Ⓑ×受取配当金収受割合

ⓒ ＝Ⓒ×受取配当金収受割合

ⓓ＝（イ）＋（ロ）（（Ⓓ）を限度）

　（イ）　＝Ⓓ× $\dfrac{評価会社の保有する株式等の価額（帳簿価額）}{評価会社の総資産価額（帳簿価額）}$

　（ロ）　＝ $\dfrac{評価会社の 1 株（50円）}{当たりの利益積立金}$ ×受取配当金収受割合

$$\frac{受取配当金}{収受割合} = \frac{直前期末以前2年間の受取配当金の合計額}{\begin{array}{c}直前期末以前2年間の\\受取配当金の合計額\end{array} + \begin{array}{c}直前期末以前2年間の営\\業利益の金額の合計額\end{array}}$$

(注)1 ○ 受取配当金は、法人から受ける剰余金の配当（株式または出資に係るものに限るものとし、資本金等の額の減少によるものを除きます。）、利益の配当、剰余金の分配（出資に係るものに限ります。）及び新株予約権付社債に係る利息の額の合計額とします。

　　　○ 受取配当金収受割合は、1を限度とし、少数点以下3位未満の端数を切り捨てます。

　　　○ 評価会社の事業目的によって受取配当金が営業利益に含まれているような場合には、受取配当金額を営業利益の金額から控除します。

　　2 算式中の「0.7」は大会社の場合であり、中会社については「0.6」、小会社については「0.5」とします。

(2) 原則的評価方式が純資産価額方式である場合

$$\frac{\left(\begin{array}{c}株式等を除いた、課税\\時期における各資産の\\合計額（相続税評価額）\end{array}\right) - \left(\begin{array}{c}課税時期における\\各負債の合計額\end{array}\right) - \left(\begin{array}{c}評価差額に対する\\法人税額等相当額\end{array}\right)}{課税時期における発行済株式数}$$

(注)1 評価差額に対する法人税額等相当額

$$= \left\{ \left(\begin{array}{c}純資産価額\\（相続税評価額）\\〔株式等を除きます。〕\end{array}\right) - \left(\begin{array}{c}純資産価額（帳簿価額）\\〔株式等を除きます。〕\\+\\株式等以外に係る\\現物出資等受入れ差額\end{array}\right) \right\} \times 37\%$$

　　2 課税時期における発行済株式数は、自己株式の数を控除します。

(3)　「S₁の金額」を会社の規模別にみると次のとおりです。

①　大会社の場合

$$\begin{array}{c} 修正類似業種比準価額 \\ または \\ 修正純資産価額（80\%評価不可） \end{array}$$

②　中会社の場合

$$\left(\begin{array}{c} 修正類似業種比準価額 \\ または \\ 修正純資産価額 \\ （80\%評価不可） \end{array}\right) \times L + \begin{array}{c} 修正純資産価額 \\ （80\%評価不可） \end{array} \times (1-L)$$

③　小会社の場合

$$\begin{array}{c} 修正純資産価額（80\%評価不可） \\ または \\ 修正類似業種比準価額 \times 0.5 + 修正純資産価額 \times (1-0.5) \\ （80\%評価不可） \end{array}$$

(注)　「修正類似業種比準価額」または「修正純資産価額」は、上記(1)
または(2)により計算した価額をいいます。

(4)　株式等保有特定会社が「比準要素数1の会社」にも該当する場合には、会社規模にかかわらず、次によります。

修正純資産価額（80％評価不可）

または

修正類似業種比準価額×0.25＋修正純資産価額 ×（1 －0.25）
（80％評価不可）

---

❷　S_2の金額

$$\frac{\left(\begin{array}{l}\text{課税時期における株式等}\\\text{の合計額（相続税評価額）}\end{array}\right) - \left(\begin{array}{l}\text{株式等に係る評価差額に}\\\text{対する法人税額等相当額}\end{array}\right)}{\text{課税時期における発行済株式数}}$$

(注)1　株式等に係る評価差額に対する法人税額等相当額

$$= \left\{\left(\begin{array}{l}\text{株式等の合計額}\\\text{（相続税評価額）}\end{array}\right) - \left(\begin{array}{c}\text{株式等の合計額（帳簿価額）}\\+\\\text{株式等に係る現物出資等受入れ差額}\end{array}\right)\right\} \times 37\%$$

　なお、この算式中の｛｝内の数値が負数の場合には、これを0とします。

　2　課税時期における発行済株式数は、自己株式の数を控除します。

　3　80％評価不可

5-5 ┃ 医療法人の出資持分の評価

Q 医療法人の出資持分の評価について教えてください。

A (1)　同族株主の判定を行う必要はありません。
(2)　規模の判定等とそれによる評価方式の区分は「小売・サービス業」の基準によります。

(3)　類似業種比準価額を計算する場合の業種目は、「その他の産業」（大分類）とされています。

(4)　類似業種比準価額

比準要素は「利益」と「純資産」のみで計算します。このことから類似業種比準価額の計算における分母は、通常の「３」ではなく「２」で計算します。

$$A \times \left(\cfrac{\dfrac{Ⓒ}{C} + \dfrac{Ⓓ}{D}}{2} \right) \times 0.7^{(注)}$$

A：類似業種の株価
C：類似業種の１株当たりの年利益金額
D：類似業種の１株当たりの純資産価額（簿価）
Ⓒ：医療法人の１株当たりの年利益金額
Ⓓ：医療法人の１株当たりの純資産価額（簿価）

また、株式等保有特定会社の株式の評価をする「『$S_1 + S_2$』方式」を準用する場合の算式は、次のとおりとなります（前問参照）。

$$A \times \left(\frac{\frac{Ⓒ-ⓒ}{C} + \frac{Ⓓ-ⓓ}{D}}{2} \right) \times 0.7^{(注)}$$

(注)　大会社に相当する医療法人については「0.7」、中会社に相当する医療法人については「0.6」、小会社に相当する医療法人については「0.5」となります。

(5)　純資産価額

　非上場株式を評価する場合の純資産価額（相続税評価額によって計算した金額）については、株式の取得者とその同族関係者の有する株式の合計額が評価会社の発行済株式数の50％以下である場合は、80％を乗じて計算することになっています。しかし、医療法人では各社員の議決権が平等であることから、その出資持分の評価においては、この80％評価の適用はありません。

解説

　医療法人は、医療法39条の規定により設立された法人で、①財団たる医療法人、②社団たる医療法人で持分の定めのないものと③社団たる医療法人で持分の定めのあるものに分類されます。

　財団たる医療法人は、その財団に法人格が認められますので、出資持分の概念はありません。

　また、社団たる医療法人で持分の定めのないものは、民法の社団法人に類似しており、各社員は、その出資について何らの持分権を有しません。

　これに対し、社団たる医療法人で持分の定めのあるものは、会社等と同様、各社員は社員権として出資に対する持分権を有しており、その持

分は、通常、自由に譲渡または質入れすることができます。また、相続または遺贈の対象にもなります。

このため、持分の定めのある社団たる医療法人の出資については、一般の株式と同様に非上場株式の評価に準じて評価します。

(参考)

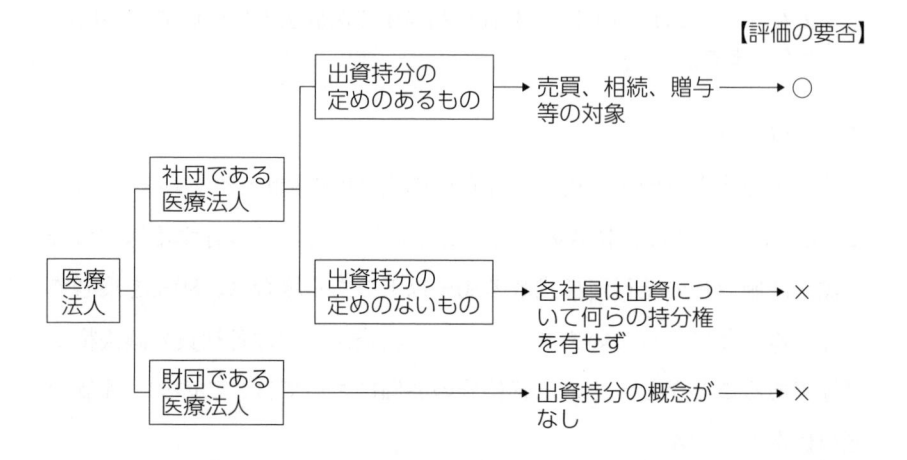

医療法人の出資持分の評価については、一般の会社と異なり①剰余金の配当が禁止されていること②各社員は出資を義務付けられてはいないこと、③各社員の議決権が平等であり、出資と議決権が結び付いていないことという特徴から、出資者全員が同じ原則的評価方式によることとなります。

5-6 株式持合時の評価

Q 株式を持ち合っている会社がある場合の評価方法について、教えてください。

A 法人がお互いに株式を持ち合っている場合には、一方の株価をX、もう一方の株価をYとした連立方程式によって評価します。

解説

　二つの法人がお互いの株式を保有している場合においても、いずれかの法人が純資産価額方式による場合には、もう片方の株価を確定させなければ評価することができません。両社とも大会社に該当し類似業種比準方式で評価する場合や、片方の法人が類似業種比準方式で評価する場合には特に問題ありませんが、両社とも小会社に該当し純資産価額方式による場合には、一方の会社の「純資産価額」が他の会社の「純資産価額」に影響を及ぼしこれが計算上連鎖することになってしまいます。その変動した株価を基に再評価すれば、さらに株価が変動するというスパイラルに陥ります。そこでこのような場合には、一方の株価をX、もう一方をYとした連立方程式を基にして株価を計算することになります。この場合の1株当たりの純資産価額の計算に当たっては、評価差額に対する法人税額等相当額は控除しません。

❶ A社及びB社ともに純資産価額方式で評価する場合

$$
\begin{cases} X = a\,(b + Y) \\ Y = \beta\,(a + X) \end{cases} \xrightarrow[\Longrightarrow]{\text{代入}} \quad
\begin{aligned}
X &= \frac{a\,(b + \beta a)}{1 - a\beta} \\[2mm]
Y &= \frac{\beta\,(a + ab)}{1 - a\beta}
\end{aligned}
$$

❷ A社は併用方式、B社は純資産価額方式で評価する場合

$$\begin{cases} X = a\,(\,b + Y\,) \\ Y = \beta\,\{LaC + (\,1 - La\,)\,(\,a + X\,)\} \end{cases}$$

$$\Downarrow 代入$$

$$X = \frac{a\,[\,b + \beta\,\{LaC + (\,1 - La\,)\,a\,\}\,]}{1 - a\beta\,(\,1 - La\,)}$$

$$Y = \frac{\beta\,\{LaC + (\,1 - La\,)\,(\,a + a\,b\,)\}}{1 - a\beta\,(\,1 - La\,)}$$

❸ A社及びB社ともに併用方式で評価する場合

$$\begin{cases} X = a\,\{LbD + (\,1 - Lb\,)\,(\,b + Y\,)\} \\ Y = \beta\,\{LaC + (\,1 - La\,)\,(\,a + X\,)\} \end{cases}$$

$$\Downarrow 代入$$

$$X = \frac{a\,\{LbD + (\,1 - Lb\,)\,[\,b + \beta\,\{LaC + (\,1 - La\,)\,a\,\}\,]\}}{1 - a\beta\,(\,1 - La\,)\,(\,1 - Lb\,)}$$

$$Y = \frac{\beta\,\{LaC + (\,1 - La\,)\,[\,a + a\,\{LbD + (\,1 - Lb\,)\,b\,\}\,]\}}{1 - a\beta\,(\,1 - La\,)\,(\,1 - Lb\,)}$$

X ＝A社の所有するB社株式の相続税評価額

Y ＝B社の所有するA社株式の相続税評価額

a ＝A社が所有するB社の持株割合

β ＝B社が所有するA社の持株割合

a ＝A社の各資産の相続税評価額の合計額（B社株式を除く。）から、各負債の金額の合計額を控除した金額

b ＝B社の各資産の相続税評価額の合計額（A社株式を除く。）から、

　　各負債の金額の合計額を控除した金額

La ＝ A社株式のLの割合

Lb ＝ B社株式のLの割合

　C ＝ A社株を類似業種比準方式で評価した場合の評価額の総額

　D ＝ B社株を類似業種比準方式で評価した場合の評価額の総額

5-7 種類株式の評価

Q 種類株式の評価方法について教えてください。

A 種類株式の評価は、以下の典型的な種類株式について平成19年3月9日付で国税庁から資産評価企画官情報が発出されています。このため、これ以外の種類株式については、その内容や条件を十分検討して個別に評価していくことになります。

解説

❶ **配当優先株式の評価**

配当について優先・劣後のある株式を発行している会社の株式を①類似業種比準方式により評価する場合において、「1株当たりの年配当金額」は、株式の種類ごとにその株式に係る配当金（資本金等の額の減少によるものを除きます。）によって計算し、②純資産価額方式により評価する場合には、配当優先の有無にかかわらず、従来どおり純資産価額方式により評価します。

❷ **無議決権株式の評価**

無議決権株式は、原則として、議決権の有無を考慮せず通常どおりの評価方法で評価することになります。

ただし、下記の要件をすべて満たし、かつ納税者が選択した場合には、原則的評価方式に計算した株価から5％を控除した金額を無議決権株式の評価額とし、その控除した金額を議決権のある株式の評価額に加算することも認められています。

⑴ 当該会社の株式について、相続税の法定申告期限までに、遺産分

割協議が確定していること

(2)　当該相続または遺贈により、当該会社の株式を取得したすべての同族株主から、相続税の法定申告期限までに、「無議決権株式の評価の取扱いに係る選択届出書」が所轄税務署長に提出されていること

※無議決権株式を相続または遺贈により取得した同族株主間及び議決権のある株式を相続または遺贈により取得した同族株主間では、それぞれの株式の1株当たりの評価額は同一となる。

(3)　当該相続税の申告に当たり、「取引相場のない株式（出資）の評価明細書」に、調整計算の算式に基づく無議決権株式及び議決権のある株式の評価額の算定根拠を適宜の様式に記載し、添付していること

（調整計算の算式）

$$\text{無議決権株式の評価額（単価）} = A \times 0.95$$

$$\text{議決権のある株式への加算額} = \left(A \times \frac{\text{無議決権株式の株式総数}}{} \times 0.05 \right) = X$$

$$\text{議決権のある株式の評価額（単価）} = \left(B \times \frac{\text{議決権のある株式の株式総数}}{} + X \right) \div \frac{\text{議決権のある株式の株式総数}}{}$$

A…調整計算前の無議決権株式の1株当たりの評価額

B…調整計算前の議決権のある株式の1株当たりの評価額

(注)　「株式総数」は、同族株主が当該相続または遺贈により取得した株式の総数をいいます。

---

❸　社債類似株式の評価

社債類似株式については、経済的実質が社債に類似していると認められることから、評価通達197−2(3)に準じて発行価額により評価しま

す。ただし、株式であることから、既経過利息に相当する配当金の加算は行わないものとされています。

社債類似株式とは、下記の要件をすべて満たしている株式をいいます。

(1) 配当金については優先して分配する。また、ある事業年度の配当金が優先配当金に達しないときは、その不足額は翌事業年度以降に累積することとするが、優先配当金を超えて配当しない。

(2) 残余財産の分配については、発行価額を超えて分配は行わない。

(3) 一定期日において、発行会社は本件株式の全部を発行価額で償還する。

(4) 議決権を有しない。

(5) 他の株式を対価とする取得請求権を有しない。

なお、社債類似株式を発行している会社の社債類似株式以外の株式は、社債類似株式を社債であるものとして次のとおり評価します。

① 類似業種比準方式により評価する場合

イ 1株当たりの資本金等の額等の計算

社債類似株式に係る資本金等の額及び株式数はないものとして計算します。

ロ 1株（50円）当たりの年配当金額（Ⓑ）

社債類似株式に係る配当金はないものとして計算します。

ハ 1株（50円）当たりの年利益金額（Ⓒ）

社債類似株式に係る配当金を費用として利益金額から除外して計算します。

ニ 1株（50円）当たりの純資産価額（Ⓓ）

社債類似株式の発行価額は負債として簿価純資産価額から控除して計算します。

② 　純資産価額方式により評価する場合

　　イ　社債類似株式の発行価額の総額を負債（相続税評価額及び帳
　　　　簿価額）に計上します。

　　ロ　社債類似株式の株式数は発行済株式数から除外します。

❹　拒否権付株式の評価

　拒否権付株式については、拒否権を考慮せずに、普通株式と同様に評
価します。

5-8 外国にある非上場株式の評価

Q 外国にある非上場株式の評価方法について教えてください。

A 外国にある非上場株式は、一般的には、純資産価額方式により株価を評価することになります。

解説

評価通達5－2において「国外にある財産の価額についても、この通達に定める評価方法により評価することに留意する」と定められていることから、外国にある非上場株式についても、国内にある非上場株式と同様の評価をすることになります。

類似業種比準価額は、すべて日本国内の上場会社の数値が基となっているため、これを海外の非上場会社に適用することは、適当とはいえませんので、一般的には、純資産価額方式により株価を算定することになります。

5-9　ストックオプションの評価

Q ストックオプションの評価方法について教えてください。

A ストックオプションの評価は、次の場合に応じ、それぞれに定める方法により評価することになります。

❶　**目的たる株式が上場株式または気配相場等のある株式であり、かつ、課税時期が権利行使可能期間内にある場合**

課税時期におけるその株式の価額から権利行使価額を控除した金額に、ストックオプション1個の行使により取得することができる株式数を乗じて計算した金額。

❷　**上記❶以外のストックオプションの場合**

発行内容等を勘案し個別に評価した金額がこれに当たります。

解説

(1)　ストックオプションとは、会社法2条21号に規定する新株予約権が無償で付与されたものをいい、会社の取締役、従業員等が自社の株式をあらかじめ定められた価額（権利行使価額）で、将来のある一定時期に購入することができる権利をいいます（評基通168⑻）。

(2)　その目的たる株式が上場株式または気配相場等のある株式であり、かつ、課税時期が権利行使可能期間内にあるストックオプションの価額は、課税時期におけるその株式の価額から権利行使価額を控除した金額に、ストックオプション1個の行使により取得することができる株式数を乗じて計算した金額（その金額が負数のときは、0とします。）によって評価します（評基通193－2）。

　この場合の「課税時期におけるその株式の価額」は、上場株式及び気配相場等のある株式について、評価通達の定めに基づいて評価した価額となります。

　また、「権利行使価額」については、ストックオプションの発行会社が定めた金額によって評価することになります。

$$\begin{pmatrix}ストックオプ\\ションの価額\end{pmatrix}=\begin{pmatrix}課税時期における\\その株式の価額\end{pmatrix}-権利行使価額\end{pmatrix}\times\begin{pmatrix}ストックオプションの行使\\により取得できる株式数\\（負数の場合は、0とします。）\end{pmatrix}$$

（参考）ストックオプションの付与から課税時期までの株価の推移等
　　　　（イメージ）

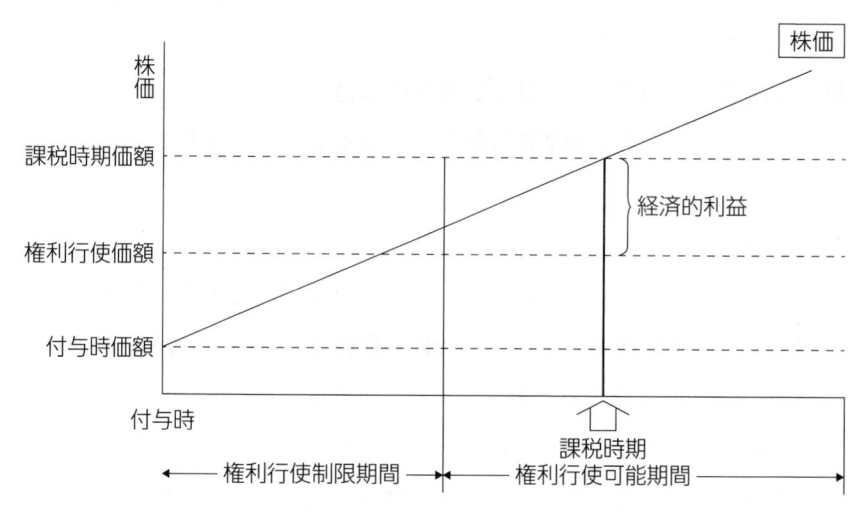

第6章

相続税の課税関係

6-1 相続税の課税関係のあらまし

Q 父の死亡により、父が主宰していた非上場会社の株式などを相続しましたが、相続税の課税関係を教えてください。

A 被相続人から相続または遺贈によって、財産を取得した人それぞれの課税価格の合計額から、相続財産の価額から控除できる債務と葬式費用の合計額を差し引いた金額が、次の基礎控除額を超える場合、その財産を取得した人は、相続税の申告と納税を相続の開始を知った日の翌日から10か月以内にする必要があります。

> 基礎控除額＝3,000万円＋（600万円 × 法定相続人の数）

(注)　「法定相続人の数」は、相続人のうち相続の放棄をした人があっても、その放棄がなかったものとした場合の相続人の数をいいますが、被相続人に養子がいる場合に法定相続人の数に含める養子の数は、実子がいるときは1人（実子がいないときは2人）までとなります。

解説

❶　相続税が課される財産

(1)　被相続人が相続開始時点で所有していた財産（本来の相続財産）

相続税は、相続または遺贈（死因贈与を含みます。）により財産を取得した場合に、その取得した財産の価格を課税標準として課されま

す。ここにいう財産とは、土地、建物、株式、現金、預金などのほか、金銭に見積ることができる経済的価値のあるすべての財産が相続税の課税対象となります（相基通11の2－1）。

⑵　みなし相続財産

被相続人の死亡に伴い支払われる生命保険金や退職金などは、本来の相続財産ではありませんが、相続または遺贈によって取得したものとみなされ、相続税の課税対象となります。

ただし、一定の金額までは非課税となります。

（注）　一定の金額とは、「生命保険金」及び「退職金」の区分ごとに、次の算式によって計算した金額です。

$$
500万円×法定相続人の数×\frac{その相続人の取得した保険金等の合計額}{相続人全員の取得した保険金等の合計額}
$$

⑶　被相続人から取得した相続時精算課税適用財産

被相続人から生前に贈与を受け、贈与税の申告の際に相続時精算課税を適用していた場合、その財産は相続税の課税対象となります。この場合、相続開始の時の価額ではなく、贈与の時の価額を相続税の課税価格に加算します。

⑷　被相続人から相続開始前3年以内に取得した暦年課税適用財産

被相続人から相続などによって財産を取得した者が、被相続人の相続開始前3年以内に被相続人から贈与を受けた財産は、相続税の課税対象となります。この場合、相続開始の時の価額ではなく、贈与の時の価額を相続税の課税価格に加算します。

❷　債務控除（債務・葬式費用）

⑴　控除できる債務

　相続財産の価額から控除できる債務は、被相続人の債務で相続開始の時に現に存するもので確実と認められるものをいいます。借入金や未払金などのほか、被相続人が納めなければならなかった公租公課で、未納のものも含まれます。

(2)　控除できる葬式費用

　被相続人の葬式に際して相続人が負担した費用は、相続財産の価額から差し引かれます。お寺などへの支払い、葬儀社などへの支払い、お通夜に要した費用などが該当します。なお、墓地や墓碑などの購入費用、香典返しの費用や法要に要した費用などは葬式費用には含まれません。

❸　主な相続財産の評価方法

(1)　宅地

　宅地の評価方法には、①路線価方式と②倍率方式があります。

①　路線価方式

　路線価が定められている地域の評価方法です。路線価とは、路線（道路）に面する標準的な宅地の1㎡当たりの価額のことで、「路線価図」で確認できます。

　宅地の価額は、原則として、路線価をその宅地の形状等に応じた調整率で補正した後、その宅地の地積を乗じて計算します。

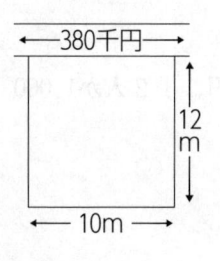

［普通住宅地区］

（路線価）（奥行価格補正率）（面積）（評価額）
38万円 ×　　1.00　　×120㎡＝4,560万円

（注）　調整率には、「奥行価格補正率」、「側方路線影響加算率」、「不整形地補正率」、「規模格差補正率」などがあります。

② 倍率方式

路線価が定められていない地域の評価方法です。宅地の価額は、原則として、その宅地の固定資産税評価額に一定の倍率（倍率は「評価倍率表」で確認できます。）を乗じて計算します。

（固定資産税評価額）　（倍率）　（評価額）
1,000万円　×　1.1　＝1,100万円

(注)　評価倍率表の「固定資産税評価額に乗ずる倍率等」の「宅地」欄に「路線」と表示されている地域については、路線価方式により評価を行います。

(2)　建物

原則として、固定資産税評価額により評価します。

(3)　上場株式

原則として、次の①から④までの価額のうち、最も低い価額により評価します。

① 相続の開始があった日の終値
② 相続の開始があった月の毎日の終値の月平均額
③ 相続の開始があった月の前月の毎日の終値の月平均額
④ 相続の開始があった月の前々月の毎日の終値の月平均額

(4)　非上場株式

第2編第1章から第5章参照

❹ 相続税の計算（具体例）

○課税価格の合計額が1億円で、配偶者が8,000万円、子2人が1,000万円ずつ相続した場合

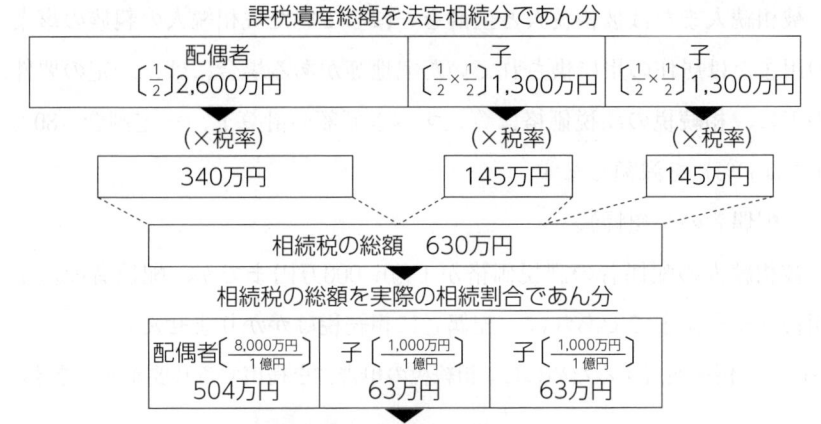

（課税価格の合計額）　　　　　（基礎控除額）　　　　　　　（課税遺産総額）
　1 億円　　　　－　（3,000万円＋（600万円×3 人））＝　5,200万円

課税遺産総額を法定相続分であん分

配偶者 $\left[\frac{1}{2}\right]$ 2,600万円	子 $\left[\frac{1}{2}\times\frac{1}{2}\right]$ 1,300万円	子 $\left[\frac{1}{2}\times\frac{1}{2}\right]$ 1,300万円
（×税率）	（×税率）	（×税率）
340万円	145万円	145万円

相続税の総額　630万円

相続税の総額を実際の相続割合であん分

配偶者 $\left[\frac{8,000万円}{1億円}\right]$ 504万円	子 $\left[\frac{1,000万円}{1億円}\right]$ 63万円	子 $\left[\frac{1,000万円}{1億円}\right]$ 63万円

実際に納付する相続税
（あん分した税額から各種の税額控除の額を差し引いた後の金額）

「配偶者の税額軽減」を適用 ←

配偶者　0円	子　63万円	子　63万円

※　あん分した税額から、各種の税額控除の額を差し引きます。
　この事例では「配偶者の税額軽減」のみ適用があったとして
　計算しています。

○相続税の速算表

区　　　分	税率	控除額
1,000万円以下	10%	－
3,000万円以下	15%	50万円
5,000万円以下	20%	200万円
1 億 円 以 下	30%	700万円
2 億 円 以 下	40%	1,700万円
3 億 円 以 下	45%	2,700万円
6 億 円 以 下	50%	4,200万円
6 億 円 超	55%	7,200万円

【相続税の主な特例】

(1) 小規模宅地等の特例

被相続人または被相続人と生計を一にしていた被相続人の親族の事業の用または居住の用に供されていた宅地等がある場合には、一定の要件の下に、相続税の課税価格に算入すべき価額の計算上、一定割合（80％または50％）を減額します。

(2) 配偶者の税額軽減

被相続人の配偶者の課税価格が1億6,000万円までか、配偶者の法定相続分相当額までであれば、配偶者に相続税はかかりません。

(注) 特例を適用するためには、相続税の申告書を提出する必要があります。

6-2 親族等からの名義借り

Q 設立当時は発起人が 7 人必要であったため親族や知人から名義借りをしていました。現在も 5 名についてはその状況が継続していますが、相続が発生した場合など何か問題が生じるでしょうか。

A 相続の開始した時点で子供や親族、知人名義であっても相続税の課税財産となる場合がありますので特に注意が必要です。

解 説

　相続税の税務調査においては、名義預金や名義株が申告から除外されていると指摘を受けるケースを目にします。

　名義株でいいますと、かつて、商法では会社の設立時に発起人として 7 人必要とされていたことから、子供や親族、知人に頼むなどして、形式的に株主としていたケースは少なくありません。この場合において、こうした株主へは資金提供を求めることなく、その資金のすべてを代表者一人で賄ってきたものが殆どであったところです。

　実際にどのように相続税の申告をすれば良いかといった疑問が生ずるところですが、過去の裁判では次のように判示されています。

　「株式や貸付信託・預貯金等の帰属を認定するに当たっては、その名義が重要な要素となることはもちろんであるが、他人名義で株式の取得・口座の開設をすることも、特に親族間においては通常みられることからすれば、①株式購入や預入金の原資を誰が負担しているか、②株式取得・口座開設の意思決定をし、手続を実際に行っていたのは誰か、③その管理または運用による利得を収受していたのが誰かという点もまた

帰属の認定の際の重要な要素ということができ、実際に株式や貸付信託・預貯金等が帰属する者の認定は、これらの諸要素、その他名義人と実際に管理又は運用をしている者との関係等を総合考慮してすべきものと解される」（東京地裁平成18年 7 月 5 日判決。丸数字は筆者）。このように、相続財産に含めるか否かは、その原資、管理状況、配当受領状況等を総合勘案して、判断する必要があります。

　いずれにしても、これは、相続税の問題のみならず、相続人の間では、遺産争いの火種にもなり、また、親族、知人からは権利を主張され、税負担以上の金銭的負担や財産の喪失に繋がり兼ねない重大な問題です。特に形式的な株主側に代替わりが生ずると争いのリスクが高まりますので、互いの生前中の早期に解決を図る必要があるものと考えます。

6-3　非上場株式等についての相続税の納税猶予（一般措置）①　—あらまし—

Q 非上場株式等についての相続税の納税猶予のあらましについて教えてください。

A 後継者である相続人等が、相続等により、円滑化法の認定を受ける非上場会社の株式等を被相続人（先代経営者）から取得し、その会社を経営していく場合には、その後継者が納税すべき相続税のうち、その株式等（発行済株式数2／3までの部分が上限です。）に係る課税価格の80％に対応する相続税の納税が猶予され、後継者の死亡等により、納税が猶予されている相続税の納付が免除されます。

解説

　後継者である相続人等（「経営承継相続人等」といいます。）が、相続等（相続または遺贈をいいます。）により、都道府県知事の円滑化法の認定^(注)を受ける非上場会社の株式等を先代経営者である被相続人から取得し、その会社を経営していく場合には、その経営承継相続人等が納付すべき相続税のうち、その非上場株式等（発行済株式数の2／3が上限です。）に係る課税価格の80％に対応する相続税の納税が猶予されます（猶予される相続税額を「非上場株式等納税猶予税額」といいます。）。

　この非上場株式等納税猶予税額は、経営承継相続人等が死亡した場合などにはその全部または一部が免除されます。なお、免除されるときまでに特例の適用を受けた非上場株式等を譲渡するなど一定の場合には、非上場株式等納税猶予税額の全部または一部を利子税と併せて納付する必要があります。

（注）「円滑化法の認定」とは、中小企業における経営の承継の円滑化に関

する法律（以下「円滑化法」といいます。）12条1項の認定をいいます。

<特例の要件や手続などのイメージ>

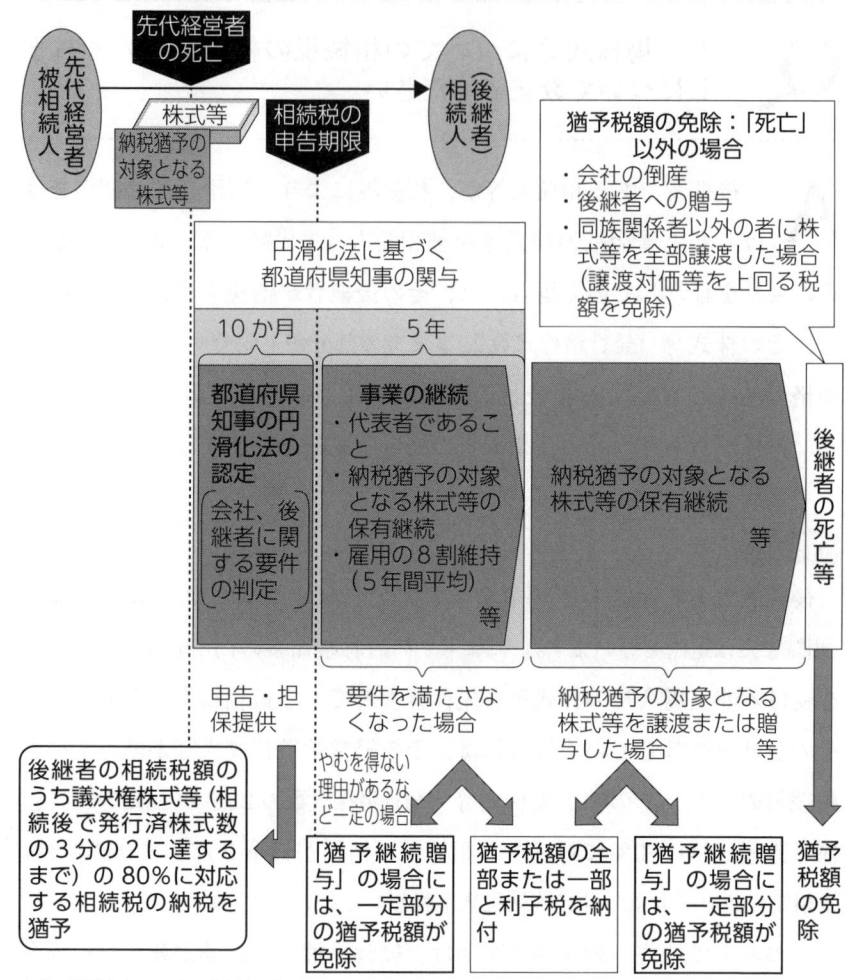

出典：国税庁ホームページを基に作成

（注）　平成30年度税制改正で先代経営者以外の者からの相続等も納税猶予の

対象とされました。

6-4　非上場株式等についての相続税の納税猶予(一般措置)② ―納税猶予を受けるための要件―

Q 非上場株式等についての相続税の納税猶予を受けるための要件を教えてください。

A この制度の適用を受けるためには、円滑化法に基づき、会社が都道府県知事の円滑化法の認定を受ける必要があります。この認定を受けるためには、原則として、相続開始後8か月以内にその申請を行う必要があります。

解説

対象となる会社、先代経営者、経営承継相続人等の要件は次のとおりです。

❶　会社の主な要件

(1)　円滑化法の認定を受けた中小企業者であること

(2)　非上場会社であること

(3)　常時使用する従業員が1人以上（一定の外国会社株式等を保有している場合には5人以上）であること

(4)　資産保有型会社または資産運用型会社で一定のものに該当しないこと

(5)　この会社の株式等及び特別関係会社[注]のうちこの会社と密接な関係がある一定の会社（以下「特定特別関係会社」といいます。）の株式等が非上場株式等であること

(6)　この会社及び特定特別関係会社が風俗営業会社ではないこと

(7)　この会社の特定特別関係会社が中小企業者であること

(8)　相続の開始の日の属する事業年度の直前の事業年度（相続の開始の日が事業年度の末日である場合には、その事業年度及びその直前の事

業年度）の総収入金額（営業外利益及び特別利益以外のものに限ります。）が零ではないこと

⑼　経営承継相続人等以外の者が会社法108条1項8号に規定する種類の株式（拒否権付株式）を有していないこと

⑽　相続の開始前3年以内に一定の者から受けた現物出資等資産の割合が総資産の70％未満であること

（注）　「特別関係会社」とは、この会社と租税特別措置法施行令40条の8の2第8項で定める特別の関係のある会社をいいます。

❷　先代経営者である被相続人の主な要件

⑴　次に掲げる要件のすべてを満たす者

①　相続の開始前において会社の代表権（制限が加えられた代表権を除きます。）を有していたことがあること

②　相続の開始直前において、被相続人及び被相続人と特別の関係がある者（被相続人の親族など一定の者）で総議決権数の50％超の議決権数を保有し、かつ、被相続人が保有する議決権数が経営承継相続人等を除いたこれらの者の中で最も多くの議決権数を保有していたこと

⑵　既に旧納税猶予制度の適用を受けている者がいる場合等には次の者（平成30年度改正で追加）

・特例の対象となる会社の非上場株式等を有していたこと

❸　経営承継相続人等の主な要件

⑴　相続開始の直前に役員であったこと（被相続人が60歳未満で死亡した場合等を除きます。）

⑵　相続開始の日の翌日から5か月を経過する日において会社の代表権（制限が加えられた代表権を除きます。）を有していること

⑶　相続人及び相続人と特別の関係がある者（相続人の親族など一定

の者）で総議決権数の50％超の議決権数を保有し、かつ、これらの
者の中で最も多くの議決権数を保有することとなること

(4)　相続税の申告期限まで特例の適用を受ける非上場株式等のすべて
を保有していること

6-5 非上場株式等についての相続税の納税猶予(一般措置)③ ─納税猶予の対象となる株式数と猶予税額─

Q 非上場株式等についての相続税の納税猶予の対象となる株式数と猶予される税額について教えてください。

A 非上場株式等についての相続税の納税猶予の対象となる株式数は、発行済株式等の総数の2/3を上限とし、納税が猶予される相続税額は、その株式等に係る課税価格の80%に対応する相続税額が猶予されます。

解説

❶ 納税猶予の対象となる株式数

特例の対象となる非上場株式等の数は、次のA、B、Cの数を基に(1)または(2)の区分の場合に応じた数が限度となります。

「A」…経営承継相続人等が相続等により取得した非上場株式等の数

「B」…経営承継相続人等が相続開始前から保有する非上場株式等の数

「C」…相続開始時の発行済株式等の総数

(1) 「A＋B＜C×2/3」の場合　　A

(2) 「A＋B≧C×2/3」の場合　　C×2/3－B

❷ 納税が猶予される相続税の額

次の(1)から(2)を差し引いた相続税額の納税が猶予されます。(1)及び(2)の税額を計算する場合の経営承継相続人等以外の者の取得した財産は、実際に経営承継相続人等以外の者が相続等により取得した財産によります。

(1) 経営承継相続人等が取得した財産が納税猶予の適用を受ける非上

　　場株式等のみであると仮定した場合に算出される経営承継相続人等の相続税額

(2)　経営承継相続人等が取得した財産が納税猶予の適用を受ける非上場株式等の20％のみであると仮定した場合に算出される経営承継相続人等の相続税額

(注)　その非上場株式等を発行する会社及びその会社と特別の関係のある一定の会社が、一定の外国会社もしくは一定の上場会社の株式等または医療法人の出資を有する場合には、納税が猶予される税額の計算の基となる非上場株式等の価額は、その外国会社もしくは上場会社の株式等または医療法人の出資を有していなかったものとして計算した金額となります。

＜納税が猶予される相続税などの計算方法＞

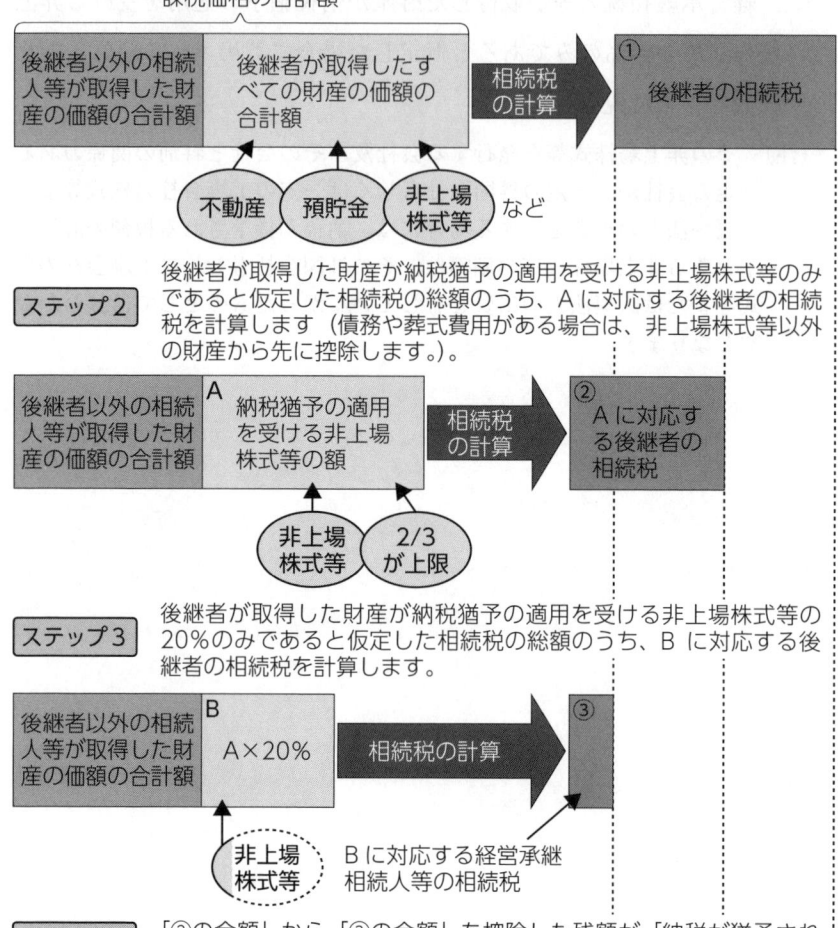

ステップ1　課税価格の合計額に基づいて計算した相続税の総額のうち、経営承継相続人等（後継者）の課税価格に対応する相続税を計算します。

ステップ2　後継者が取得した財産が納税猶予の適用を受ける非上場株式等のみであると仮定した相続税の総額のうち、A に対応する後継者の相続税を計算します（債務や葬式費用がある場合は、非上場株式等以外の財産から先に控除します。）。

ステップ3　後継者が取得した財産が納税猶予の適用を受ける非上場株式等の20％のみであると仮定した相続税の総額のうち、B に対応する後継者の相続税を計算します。

ステップ4　「②の金額」から「③の金額」を控除した残額が「納税が猶予される相続税（④の金額）」となります。

※　「①の金額」から「納税が猶予される相続税（④の金額）」を控除した「⑤の金額（納付税額）」は、相続税の申告期限までに納付する必要があります。

出典：国税庁ホームページ、一部加筆

6-6 非上場株式等についての相続税の納税猶予（一般措置）④ ―手続―

Q 非上場株式等についての相続税の納税猶予の手続について教えてください。

A 非上場株式等についての相続税の納税の猶予に関する手続は、特例の適用を受けるための手続と納税猶予期間中の手続に分かれます。具体的には、解説のとおりです。

解説

❶ 納税猶予を受けるための手続

(1) この納税猶予を受ける旨を記載した相続税の申告書をその申告期限までに提出するとともに、その申告書に納税猶予の適用を受ける非上場株式等の明細や納税猶予分の相続税額の計算書など一定の事項を記載した書類を添付する必要があります。

(2) 上記(1)の申告書の提出期限までに非上場株式等納税猶予税額及び利子税の額に見合う担保を提供する必要があります。なお、納税猶予の適用を受ける非上場株式等のすべてを担保として提供した場合には、非上場株式等納税猶予税額及び利子税の額に見合う担保の提供があったものとみなされます。

❷ 納税猶予期間中の手続

引き続きこの納税猶予の適用を受ける旨や納税猶予の対象となる非上場株式等に係る会社の経営等に関する事項を記載した「非上場株式等についての相続税の納税猶予の継続届出書」を原則として、相続税の申告期限後の5年間は毎年、5年経過後は3年ごとに所轄税務署に提出する必要があります。

　なお、継続届出書の提出がない場合には、原則として、この納税猶予
の適用が打ち切られ、非上場株式等納税猶予税額と利子税を納付しなけ
ればなりません。

6-7 非上場株式等についての相続税の納税猶予（一般措置）⑤ ―猶予税額の納付が免除される場合―

Q 非上場株式等についての相続税の納税猶予で猶予税額の納付が免除される場合について教えてください。

A 経営承継相続人等が死亡した場合など一定の場合に該当したときには、非上場株式等納税猶予税額の全部または一部の納付が免除されます。

解説

❶　経営承継相続人等が死亡した場合

死亡の日から同日以後 6 か月を経過する日までに「免除届出書（死亡免除）」を先代経営者の相続税の納税地を所轄する税務署長に提出する必要があります。

❷　申告期限後 5 年以内に経営承継相続人等が、納税猶予の適用を受けた非上場株式等を後継者へ贈与した場合（身体障害等のやむを得ない理由により、その経営承継相続人等が認定相続承継会社の代表者でなくなった場合に限ります。）において、その後継者が「非上場株式等についての贈与税の納税猶予」の適用を受ける場合

この場合、その後継者が、贈与を受けた非上場株等について、贈与税の納税猶予の適用に係る申告書を提出した日以後 6 か月を経過する日までに「免除届出書」を相続税の納税地を所轄する税務署長に提出する必要があります。

❸　申告期限後 5 年を経過した後に、経営承継相続人等が、納税猶予の適用を受けた非上場株式等を後継者へ贈与し、その後継者が「非上場株式等についての贈与税の納税猶予」の適用を受ける場合

この場合、その後継者が、贈与を受けた非上場株等について、贈与税の納税猶予の適用に係る申告書を提出した日以後6か月を経過する日までに、経営承継相続人等は「免除届出書」を相続税の納税地を所轄する税務署長に提出する必要があります。

❹ **申告期限後5年を経過した後に、次に掲げるいずれかに該当した場合**

この場合、一定の免除事由に該当することとなった日から2か月を経過する日までに「免除申請書」を先代経営者の相続税の納税地を所轄する税務署長に提出する必要があります。

(1) 経営承継相続人等が納税猶予の適用を受けた非上場株式等に係る会社の株式等の全部を譲渡または贈与した場合（その経営承継相続人等の同族関係者（経営承継相続人等の親族など一定の者）以外の一定の者に対して行う場合や民事再生法または会社更生法の規定による許可を受けた計画に基づき株式等を消却するために行う場合に限ります。）

(2) 納税猶予の適用を受けた非上場株式等に係る会社について破産手続開始の決定または特別清算開始の命令があった場合

(3) 納税猶予の適用を受けた非上場株式等に係る会社が合併により消滅した場合で一定の場合

(4) 納税猶予の適用を受けた非上場株式等に係る会社が株式交換等により他の会社の株式交換完全子会社等となった場合で一定の場合

(5) 民事再生計画の認可決定等があった場合で会社の資産評定が行われたとき

6-8　非上場株式等についての相続税の納税猶予(一般措置)⑥ ―納税猶予税額の納付をすることとなる場合―

Q 非上場株式等についての相続税の納税猶予で納税猶予税額を納付する場合について教えてください。

A 申告期限後5年間の平均で雇用の8割を維持できなかった場合、経営承継相続人等が納税猶予の適用を受けた非上場株式等を譲渡した場合など一定の要件に該当することとなったときには、納税猶予税額の全部または一部を納付しなければなりません。

解説

❶　非上場株式等納税猶予税額を納付しなければならない場合

次のいずれかに該当することとなった場合には、その非上場株式等納税猶予税額の全部または一部を納付しなければなりません。

(1) 申告期限後5年以内に、経営承継相続人等が代表権を有しないこととなった場合

(2) 申告期限後5年間の平均で、相続開始時の雇用の8割を維持できなかった場合

(3) 申告期限後5年以内に、経営承継相続人等及び経営承継相続人等と特別の関係がある者（経営承継相続人等の親族など一定の者）が保有する議決権数の合計が、総議決権数の50％以下となった場合

(4) 申告期限後5年以内に、経営承継相続人等と特別の関係がある者のうちの1人が、経営承継相続人等を超える議決権数を有することとなった場合

(5) 経営承継相続人等が納税猶予の適用を受けた非上場株式等の全部または一部を譲渡等した場合

⑹ 納税猶予の対象となっている会社が解散をした場合または解散を したとみなされた場合

⑺ 納税猶予の対象となっている会社が資産保有型会社または資産運 用型会社で一定のものに該当することとなった場合

⑻ 納税猶予の対象となっている会社の事業年度における総収入金額 （営業外収益及び特別利益を除きます。）が零となった場合

⑼ 上記の⑴から⑻のほか、会社の円滑な事業の運営に支障を及ぼす おそれがある一定の事由に該当することとなった場合

❷ 納付すべき税額に係る利子税

上記❶により納付する相続税額については、相続税の申告期限の翌日 から納税猶予の期限までの期間（日数）に応じて年3.6%の割合で利子 税がかかります。

利子税の計算に当たり、各年の特例基準割合が7.3%に満たない場合 は、以下のとおりとなります。

3.6%×特例基準割合÷7.3% [注] 0.1%未満の端数は切り捨て

（例） 特例基準割合が1.8%の場合…0.8%
（平成29年中は1.7%、平成30年中は1.6%）

第7章

贈与税の課税関係

7-1　贈与税の課税のあらまし（暦年課税）

Q 父から父の経営する非上場会社の株式の贈与を受けた場合の原則的な課税関係について教えてください。

A 贈与を受けた非上場株式も含め、その年の1月1日から12月31日までの間に贈与を受けた財産の価額の合計額が基礎控除額の110万円を超える場合には贈与税の申告が必要です。この場合、基礎控除額を控除した残額に対して累進税率を適用して贈与税額を計算します。

解 説

❶　贈与財産の価額から控除する金額

「暦年課税」は、1年間に贈与を受けた財産の価額の合計額が基礎控除額110万円を超える場合に申告が必要となります。

❷　適用税率

1年間に贈与を受けた財産の価額の合計額（課税価格）から基礎控除額（110万円）を控除した残額（基礎控除後の課税価格）について、贈与者と受贈者との続柄及び受贈者の年齢に応じて、「贈与税の速算表」により「一般税率」または「特例税率」のいずれかを適用して贈与税額を計算します。

(1) 一般税率

　直系尊属（父母や祖父母など）以外の贈与者から財産の贈与を受けた場合や受贈者が贈与の年の1月1日において20歳未満である場合には、「一般税率」を適用して贈与税額を計算します。この「一般税率」の適用がある財産を「一般贈与財産」といいます。

(2) 特例税率

　直系尊属である贈与者から財産の贈与を受け、かつ、受贈者が贈与の年の1月1日において20歳以上である場合には、「特例税率」を適用して贈与税額を計算します。この「特例税率」の適用がある財産を「特例贈与財産」といいます。

(3) 計算方法（例）

○　一般贈与財産（100万円）と特例贈与財産（400万円）の両方の贈与を受けた場合

　①　1年間に贈与を受けた一般贈与財産の価額と特例贈与財産の価額の合計額（合計贈与価額）を計算します。

合計贈与価額　500万円

100万円	400万円

一般贈与財産の価額
100万円
　特例贈与財産の価額
400万円

　②　合計贈与価額から基礎控除額（110万円）を控除した残額（基礎控除後の課税価格）について【速算表（一般贈与財産用）】により計算した金額に、一般贈与財産の価額が合計贈与価額のうちに占める割合を乗じて、一般贈与財産に対応する贈与税額を計算します。

合計贈与価額　500万円

110万円	390万円

（基礎控除額）　（基礎控除後の課税価格）　（一般税率）　（控除額）　（税額）
　　　　　　　　390万円　　　×　　20%　−　25万円　=　53万円
（税額）　（一般贈与財産の価額が占める割合）　（一般贈与財産に対応する贈与税額）
53万円　×　　100万円　/　500万円　　=　　10.6万円　　……イ

③　②と同様に、合計贈与価額から基礎控除額（110万円）を控除した残額（基礎控除後の課税価格）について【速算表（特例贈与財産用）】により計算した金額に、特例贈与財産の価額が合計贈与価額のうちに占める割合を乗じて、特例贈与財産に対応する贈与税額を計算します。

（基礎控除後の課税価格）　（特例税率）　（控除額）　　（税額）
　　　390万円　　　×　　15%　−　10万円　=　48.5万円
　（税額）　（特例贈与財産の価額が占める割合）（特例贈与財産に対応する贈与税額）
48.5万円　×　　400万円　/　500万円　　　=　　38.8万円　　……ロ

④　②と③で算出した税額を合計し、贈与税額を計算します。

　　10.6万円（イ）+　38.8万円（ロ）=　49.4万円（贈与税額）

贈与税の速算表（平成27年分以降用）

【速算表（一般贈与財産用）】

基礎控除後の課税価格	200万円以下	300万円以下	400万円以下	600万円以下	1,000万円以下	1,500万円以下	3,000万円以下	3,000万円超
一般税率	10%	15%	20%	30%	40%	45%	50%	55%
控除額（一般税率）	−	10万円	25万円	65万円	125万円	175万円	250万円	400万円

【速算表（特例贈与財産用）】

基礎控除後の課税価格	200万円以下	400万円以下	600万円以下	1,000万円以下	1,500万円以下	3,000万円以下	4,500万円以下	4,500万円超
特例税率	10%	15%	20%	30%	40%	45%	50%	55%
控除額（特例税率）	−	10万円	30万円	90万円	190万円	265万円	415万円	640万円

❸ 非上場株式等の評価

非上場株式等の価額は、その取得後の議決権数に基づき評価通達の定めるところにより評価します（第1章から第5章を参照）。

❹ 留意点

個人間の贈与の場合は、所得税の課税関係は生じませんが、贈与を受けた非上場株式等は、株式等の譲渡所得の計算上、あなた（受贈者）が引き続き所有していたものとみなされますので、今後、贈与を受けた株式を譲渡した場合の株式等の譲渡所得の計算上控除される取得費は、お父さんが取得した際の実際の価額があなたに引き継がれ、その金額を基礎として計算することとなります（所法60）。

相続時精算課税のしくみ

Q 相続時精算課税について教えてください

....

A　特定の贈与者から贈与を受けた財産について暦年課税に代えて相続時精算課税を選択した場合には、その贈与者から1年間に贈与を受けた相続時精算課税適用財産の価額の合計額（課税価格）から相続時精算課税の特別控除額を控除した残額に20%の税率を乗じて贈与税額を計算します。

　相続時精算課税の特別控除額とは、次のうちいずれか低い金額をいいます。

①　2,500万円（前年までにこの相続時精算課税の特別控除額を使用した場合には、2,500万円から既に使用した額を控除した残額）

②　相続時精算課税を選択した贈与者ごとの贈与税の課税価格

解 説

❶　概要

　特定の贈与者から贈与を受けた財産について暦年課税に代えて相続時精算課税を選択した場合には、その贈与者から1年間に贈与を受けた相続時精算課税適用財産の価額の合計額を基に贈与税額を計算し、将来その贈与者が亡くなった時にその相続時精算課税適用財産の価額（贈与時の時価）と相続または遺贈を受けた財産の価額（相続時の時価）の合計額を基に計算した相続税額から、既に支払った相続時精算課税適用財産に係る贈与税相当額を控除した金額をもって納付すべき相続税額とする方式です（その控除により控除しきれない金額がある場合には、相続税の申

告をすることにより還付を受けることができます。)。

　相続時精算課税を選択した場合には、その財産の価額が110万円以下であっても贈与税の申告をする必要があります。また、申告に際しては次の点に注意してください。

① この方式は、贈与者ごとに選択することができます。

② この方式を選択した場合には、その選択に係る贈与者から贈与を受ける財産については、その選択をした年分以降すべて相続時精算課税が適用され、暦年課税への変更はできません。

❷ 相続時精算課税のしくみ

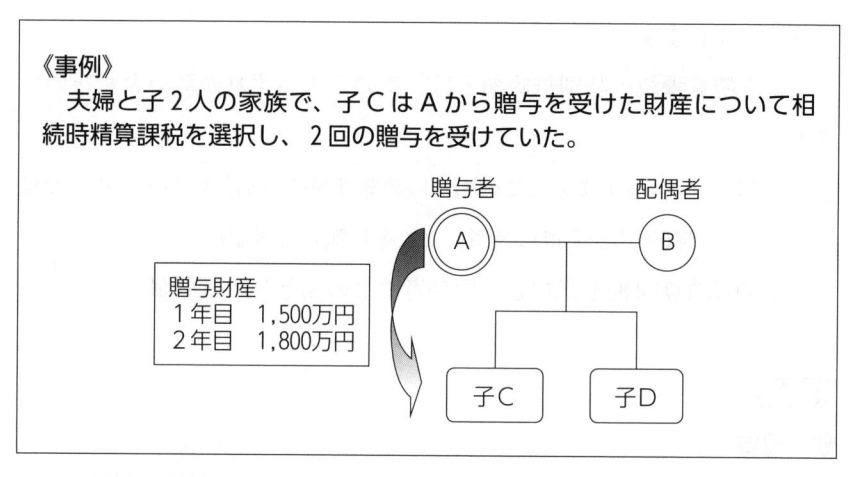

《事例》
　夫婦と子2人の家族で、子CはAから贈与を受けた財産について相続時精算課税を選択し、2回の贈与を受けていた。

贈与者　　　　　配偶者

贈与財産
1年目　1,500万円
2年目　1,800万円

A　　　　　B

子C　　　子D

　この場合の贈与税と相続税の計算の流れを示すと次ページのようになります。

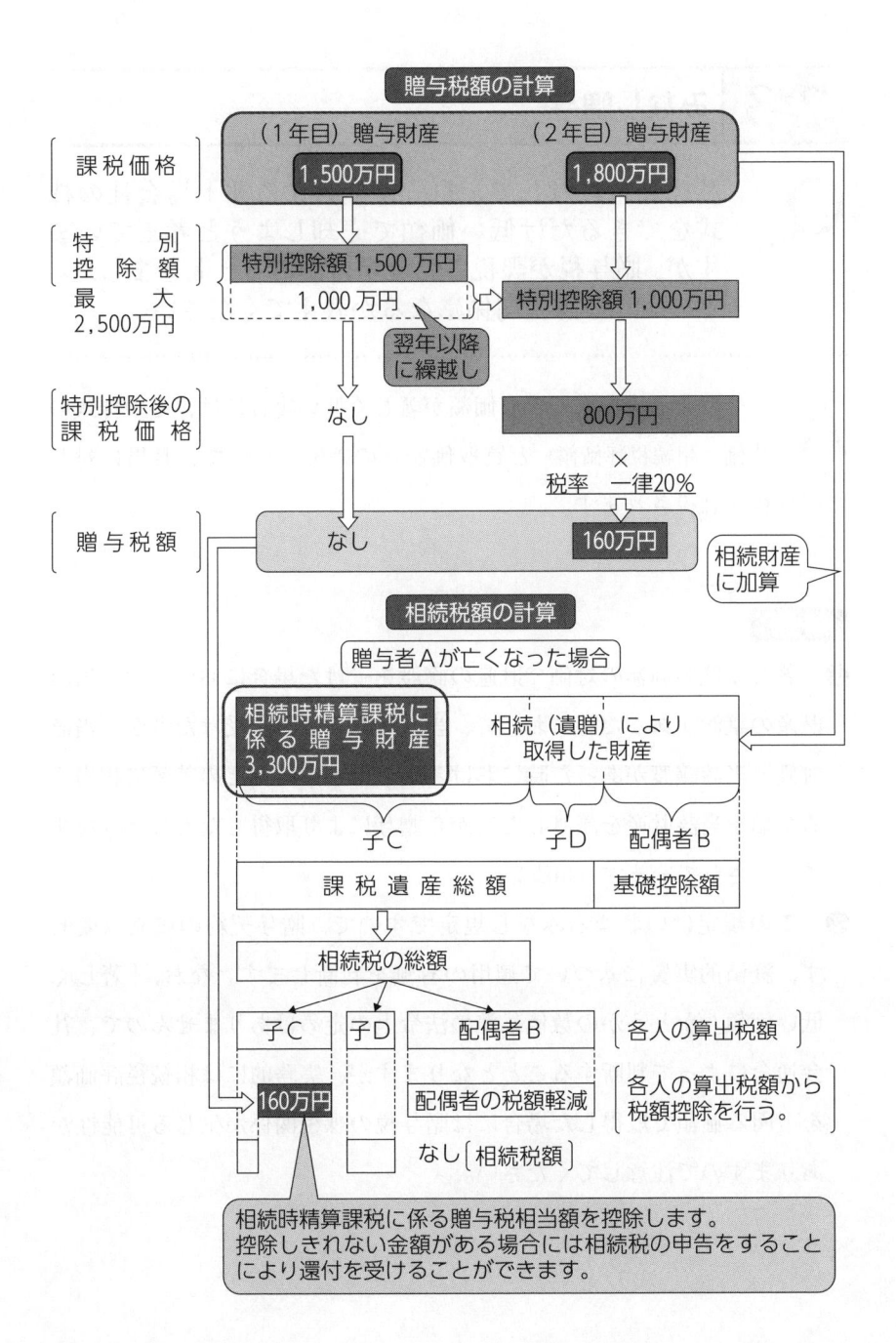

7-3 みなし贈与

Q 私は長男に対して、自分が経営する非上場会社の株式をできるだけ低い価額で売却しようと考えていますが、贈与税が課税される場合があると聞きました。どのような課税関係になるか教えてください。

A その非上場株式の買取価額が著しく低い場合には、その株式の時価（相続税評価額）と買取価額との差額について、長男に対して贈与税が課税されます。

解説

❶ 著しく低い価額の対価で財産の譲渡を受けた場合においては、当該財産の譲渡があった時において、当該財産の譲渡を受けた者が、当該対価と当該譲渡があった時における当該財産の時価との差額に相当する金額を当該財産を譲渡した者から贈与により取得したものとみなすこととされています（相法7）。

❷ この規定はいわゆるみなし規定ですので、贈与契約の成立は要せず、経済的実質に基づいて適用の有無を判断します。なお、「著しく低い価額」かどうかの数値基準の法令上の定めはありませんので、社会通念によって判断することとなりますが、実務的には相続税評価額を下回る価額で取得した場合には贈与税の課税関係が生じる可能性がありますので注意してください。

【参考判決：東京地裁 H19.1.31】

　同条（編注：相続税法7条）の趣旨は、法律的にみて贈与契約によって財産を取得したのではないが、経済的にみて当該財産の取得が著しく低い対価で行われた場合に、その対価と時価との差額については実質的には贈与があったとみることができることから、この経済的実質に着目して、税負担の公平の見地から課税上はこれを贈与とみなすというものである。そして、同条は、財産の譲渡人と譲受人との関係について特段の要件を定めておらず、また、譲渡人あるいは譲受人の意図あるいは目的等といった主観的要件についても特段の規定を設けていない。このような同条の趣旨及び規定の仕方に照らすと、著しく低い価額の対価で財産の譲渡が行われた場合には、それによりその対価と時価との差額に担税力が認められるのであるから、税負担の公平という見地から同条が適用されるというべきであり、租税回避の問題が生ずるような特殊な関係にあるか否かといった取引当事者間の関係及び主観面を問わないものとするのが相当である。

---

❸　みなし贈与については、上記の著しく低い価額の対価での財産の譲受けのほか、次のような場合も該当します（相法7、9）。

(1)　対価を支払わないで、または著しく低い対価で債務の免除、引受け等による利益を受けた場合

(2)　同族会社の株式または出資の価額が、例えば、次に該当して増加したとき

①　会社に対して無償で財産の提供があった場合

②　時価よりも著しく低い価額で現物出資があった場合

③　対価を支払わないで会社の債務の免除、引受けまたは弁済があった場合

④　会社に対し時価より著しく低い価額の対価で財産の譲渡をした場合

7-4 非上場株式等についての贈与税の納税猶予(一般措置)① —あらまし—

Q 非上場株式等についての贈与税の納税猶予の特例のあらましについて教えてください。

A 後継者である受贈者が贈与により、円滑化法の認定を受ける非上場会社の株式等を贈与者（先代経営者）から全部または一定以上を取得し、その会社を経営していく場合には、その後継者が納付すべき贈与税のうち、その株式等（発行済株式数の2/3が上限です。）に対応する贈与税の全額の納税が猶予され、先代経営者の死亡等により、納税が猶予されている贈与税の納付が免除されます。

解説

後継者である受贈者（「経営承継受贈者」といいます。）が、贈与により、都道府県知事の円滑化法の認定を受ける非上場会社の株式等を先代経営者である贈与者から全部または一定数以上を取得し、その会社を経営していく場合には、その経営承継受贈者が納付すべき贈与税のうち、その非上場株式等（発行済株式数の2/3が上限です。）に対応する贈与税の納税が猶予されます（猶予される贈与税額を「非上場株式等納税猶予税額」といいます。）。

この非上場株式等納税猶予税額は、先代経営者や経営承継受贈者が死亡した場合などにはその全部または一部が免除されます。なお、免除されるときまでに納税猶予の適用を受けた非上場株式等を譲渡するなど一定の場合には、非上場株式等納税猶予税額の全部または一部を利子税と併せて納付する必要があります。

(注) 「円滑化法の認定」とは、中小企業における経営の承継の円滑化に関

する法律（以下「円滑化法」といいます。）12条 1 項の認定をいいます。

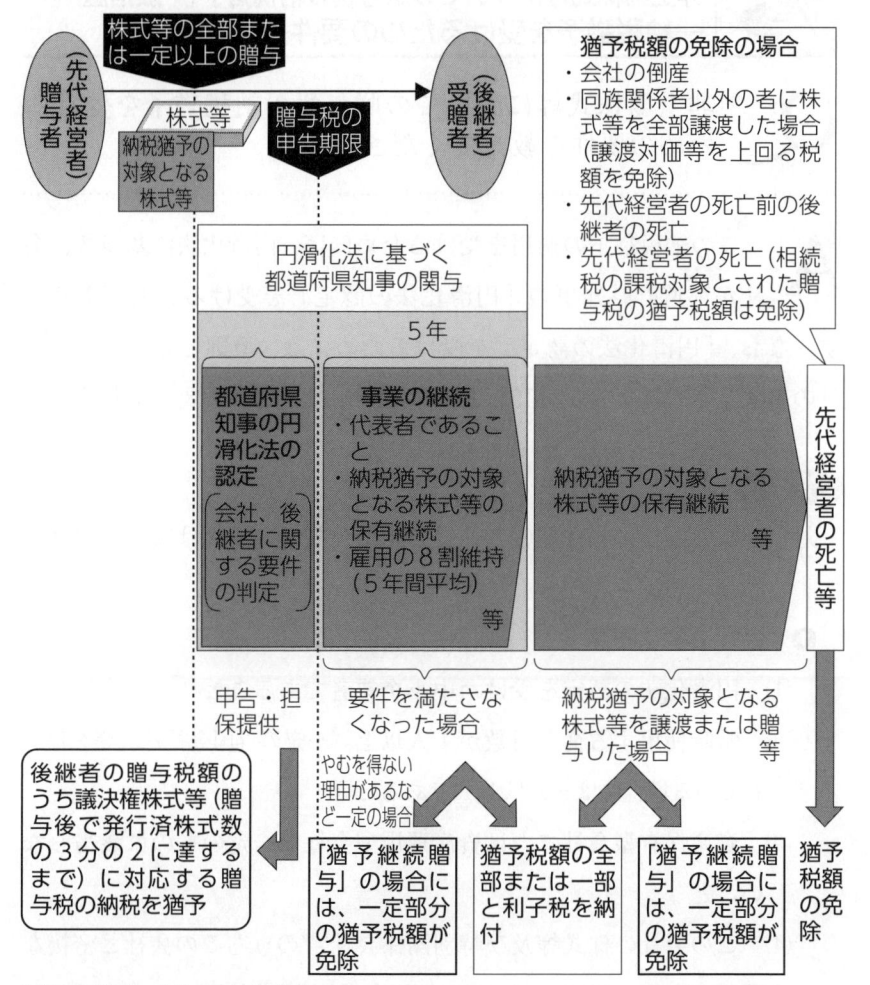

出典：国税庁ホームページを基に作成

（注）　平成30年度税制改正で先代経営者以外の者からの贈与も納税猶予の対象とされました。

7-5 非上場株式等についての贈与税の納税猶予(一般措置)② ―納税猶予を受けるための要件―

Q 非上場株式等についての贈与税の納税猶予を受けるための要件を教えてください。

A この納税猶予の適用を受けるためには、円滑化法に基づき、会社が都道府県知事の「円滑化法の認定」を受ける必要があります。なお、「円滑化法の認定」を受けるためには、原則として、贈与の日の属する年の翌年の1月15日までにその申請を行う必要があります。

解説

対象となる会社、先代経営者、経営承継受贈者の要件は次のとおりです。

❶ 会社の主な要件

(1) 円滑化法の認定を受けた中小企業者であること

(2) 常時使用する従業員数が1人以上(一定の外国会社株式等を保有している場合には5人以上)であること

(3) 資産保有型会社または資産運用型会社で一定のものに該当しないこと

(4) この会社の株式等及び特別関係会社(注)のうちこの会社と密接な関係がある一定の会社(以下「特定特別関係会社(注)」といいます。)が非上場会社であること

　(注)　「特別関係会社」とは、この会社と租税特別措置法施行令40条の8第6項で定める特別の関係のある会社をいいます。

(5) この会社及び特定特別関係会社が風俗営業会社ではないこと

(6) この会社の特定特別関係会社が中小企業者であること

(7)　贈与の日の属する事業年度の直前の事業年度（贈与の日が事業年度の末日である場合には、その事業年度及びその直前の事業年度）の総収入金額（営業外利益及び特別利益以外のものに限ります。）が零ではないこと

(8)　経営承継受贈者以外の者が会社法108条1項8号に規定する種類の株式（拒否権付株式）を有していないこと

(9)　贈与の日前3年以内に一定の者から受けた現物出資等資産の割合が総資産の70％未満であること

❷　先代経営者等である贈与者の主な要件

(1)　次に掲げる要件のすべてを満たす者

　①　贈与前のいずれかの日において会社の代表権（制限が加えられた代表権を除きます。）を有していたことがあること

　②　贈与の時において会社の代表権を有していないこと

　③　贈与直前において、先代経営者及び先代経営者と特別の関係がある者（先代経営者の親族など一定の者）で総議決権数の50％超の議決権数を保有し、かつ、経営承継受贈者を除いたこれらの者の中で最も多くの議決権数を保有していたこと

(2)　既に旧納税猶予制度の適用を受けている者がいる場合等には次の者（平成30年度改正で追加）

　・贈与の時において代表権を有していないこと

❸　経営承継受贈者の主な要件

贈与の時において、次の要件を満たす必要があります。

(1)　20歳以上であること

(2)　会社の代表権を有していること

(3)　受贈者及び受贈者と特別の関係がある者（受贈者の親族など一定の者）で総議決権数の50％超の議決権数を保有し、かつ、これ

　　　らの者の中で最も多くの議決権数を保有することとなること

(4)　贈与税の申告期限まで特例の適用を受ける非上場株式等のすべ
　　てを保有していること

(5)　役員等に就任して3年以上経過していること

7-6 非上場株式等についての贈与税の納税猶予（一般措置）③ ―納税猶予の対象となる株式数と猶予税額―

Q 非上場株式等についての贈与税の納税猶予の対象となる株式数と猶予税額について教えてください。

A 非上場株式についての贈与税の納税猶予の対象となる株式数は発行済数式等の総数の 2 / 3 を上限とし、納税が猶予される贈与税額は相続税のように80％相当額ではなく、全額が対象となります。

解説

❶ 納税猶予の対象となる非上場株式等の数は、次のＡ、Ｂ、Ｃの数を基に⑴または⑵の区分の場合に応じた数が限度となります。

「Ａ」…先代経営者等が贈与直前に保有する非上場株式等の数

「Ｂ」…経営承継受贈者が贈与前から保有する非上場株式等の数

「Ｃ」…贈与時の発行済株式等の総数

⑴ 「Ａ＋Ｂ＜Ｃ×2/3」の場合　　Ａ

⑵ 「Ａ＋Ｂ≧Ｃ×2/3」の場合　　Ｃ×2/3－Ｂ

なお、納税猶予の適用を受けるためには、この限度数以上の数の非上場株式等の贈与を受ける必要があります（⑴の場合はＡの全部）。

(注)1　経営承継受贈者が贈与前から発行済株式数の 2/3 以上を所有していた場合には、納税猶予の適用はありません。

　　2　新納税猶予制度における取得株数要件はＱ8-4参照。

❷ 納税が猶予される贈与税の額

贈与税の納税猶予額は、納税猶予を受ける非上場株式等の数に対応する価額から基礎控除額（110万円）を控除した残額に贈与税の税率を適用して計算した額となります。

（注）　その非上場株式等を発行する会社またはその会社と特別の関係にある一定の会社が、一定の外国会社もしくは一定の上場会社の株式等または医療法人の出資を有するときには納税が猶予される贈与税額の計算の基となる非上場株式等の価額は、その外国会社もしくは上場会社の株式等または医療法人の出資を有していなかったものとして計算した金額となります。

＜納税が猶予される贈与税などの計算方法＞

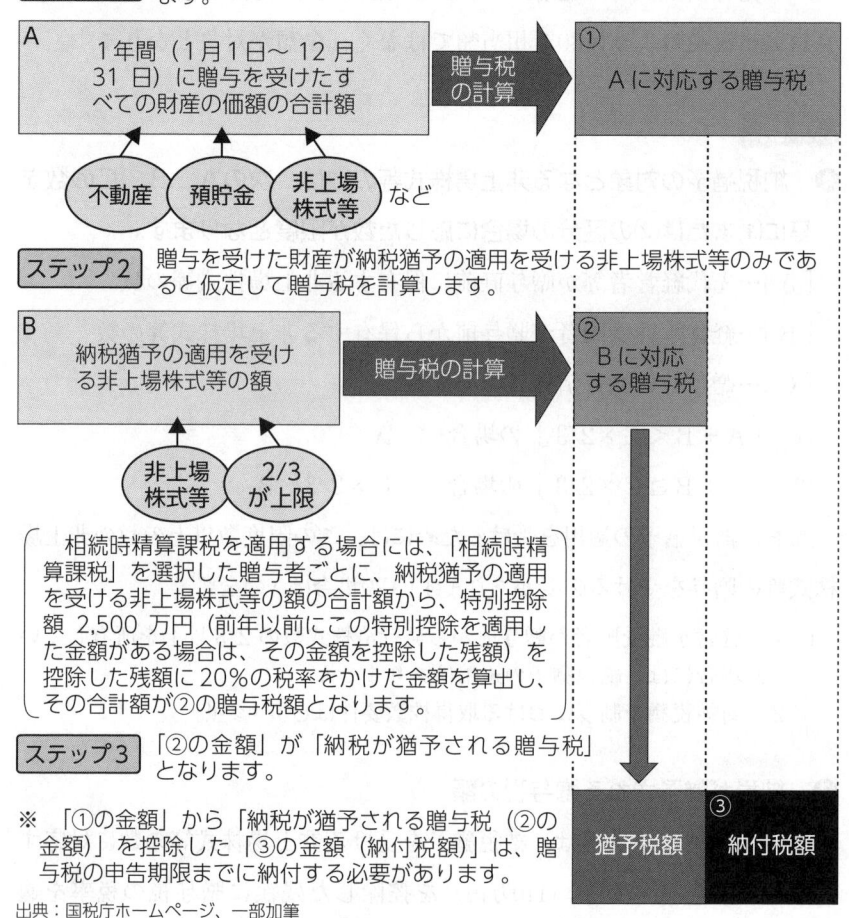

ステップ1　贈与を受けたすべての財産の価額の合計額に基づき贈与税を計算します。

ステップ2　贈与を受けた財産が納税猶予の適用を受ける非上場株式等のみであると仮定して贈与税を計算します。

> 　相続時精算課税を適用する場合には、「相続時精算課税」を選択した贈与者ごとに、納税猶予の適用を受ける非上場株式等の額の合計額から、特別控除額 2,500 万円（前年以前にこの特別控除を適用した金額がある場合は、その金額を控除した残額）を控除した残額に20％の税率をかけた金額を算出し、その合計額が②の贈与税額となります。

ステップ3　「②の金額」が「納税が猶予される贈与税」となります。

※　「①の金額」から「納税が猶予される贈与税（②の金額）」を控除した「③の金額（納付税額）」は、贈与税の申告期限までに納付する必要があります。

出典：国税庁ホームページ、一部加筆

7-7 非上場株式等についての贈与税の納税猶予（一般措置）④ ―手続―

Q 非上場株式等についての贈与税の納税猶予の手続について教えてください。

A 非上場株式等についての贈与税の納税猶予に関する手続は、特例の適用を受けるための手続と納税猶予期間中の手続に分かれます。

具体的には解説のとおりです。

解 説

❶ 納税猶予を受けるための手続

(1) この納税猶予を受ける旨を記載した贈与税の申告書をその申告期限までに提出するとともに、その申告書に特例の適用を受ける非上場株式等の明細や納税猶予分の贈与税額の計算書など一定の事項を記載した書類を添付する必要があります。

(2) 上記(1)の申告書の提出期限までに非上場株式等納税猶予税額及び利子税の額に見合う担保を提供する必要があります。なお、納税猶予の適用を受ける非上場株式等のすべてを担保として提供した場合には、非上場株式等納税猶予税額及び利子税の額に見合う担保の提供があったものとみなされます。

❷ 納税猶予期間中の手続

引き続きこの納税猶予を受ける旨や納税猶予の対象となる非上場株式等を発行している会社の経営に関する事項等を記載した「非上場株式等についての贈与税の納税猶予の継続届出書」を原則として、贈与税の申告期限後の 5 年間は毎年、5 年経過後は 3 年ごとに所轄税務署へ提出す

る必要があります。

　なお、継続届出書の提出がない場合には、原則として、この納税猶予の適用が打ち切られ、非上場株式等納税猶予税額と利子税を納付しなければなりません。

7-8 非上場株式等についての贈与税の納税猶予(一般措置)⑤ ―猶予税額の納付が免除される場合―

Q 非上場株式等についての贈与税の納税猶予で納付が免除される場合について教えてください。

A 先代経営者等が死亡した場合など一定の場合に該当したときには、非上場株式等納税猶予税額の全部または一部の納付が免除されます。

解説

❶ 先代経営者等である贈与者が死亡した場合

死亡の日から同日以後10か月を経過する日までに「免除届出書（死亡免除）」を贈与税の納税地を所轄する税務署長に提出する必要があります。

また、この場合、先代経営者等に係る相続税については、贈与税の納税猶予を受けた一定の非上場株式等を経営承継受贈者が相続または遺贈により取得したものとみなして、贈与時の価額を基礎として他の相続財産と合算して計算することになります。

なお、その際、一定の要件を満たす場合に、その相続または遺贈により取得したとみなされた非上場株式等（一定の部分に限ります。）について相続税の納税猶予を受けることができます。

❷ 先代経営者等である贈与者の死亡前に経営承継受贈者が死亡した場合

この場合、死亡の日から同日以後6か月を経過する日までに「免除届出書（死亡免除）」を贈与税の納税地を所轄する税務署長に提出する必要があります。

❸ **申告期限後5年以内に、経営承継受贈者が会社の代表権を有しないこととなった場合（身体障害等のやむを得ない理由に限ります。）において、その有しなくなった日以後に、その経営承継受贈者が納税猶予の適用を受けた非上場株式等につき後継者に贈与し、その後継者が贈与税の納税猶予の適用を受ける場合**

この場合、その後継者が、贈与を受けた非上場株式等について、贈与税の納税猶予制度の適用に係る申告書を提出した日以後6か月を経過する日までに、経営承継受贈者は、「免除届出書」を贈与税の納税地を所轄する税務署長に提出する必要があります。

❹ **申告期限後5年を経過した後に、経営承継受贈者が後継者へ納税猶予の適用を受けた非上場株式等を贈与した場合において、その後継者が贈与税の納税猶予の適用を受ける場合**

この場合、その後継者が、贈与を受けた非上場株式等について、贈与税の納税猶予制度の適用に係る申告書を提出した日以後6か月を経過する日までに、経営承継受贈者は、「免除届出書」を贈与税の納税地を所轄する税務署長に提出する必要があります。

❺ **申告期限後5年を経過した後に、次に掲げるいずれかに該当した場合**

この場合、一定の免除事由に該当することなった日から2か月を経過する日までに「免除申請書」を贈与税の納税地を所轄する税務署長に提出する必要があります。

(1) 経営承継受贈者が納税猶予の適用を受けた非上場株式に係る会社の株式等の全部を譲渡または贈与した場合（その経営承継受贈者の同族関係者（経営承継受贈者の親族など一定の者）以外の一定の者に対して行う場合や民事再生法または会社更生法の規定による許可を受けた計画に基づき株式等を消却するために行う場合に限ります。）

(2)　納税猶予の適用を受けた非上場株式等に係る会社について破産手続開始の決定または特別清算開始の命令があった場合

(3)　納税猶予の適用を受けた非上場株式等に係る会社が合併により消滅した場合で一定の場合

(4)　納税猶予の適用を受けた非上場株式等に係る会社が株式交換等により他の会社の株式交換完全子会社等となった場合で一定の場合

(5)　民事再生計画の認可決定等があった場合で会社の資産評定が行われたとき

7-9 非上場株式等についての贈与税の納税猶予（一般措置）⑥ ―納税猶予税額の納付をすることとなる場合―

Q 非上場株式等についての贈与税の納税猶予で納税猶予税額を納付する場合について教えてください。

A 申告期限後5年間の平均で雇用の8割を維持できなかった場合、経営承継受贈者が納税猶予の適用を受けた非上場株式等を譲渡した場合など以下に掲げる場合に該当することとなったときには、納税猶予税額の全部または一部を納付しなければなりません。

解説

❶ 非上場株式等納税猶予税額を納付しなければならない場合

次のいずれかに該当することとなった場合には、その非上場株式等納税猶予税額の全部または一部を納付しなければなりません。

(1) 申告期限後5年以内に、経営承継受贈者が代表権を有しないこととなった場合（一定のやむを得ない理由がある場合を除きます。）

(2) 申告期限後5年間の平均で、贈与時の雇用の8割を維持できなかった場合

(3) 申告期限後5年以内に、経営承継受贈者及び経営承継受贈者と特別の関係がある者（経営承継受贈者の親族など一定の者）が保有する議決権数の合計が、総議決権数の50％以下となった場合（一定のやむを得ない理由がある場合において、経営承継受贈者が非上場株式等についての贈与税の納税猶予に係る贈与をしたときを除きます。次の(4)及び(5)において同じです。）

(4) 申告期限後5年以内に、経営承継受贈者と特別の関係がある者のうちの1人が、経営承継受贈者を超える議決権数を有することと

　なった場合

(5)　経営承継受贈者が特例の適用を受けた非上場株式等の全部または
　　一部を譲渡等した場合

(6)　特例の対象となっている会社が解散をした場合または解散をした
　　とみなされた場合

(7)　特例の対象となっている会社が資産保有型会社または資産運用型
　　会社で一定のものに該当することとなった場合

(8)　特例の対象となっている会社の事業年度における総収入金額（営
　　業外収益及び特別利益を除きます。）が零となった場合

(9)　上記(1)から(8)のほか、会社の円滑な事業の運営に支障を及ぼすお
　　それがある一定の事由に該当することとなった場合

❷　納付すべき税額に係る利子税

　上記(1)により納付する贈与税額については、贈与の申告期限の翌日か
ら納税猶予の期限までの期間（日数）に応じて年3.6%の割合で利子税
がかかります。

　利子税の計算に当たり、各年の特例基準割合7.3%に満たない場合
は、以下のとおりとなります。

> 3.6%×特例基準割合÷7.3% [注] 0.1%未満の端数は切り捨て

　（例）　特例基準割合が1.8%の場合…0.8%
　　　　（平成29年中は1.7%、平成30年中は1.6%）

○贈与税の納税猶予と相続時精算課税制度との併用（平成29年度改正）

【事例】・総議決権株式数1万株、1株3万円、株価総額3億円。
・先代経営者は株式全体の2/3（2億円）を保有しており、後継者へ当該株式の全株を移転する。その他の資産なし。
・相続人は後継者1名のみ。

①【相続により自社株式を取得した場合】

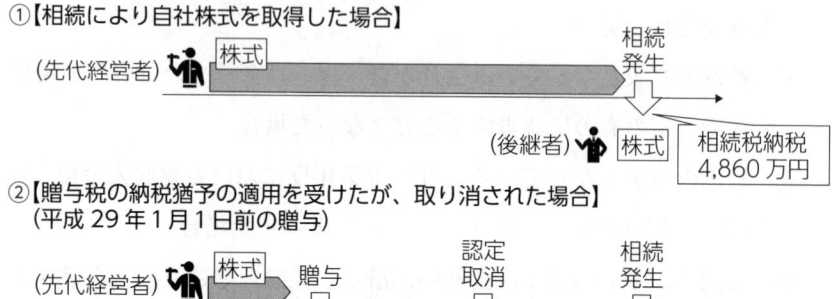

②【贈与税の納税猶予の適用を受けたが、取り消された場合】
（平成29年1月1日前の贈与）

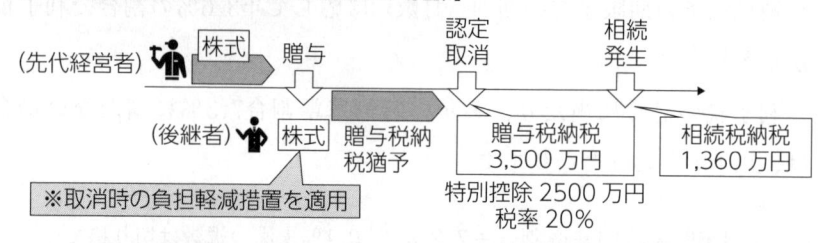

③【贈与税の納税猶予の適用を受けたが、取り消された場合
（相続時精算課税制度との併用を認める場合）】

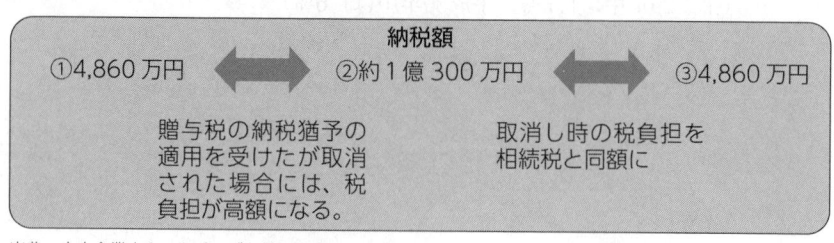

特別控除2500万円
税率20%

※納付税額は、先代経営者の息子が後継者になることを前提に算出。（利子税は考慮外）
※親族外承継の場合、親族外の後継者には相続税額の2割に相当する金額が加算される。また、贈与税額も高くなるケースがある。

納税額		
①4,860万円	②約1億300万円	③4,860万円
	贈与税の納税猶予の適用を受けたが取消された場合には、税負担が高額になる。	取消し時の税負担を相続税と同額に

出典：中小企業庁ホームページを基に作成

7-10　非上場株式等についての納税猶予制度の組合せ

Q 事業承継に関して非上場株式等についての贈与税・相続税の納税猶予の適用を考えていますが、どのように組合せていけばいいのかを教えてください。

A 事業承継に関して非上場株式等についての贈与税・相続税の納税猶予の適用をお考えとのことですが、例えば、下記のような組合せが考えられます。

解説

　事業承継は、その対象会社の状況、先代と後継者の関係など様々な要素を勘案して検討しますので、一概にその適用順序を示すことはできませんが、例えば、贈与から入った場合の流れを示すと次のとおりです。

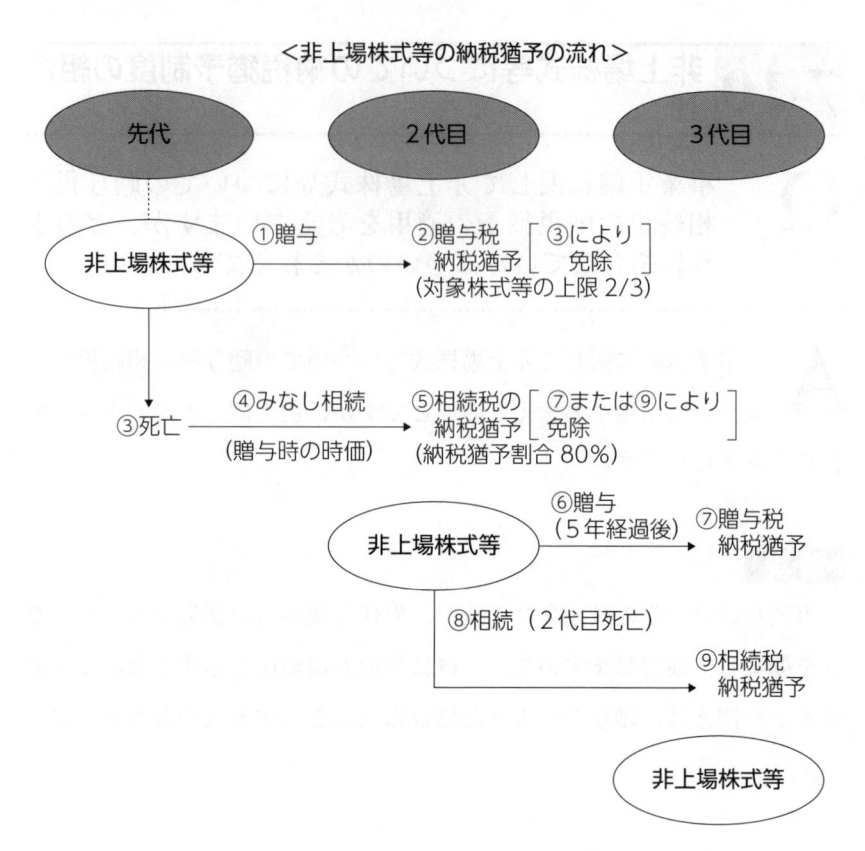

＜非上場株式等の納税猶予の流れ＞

（参考）

　非上場株式等の「贈与→みなし相続→贈与（または相続）」という流れの中で、対象株式等の上限が2/3であること及び相続税の納税猶予割合が80％とされていることから、税負担を伴うこととされています。このため、円滑な事業承継のため10年間の限定で、贈与時や相続時に税負担の伴わない、新しい納税猶予制度が創設されました（次章参照）。

第8章

新しい納税猶予制度の創設（特例措置）

8-1 新しい非上場株式等についての贈与税・相続税の納税猶予制度のあらまし

Q 新しく創設された非上場株式等についての贈与税・相続税の納税猶予制度は、どのようなものでしょうか。また従来の納税猶予制度と比べてどこが違うのですか。

A 新しい非上場株式等についての贈与税・相続税の納税猶予制度（以下、「新納税猶予制度」）は、平成30年１月１日から平成39年12月31日までの10年間限定で、この間に贈与または相続もしくは遺贈により取得する財産に係る贈与税または相続税について適用されます。

改正点のポイントは、①納税猶予対象株式数の上限（議決権株式総数の2/3）を撤廃（贈与・相続共通）、②相続税の納税猶予における納税猶予割合（80％）を100％に拡大（相続）、③経営承継期間（５年間）における雇用要件（５年間平均で80％の雇用維持）を満たさない場合でも納税猶予を継続（共通）、④株式売却時や自主廃業時に確定する納税猶予税額の計算を、売却額または自主廃業時の評価額を基に再計算し、承継時の株価を基として計算した納税猶予税額との差額を免除する（共通）、などとなっています。

解説

❶　平成30年度税制改正で、従来の非上場株式等についての贈与税・相

続税の納税猶予制度（以下「旧納税猶予制度」）を残したまま、10年間の限定で新納税猶予制度が新設されました。旧納税猶予制度との比較は下記の表のとおりです。これらのうち、最も注目すべきポイントは、納税猶予対象株式がすべての株式とされたこと及び相続税における納税猶予割合が100％とされたことです。

　これにより、例えば、①贈与（納税猶予）、②贈与者の死亡、③みなし相続（納税猶予）という適用関係の中で、旧納税猶予制度では、贈与時に納税猶予対象株式の上限が2/3までとされ、相続時に納税猶予割合が80％とされたことから、実質的には53％（2/3×80％）の納税猶予割合であったものが、新納税猶予制度では100％の猶予割合となっています（Q7−10参照）。

＜贈与税・相続税の非上場株式等についての納税猶予制度の改正内容（平成30年度）＞

	内容	原則制度（現行）	特例制度（新設）
①	納税猶予対象株式	発行済議決権株式総数の3分の2（上限）	すべての株式
	納税猶予税額（割合）	贈与税：全額（100％） 相続税：80％	贈与税：全額（100％） 相続税：全額（100％）
②	贈与者・被相続人の要件	代表権を有する（有していた）先代経営者1人	複数人（代表者以外の者を含む）可
	後継者の要件	代表権を有する後継者1人	代表権を有する複数人（最大3名）
③	雇用確保要件	経営承継期間内（5年間）の平均で8割	（実質撤廃） ・5年間の平均が8割を下回っても納税猶予を継続 ・雇用要件を満たせない理由を記載した書類を都道府県に提出することが必要

④	経営承継期間（5年）経過後の譲渡、合併、解散時等の減免措置	納税猶予税額を全額納付ただし、次に掲げる額が、納税猶予税額を下回る場合はその差額を免除 ・譲渡：譲渡時の時価または譲渡対価のいずれか高い額 ・合併：合併時の時価または合併対価のいずれか高い額 ・解散：全額納付	事業の継続が困難な事由が生じた場合において、譲渡、合併、解散等があったときはそれぞれに掲げる額を基に納付金額を再計算し、当該納付金額が当初の納税猶予税額を下回る場合はその差額を免除 ・譲渡：譲渡対価の額（時価の50％相当額が下限） ・合併：合併対価の額（時価の50％相当額が下限） ・解散：解散時の時価
⑤	相続時精算課税制度の適用対象者	贈与者：60歳以上の父母または祖父母 受贈者：20歳以上の贈与者の子または孫 ※年齢判定は贈与を受けた年の1月1日	左のほか、次の場合も相続時精算課税制度の対象に追加 贈与者：60歳以上の者 受贈者：贈与者の推定相続人以外の者である20歳以上の特例後継者 ※年齢判定は贈与を受けた年の1月1日

❷　新納税猶予制度は、適用期間が平成30年1月1日から平成39年12月31日までの10年間の贈与税または相続税が対象となりますが、平成30年4月1日から平成35年3月31日までの5年間に、「特例承継計画」を作成し、都道府県知事の確認を受ける必要があります。実際に贈与や相続が発生しなくても問題となることはありませんので、事業承継をお考えの方はまず、特例承認計画を策定してみることが大切です。

納税猶予を受けるための手続（贈与税）

納税猶予を受けるためには、「都道府県知事の認定」、「税務署への申告」の手続が必要となります。

提出先	● 提出先は「主たる事務所の所在地を管轄する都道府県庁」です。 ● 平成30年1月1日以降の贈与について適用することができます。

都道府県庁	承継計画の策定	● 会社が作成し、認定支援機関が所見を記載。 ※「承継計画」は、当該会社の後継者や承継時までの経営見通し等が記載されたものをいいます。 ● 平成35年3月31日まで提出可能。 ※平成35年3月31日までに相続・贈与を行う場合、相続・贈与後に承継計画を提出することも可能。
	贈与の実行	
	認定申請	● 贈与の翌年1月15日までに申請。 ● 承継計画を添付。
税務署	税務署へ申告	● 認定書の写しとともに、贈与税の申告書等を提出。 ● 相続時精算課税制度の適用を受ける場合には、その旨を明記

税務署	都道府県庁	申告期限後5年間	● 都道府県庁へ「年次報告書」を提出（年1回）。 ● 税務署へ「継続届出書」を提出（年1回）。
		5年経過後実績報告	● 雇用が5年平均8割を下回った場合には、満たせなかった理由を記載し、認定支援機関が確認。その理由が、経営状況の悪化である場合等には認定支援機関から指導・助言を受ける。
		6年目以降	● 税務署へ「継続届出書」を提出（3年に1回）。

認定支援機関とは、中小企業が安心して経営相談等が受けられるために専門知識や実務経験が一定レベル以上の者に対し、国が認定する公的な支援機関です。具体的には、商工会や商工会議所などの中小企業支援者のほか、金融機関、税理士、公認会計士、弁護士等が主な認定支援機関として認定されています。

納税猶予を受けるための手続（相続税）

納税猶予を受けるためには、「都道府県知事の認定」、「税務署への申告」の手続が必要となります。

| 提出先 | ● 提出先は「主たる事務所の所在地を管轄する都道府県庁」です。 ● 平成 30 年 1 月 1 日以降の相続について適用することができます。 |

都道府県庁	承継計画の策定	● 会社が作成し、認定支援機関が所見を記載。 ※「承継計画」は、当該会社の後継者や承継時までの経営見通し等が記載されたものをいいます。 ● 平成 35 年 3 月 31 日まで提出可能。 ※平成 35 年 3 月 31 日までに相続・贈与を行う場合、相続・贈与後に承継計画を提出することも可能。
	相続の開始	
	認定申請	● 相続の開始後 8 か月以内に申請。 ● 承継計画を添付。
税務署	税務署へ申告	● 認定書の写しとともに、相続税の申告書等を提出。
税務署	都道府県庁	申告期限後 5 年間	● 都道府県庁へ「年次報告書」を提出（年 1 回）。 ● 税務署へ「継続届出書」を提出（年 1 回）。
		5 年経過後実績報告	● 雇用が 5 年平均 8 割を下回った場合には、満たせなかった理由を記載し、認定支援機関が確認。その理由が、経営状況の悪化である場合等には認定支援機関から指導・助言を受ける。
		6 年目以降	● 税務署へ「継続届出書」を提出（3 年に 1 回）。

出典：中小企業庁ホームページ、一部加筆。

様式第21

施行規則第17条第2項の規定による確認申請書
（特例承継計画）

年　　月　　日

都道府県知事　殿

郵 便 番 号

会 社 所 在 地

会 　 社 　 名

電 話 番 号

代表者の氏名　　　　　　　印

　中小企業における経営の承継の円滑化に関する法律施行規則第17条第1項第1号の確認を受けたいので、下記のとおり申請します。

記

1　会社について

主たる事業内容	
資本金額又は出資の総額	円
常時使用する従業員の数	人

2　特例代表者について

特例代表者の氏名	
代表権の有無	□有　□無（退任日　年　月　日）

3　特例後継者について

特例後継者の氏名（1）	
特例後継者の氏名（2）	
特例後継者の氏名（3）	

4　特例代表者が有する株式等を特例後継者が取得するまでの期間における経営の計画について

株式を承継する時期（予定）	年　月　〜　　年　月
当該時期までの経営上の課題	
当該課題への対応	

5　特例後継者が株式等を承継した後5年間の経営計画

実施時期	具体的な実施内容
1年目	
2年目	
3年目	

4年目	
5年目	

（備考）

① 用紙の大きさは、日本工業規格 A4とする。

② 記名押印については、署名をする場合、押印を省略することができる。

③ 申請書の写し（別紙を含む）及び施行規則第17条第3項各号に掲げる書類を添付する。

④ 別紙については、中小企業等経営強化法に規定する認定経営革新等支援機関が記載する。

（記載要領）

① 「2 特例代表者」については、本申請を行う時における申請者の代表者（代表者であった者を含む。）を記載する。

② 「3 特例後継者」については、該当するものが一人又は二人の場合、後継者の氏名（2）の欄又は（3）の欄は空欄とする。

③ 「4 特例代表者が有する株式等を特例後継者が取得するまでの期間における経営の計画」については、株式等を特例後継者が取得した後に本申請を行う場合には、記載を省略することができる。

（別紙）

認定経営革新等支援機関による所見等

1　認定経営革新等支援機関の名称等

認定経営革新等支援機関の名称	印
（機関が法人の場合）代表者の氏名	
住所又は所在地	

2　指導・助言を行った年月日

　　　　　　　　年　　　月　　　日

3　認定経営革新等支援機関による指導・助言の内容

8-2　雇用要件を満さない場合の手続

Q 新納税猶予制度においては5年間平均の8割雇用維持要件が実質的に廃止されたと聞きました。どのような手続がいるのでしょうか。

A 5年間平均の8割雇用要件が満さない場合は、その満さない理由などを記載した報告書（認定経営革新等支援期間の意見が記載されたものに限ります。）を都道府県知事に提出し、確認を受けることとされています。

なお、その報告書及び確認書の写しは、継続届出書に添付することとされています。

解説

新納税猶予制度においては、経営承継期間内の雇用維持要件が達成できない場合でも、その満たさない理由を記載した書類（認定経営革新等支援機関の意見が記載されているものに限ります。）を都道府県知事に提出することによって、納税猶予期限が確定せず、納税猶予が継続します。

また、その理由が、経営状況の悪化または正当なものとは認められない場合には、認定経営革新等支援機関から指導及び助言を受けて、その書類にその内容を記載しなければなりませんので注意してください。

なお、旧納税猶予制度の適用が広がらない理由の一つといわれているこの雇用維持要件ですが、実態に合うようこれまで順次改正が行われてきていますので、旧納税猶予制度で同要件はそのままとされています。

（参考）

旧納税猶予制度における改正の経緯

創設時 （平成21年度改正）	平成25年度改正	平成29年度改正
承継後5年間、毎年8割の雇用を維持	承継後5年間平均で8割の雇用を維持	・従業員数の要件の計算上、端数を切り捨て ⇒小規模事業者に対する配慮 ・災害等の場合に雇用要件等を緩和

8-3 雇用要件以外の納税猶予期限の確定事由

Q 新納税猶予制度において、雇用維持要件が実質的に廃止されたようですが、納税猶予期限が確定する他の事由についてはどうなっていますか。

A 新納税猶予制度における雇用維持要件以外の納税猶予期限の確定事由については、旧納税猶予制度の猶予期限の確定事由と同様です。

解 説

旧納税猶予制度においては、次の事由が生じた場合には、納税猶予期限が確定することとされていますが、新納税猶予制度ではこのうち、雇用維持要件のみが実質的に廃止されました。しかし、他の納税猶予期限の確定事由は改正されていませんので、注意してください。

(1) 経営承継期間内（申告期限後5年以内）に、後継者が代表権を有しないこととなった場合

(2) 経営承継期間内の各年基準日の常時使用従業員数の平均が8割を維持できなかった場合　⇒新納税猶予制度においては実質的に廃止

(3) 経営承継期間内に、後継者及び後継者と特別の関係がある者（後継者の親族など一定の者）が保有する議決権数の合計が、総議決権数の50パーセント以下となった場合

(4) 経営承継期間内に、後継者と特別の関係がある者のうちの1人が、後継者を超える議決権数を有することとなった場合

(5) 後継者が特例の適用を受けた非上場株式等の全部または一部を譲渡等した場合

⑹ 認定承継会社が解散をした場合または解散をしたとみなされた場合

⑺ 認定承継会社が資産保有型会社または資産運用型会社で一定のもの
に該当することとなった場合

⑻ 認定承継会社の事業年度における総収入金額（営業外収益及び特別
利益を除きます。）が零となった場合

⑼ 上記のほか、会社の円滑な事業の運営に支障を及ぼすおそれがある
一定の事由に該当することとなった場合

8-4 夫婦から長男に非上場株式等を贈与する場合の贈与時期

Q 私は代表となっている非上場会社の株式を80％所有し、残り20％は妻（代表権は有していない）が所有しています。後継者は長男を考えています。この場合、贈与によって株式を移転し、新納税猶予制度の適用を受けようと考えていますが、贈与の順序はあるのでしょうか。

A 旧納税猶予制度では、先代経営者1人から後継者1人への移転が対象でしたが、新納税猶予制度では複数の者から複数の者（最大3人）への移転が可能となりました。ご照会の場合は、まず夫から長男に一定株数以上の贈与を行い、その後妻が長男に全株式の贈与を行う必要があります。この場合、妻の贈与は、新納税猶予制度の最初の適用を受ける贈与（夫）に係る贈与の日からその特例経営承継期間（5年間）の末日までの間に贈与税の申告書の提出期限が到来する贈与が対象となります。妻から長男への贈与は、夫から長男への贈与についての特例経営承継期間の末日までに贈与税の申告期限が到来するよう、贈与の時期を設定する必要があります。

解説

❶ 新納税猶予制度の対象となる先代経営者等である贈与者は、複数の者が対象となりますが、次の要件を満たす者をいいます。

(1) 会社の代表権を有していたこと

(2) 贈与の直前において、贈与者及び贈与者と特別の関係がある者で総議決権数の50％超の議決権数を保有し、かつ、後継者を除いたこれらの者のなかで最も多くの議決権数を保有していたこと

(3)　贈与の時において、会社の代表権を有していないこと

今回の夫婦での贈与について、この要件に当てはまるのは夫だけですので、まず、夫が長男に贈与する必要があります。これにより長男が新納税猶予制度の適用を受けた（受ける）場合には、妻の贈与者の要件については、上記(1)、(2)の要件は不要となりますので、これにより妻も新納税猶予制度の適用される贈与者に該当します。

❷　次に後継者である受贈者の要件は次のとおりです。

(1)　会社の代表権を有していること

(2)　20歳以上であること

(3)　役員就任から3年以上経過していること

(4)　後継者及び後継者と特別の関係がある者で総議決権数の50％超の議決権数を保有することとなること

(5)　後継者の有する議決権数が、次の①または②に該当すること

　①　後継者が1人の場合

　　　後継者と特別の関係がある者の中で最も多くの議決権数を保有することとなること

　②　後継者が2人または3人の場合

　　　総議決権数の10％以上の議決権数を保有し、かつ、後継者と特別の関係がある者（他の後継者を除きます。）の中で最も多くの議決権数を保有することとなること

❸　非上場株式等の取得株数要件

後継者は、次の(1)または(2)の区分に応じた一定数以上の非上場株式等を取得する必要があります。

(1)　後継者が1人の場合

　　次の①または②の区分に応じた株数

　①　$a \geq b \times 2/3 - c$ の場合…「$b \times 2/3 - c$」以上の株数

②　a＜b×2/3−cの場合…「a」のすべての株数

(2)　後継者が2人または3人の場合

次のすべてを満たす株数

①　d≧b×1/10

②　d＞贈与後における先代経営者等の有する会社の非上場株式等の数

> a：贈与の直前において先代経営者等が有していた会社の非上場株式等の数
> b：贈与の直前の会社の発行済株式等の総数
> c：後継者が贈与の直前において有していた会社の非上場株式等の数
> d：贈与後における後継者の有する会社の非上場株式等の数

今回の夫から長男への贈与については、(1)の①に当たりますので、発行済株式等の総数の2/3以上の株数の贈与が必要で、妻から長男への贈与については、(1)の②に当たりますので、すべての株数の贈与が必要となります。

❹　新納税猶予制度については、平成30年1月1日から平成39年12月31日までの間の非上場株式等の贈与または相続であることが要件となります。ただし、新納税猶予制度の適用を受けようとする者が、その会社の非上場株式等について既に新納税猶予制度の適用を受けている場合（夫から長男への贈与について適用を受けている場合）には、最初のその適用に係る贈与の日から特例経営承継期間の末日までの間に贈与税の申告期限が到来する非上場株式等の贈与であることが要件となります（次ページ参照）。

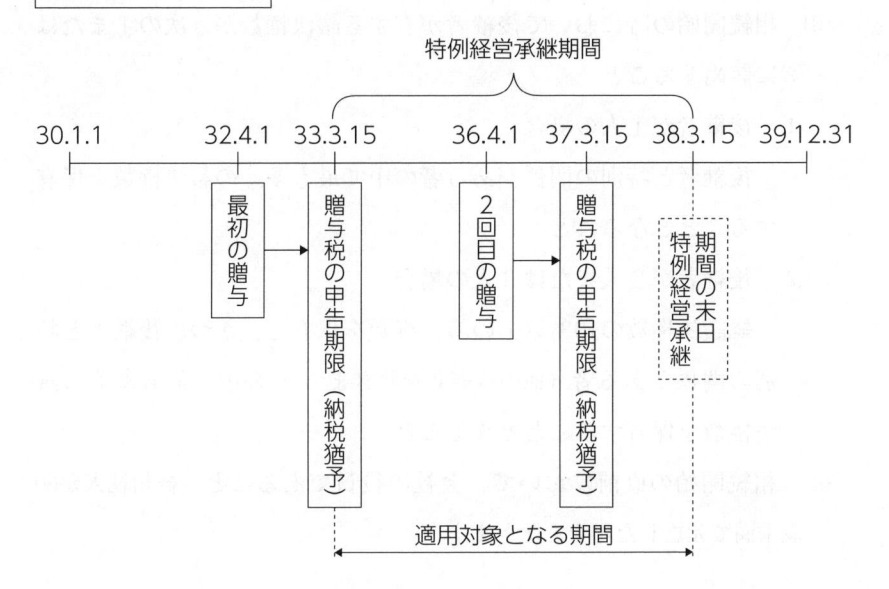

（参考）

新納税猶予制度（相続税）に係る贈与者及び後継者の要件

1　先代経営者等である被相続人の主な要件

(1)　会社の代表権を有していたこと

(2)　相続開始直前において、被相続人及び被相続人と特別の関係がある者で総議決権数の50％超の議決権数を保有し、かつ、後継者を除いたこれらの者の中で最も多くの議決権数を保有していたこと

(注)　相続開始の直前において、既に事業承継税制の適用を受けている者がある場合等には、(1)、(2)の要件は不要です。

2　後継者である相続人等の主な要件

(1)　相続開始の日の翌日から５か月を経過する日において会社の代表権を有していること

(2)　相続開始の時において、後継者及び後継者と特別の関係がある者

　で総議決権数の50％超の議決権数を保有することとなること

⑶　相続開始の時において後継者が有する議決権数が、次の①または②に該当すること

　①　後継者が1人の場合

　　後継者と特別の関係がある者の中で最も多くの議決権数を保有することとなること

　②　後継者が2人または3人の場合

　　総議決権数の10％以上の議決権数を保有し、かつ、後継者と特別の関係がある者（他の後継者を除きます。）の中で最も多くの議決権数を保有することとなること

⑷　相続開始の直前において、会社の役員であること（被相続人が60歳未満で死亡した場合を除きます。）

8-5　経営承継期間（5年間）経過後に非上場株式等を譲渡等した場合の減免措置

Q　新納税猶予制度では、5年間の経営承継期間経過後に会社の譲渡（M＆Aなど）や解散の場合に納税猶予の減免措置が設けられたとのことですが、将来、会社を自主廃業した場合も減免措置が受けられるのでしょうか。

A　旧納税猶予制度においては、経営承継期間経過後に自主廃業したような場合は納税猶予税額の全額を納付することとされていました。しかし、新納税猶予制度では、事業の継続が困難な事由が生じた場合において、解散や新納税猶予制度の適用を受けた非上場株式等の譲渡をしたようなときには、相続税または贈与税についてその時の非上場株式等の相続税評価額または対価の額（相続税評価額の50％相当額が下限）を基に納税額を再計算し、その再計算した税額と直前配当等の金額との合計額が当初の納税猶予税額を下回る場合にはその差額は免除されます。

解説

❶　新納税猶予制度では、経営承継期間経過後に、事業の継続が困難な事由が生じた場合（下記「❷」）において、次に掲げることとなったときには、それぞれに掲げる金額を基に納税額を再計算します。その再計算した納税額と直前配当等の金額との合計額が当初の納税猶予税額を下回る場合には、その差額が免除されます。この減免措置は、相続税及び贈与税に係る新納税猶予制度のいずれにも適用されます。

(1)　特例対象非上場株式等の全部または一部を譲渡した場合

　　　⇒譲渡対価の額（譲渡時の相続税評価額の50％相当額が下限）を

　　　基に再計算した納税額＋直前配当等の金額（譲渡前 5 年間に

　　　支払われた配当及び過大役員給与等の額）

(2) 特例認定承継会社が合併により消滅した場合

　　　⇒合併対価の額を基として、(1)と同じ計算

(3) 特例認定承継会社が株式交換または株式移転により他の会社の株

　式交換完全子会社等となった場合

　　　⇒交換等対価を基として、(1)と同じ計算

(4) 特例認定承継会社が解散した場合

　　　⇒解散時の時価＋直前配当等の金額

❷　事業の継続が困難な事由が生じた場合とは次表のとおりです。

利益金額	直前事業年度及びその直前の 3 事業年度（4 事業年度）のうち 2 以上の事業年度、特例認定承継会社が赤字の場合
売上高	直前事業年度及びその直前の 3 事業年度（4 事業年度）のうち 2 以上の事業年度、特例認定承継会社の売上高が、その年の前年の売上高に比して減少した場合
有利子負債の額	直前の事業年度終了の日における特例認定承継会社の有利子負債の額が、その日の属する事業年度の売上高の 6 か月分に相当する額以上の場合
上場会社の株価	特例認定承継会社の事業が属する業種に係る上場会社の株価（直前の事業年度終了の日以前 1 年間の平均）が、その前年 1 年間の平均より下落した場合
その他	特例後継者が特例認定承継会社における経営を継続しない特段の理由がある（解散の場合を除きます。）場合

(注)　「利益金額」、「売上高」の「（4 事業年度）」は非上場株式等の譲渡等

　　が直前事業年度終了の日から 6 か月以内に行われた場合をいいます。

　　　非上場株式等の譲渡等が直前事業年度終了の日から 6 か月経過後に行

　　われた場合には、「直前事業年度及びその直前の 2 事業年度（3 事業年

　　度）のうち 2 以上の事業年度」となります。

・イメージ図

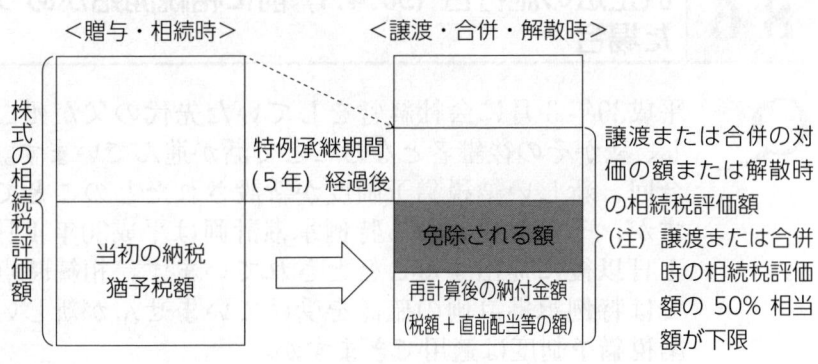

8-6 改正法の施行日 (30.4.1) 前に相続開始があった場合

Q 平成30年3月に会社経営をしていた先代の父が死亡し、私がその後継者となることで話が進んでいます。今回、新しい納税猶予制度が新設されたとのことですが、その前提となる特例承継計画は平成30年4月1日以後に提出することとされています。相続時点では特例承継計画の確認を受けていませんが新しい納税猶予制度は適用できますか。

A 新納税猶予制度は、平成30年1月1日から平成39年12月31日までの間に贈与または相続もしくは遺贈により取得する財産に適用される一方、その前提となる特例承継計画は平成30年4月1日以後に提出することとされています。しかし、この特例承継計画は、相続・贈与後でも提出することができますので、平成30年3月の相続について平成30年4月以降にその特例承継計画を提出しても問題はありません。このため、他の要件を満たしている場合には新納税猶予制度の適用があります。

解説

新納税猶予制度の対象となる「特例認定承継会社」とは、平成30年4月1日から平成35年3月31日までの間に特例承継計画を都道府県に提出した会社であって、中小企業における経営の承継の円滑化に関する法律（円滑化法）12条1項の認定を受けたものをいいます。この認定は相続開始から8か月以内に認定申請を行う必要がありますので、まず、その前提として、「特例承継計画」を策定してください（Q8−1参照）。

区　分	内　容
特 例 後 継 者	特例認定承継会社の特例承継計画に記載された当該特例認定承継会社の代表権を有する後継者[※1]であって、同族関係者のうち、当該特例認定承継会社の議決権を最も多く有する者[※2]をいいます。 （※1）　同族関係者と合わせて当該特例認定承継会社の総議決権数の過半数を有する者に限ります。 （※2）　当該特例承継計画に記載された当該後継者が2名または3名以上の場合には、当該議決権数において、それぞれ上位2名または3名の者（当該総議決権数の10％以上を有する者に限ります。）
特例認定承継会社	平成30年4月1日から平成35年3月31日までの間に特例承継計画を都道府県に提出した会社であって、円滑化法12条1項の認定を受けたものをいいます。
特 例 承 継 計 画	認定経営革新等支援機関の指導及び助言を受けた特例認定承継会社が作成した計画であって、当該特例認定承継会社の後継者、承継時までの経営見通し等が記載されたものをいいます。

8-7 　贈与者が平成40年以降に死亡した場合の相続税の納税猶予制度の適用

Q 私は、長男に対して5年後ぐらいに経営する会社の非上場株式を贈与し、新納税猶予制度（贈与税）を適用しようと考えています。この特例は平成39年12月31日までの10年間限定と聞いていますので、仮に私が平成40年以降に死亡した際の相続税は、新納税猶予制度が適用されるのでしょうか、それとも旧納税猶予制度が適用されるのでしょうか。

A 新納税猶予制度（贈与税）の適用を受けたのち、その贈与者が平成40年以降に死亡した場合でも、新納税猶予制度（相続税）と同様に、対象となる非上場株式等の数は全部、納税猶予割合は100％と、すべて納税猶予の対象となります。

解 説

❶　新納税猶予制度（贈与税）に係る特例贈与者が死亡した場合には、その特例贈与者の死亡による相続税については、その受贈者が相続または遺贈によって特例対象非上場株式等を取得したものとみなされます。この場合、相続税の課税価格に算入する特例対象非上場株式等の価額は贈与時の価額とされています。

❷　そして、特例贈与者から相続または遺贈により取得したとみなされた特例対象非上場株式等に係る相続税額については、相続税の申告書に特例贈与者が死亡した場合の相続税の納税猶予制度（措法70の7の8）の適用を受ける旨の記載があり、かつ担保を提供した場合に限り、すべて納税猶予の対象となります。

　受贈者が適用を受けていた贈与税の納税猶予が、新納税猶予制度か

　旧納税猶予制度であるかに応じ、特例贈与者が死亡した場合の納税猶予制度も、対象となる非上場株式等の数、納税猶予割合が異なります。

　適用を受けていた贈与税の納税猶予が新納税猶予制度の場合は、対象となる非上場株式等の数は全部、納税猶予割合は100％となります。

第9章

譲渡所得の課税関係

9-1 個人株主が株式を譲渡した場合のあらまし

Q 経営する非上場会社の株式を譲渡することになりましたが、所得税の計算はどのようにすればよいか教えてください。

A 個人が、非上場会社の株式を譲渡した場合は、分離課税の譲渡所得として、他の所得と区分して所得税が課税されます。

解説

❶ 具体的には、譲渡価額から株式の取得に要した費用（取得費）、さらには、譲渡に要した費用がある場合にはその費用をそれぞれ控除した残額（譲渡益）に対して、他の所得とは区分の上、20.315％の税率で所得税（15％）、住民税（5％）、復興特別所得税（0.315％）が課税されることとなります。

❷ なお、株式を譲渡した場合の所得区分は、事業所得、雑所得、譲渡所得の3区分とされていますが、ご質問の非上場株式については、通常の場合、上場株式のように「営利・継続取引」という事業所得や雑所得の概念は考えられないことから、臨時・偶発的な所得である譲渡所得として課税されます。

【参考通達：租税特別措置法関係通達】
（株式等の譲渡に係る所得区分）

37の10・37の11共－2　株式等の譲渡（措置法第37条の10第4項各号又は第37条の11第4項各号に規定する事由に基づき一般株式等に係る譲渡所得等又は上場株式等に係る譲渡所得等に係る収入金額とみなされる場合を含む。以下この項において同じ。）による所得が事業所得若しくは雑所得に該当するか又は譲渡所得に該当するかは、当該株式等の譲渡が営利を目的として継続的に行われているかどうかにより判定するのであるが、その者の一般株式等に係る譲渡所得等の金額又は上場株式等に係る譲渡所得等の金額の計算上、<u>次に掲げる株式等の譲渡による部分の所得については、譲渡所得として取り扱って差し支えない。</u>

(1)　<u>上場株式等で所有期間が1年を超えるものの譲渡による所得</u>

(2)　<u>一般株式等の譲渡による所得</u>

（注）　この場合において、その者の上場株式等に係る譲渡所得等の金額の計算上、信用取引等の方法による上場株式等の譲渡による所得など上記(1)に掲げる所得以外の上場株式等の譲渡による所得がある場合には、当該部分は事業所得又は雑所得として取り扱って差し支えない。

9-2 | 譲渡所得の課税年分

Q 平成29年12月に、経営する非上場会社の株式を譲渡する旨の売買契約を締結し、同時に手付金を受領しました。平成30年1月に株券の引渡しを行い、残代金の精算をしましたが、いずれの年分の所得として申告すればよいでしょうか。

A 原則は、株券の引渡しがあった日の属する平成30年分の所得となりますが、あなたが契約日の属する平成29年分の所得として申告する場合には、それが認められます。

解説

　譲渡所得の収入すべき時期（課税年分）は、引渡しの日を原則としつつ、納税者の選択により、契約の効力発生日によることも認められています（所基通36-12）。非上場株式等の場合も、その譲渡による所得の所得区分は原則譲渡所得とされていますので、これと同様の取扱いとされています。

【参考通達：租税特別措置法関係通達】
（株式等に係る譲渡所得等の総収入金額の収入すべき時期）
37の10・37の11共-2　株式等に係る譲渡所得等の総収入金額の収入すべき時期は、次の区分ごとにそれぞれに掲げるところによる。
　(1)　次の(2)から(10)まで以外の場合
　　株式等の引渡しがあった日による。ただし、納税者の選択により、当該株式等の譲渡に関する契約の効力発生の日により総収入金額に算入して申告があったときは、これを認める。
　(以下省略)

9-3 譲渡益と譲渡損の通算（相殺）

Q 平成30年3月に経営する非上場会社の株式の一部を譲渡し、多額の譲渡益が生じました。以前から所有する上場株式に含み損があることから、平成30年中に譲渡して損益を相殺したいと思いますが、可能でしょうか。

A 非上場株式の譲渡益と上場株式の譲渡損との損益の相殺はできません。

解 説

❶　平成27年12月31日までは、株式等に係る譲渡所得等の金額は、非上場株式等の譲渡による譲渡所得等の金額の計算上生じる損益と上場株式等の譲渡による譲渡所得等の金額の計算上生じる損益を相殺し、計算することとされていました。

❷　しかしながら、平成25年度の税制改正により、平成28年1月1日以後の株式等に係る譲渡所得等は、「一般株式等に係る譲渡所得等」（非上場株式等）と「上場株式等に係る譲渡所得等」（上場株式や国債など）に区分して計算し、課税することとされたため、原則として、一般株式等に係る譲渡所得等の金額の計算上生じる損益と上場株式等に係る譲渡所得等の金額の計算上生じる損益を相殺することができないこととされています（措法37の10①、37の11①）。

> 【参考通達：租税特別措置法関係通達】
> **（一般株式等に係る譲渡損失の金額又は上場株式等に係る譲渡損失の金額が生じた場合の損益の計算）**
> 37の10・37の11共－3　一般株式等に係る譲渡所得等の金額の計算上生じた損失の金額は、「特定投資株式に係る譲渡損失の損益の計算」の適用を受ける場合を除き、上場株式等に係る譲渡所得等の金額の計算上控除することはできず、また、上場株式等に係る譲渡所得等の金額の計算上生じた損失の金額は、一般株式等に係る譲渡所得等の金額の計算上控除することはできないことに留意する。

9-4　株式を譲渡した場合の取得費の算定

Q 10,000株所有している非上場会社の株式のうち、3,000株を譲渡することになりました。この株式は、平成12年に3,000株を900万円で、平成15年中に3,000株を600万円で、平成19年中に4,000株を1,000万円で順次購入して所有していたものですが、譲渡する3,000株の所得税の計算上控除する取得費の額はどのように計算するのでしょうか。

A 取得費の額は、購入価額の合計額を取得株数の合計で除した1株当たりの価額（2,500円）に、譲渡株数（3,000株）を乗じた750万円となります。

解説

❶　譲渡所得の計算上控除する取得費は、購入した株式についてはその購入の代価と購入のために要した費用の合計額となります（所令109①五）。

❷　ただし、ご質問のように同一銘柄の株式を複数回にわたって購入した後にその一部を譲渡した場合、その譲渡に係る譲渡所得の金額の計算上控除する取得費は、それぞれの購入代価を基礎として総平均法に準ずる方法[注]によって次のように計算することとされています（所法48③）。

$$\frac{900万円＋600万円＋1,000万円}{10,000株（3,000株＋3,000株＋4,000株）}＝2,500円$$

（注）　「総平均法に準ずる方法」とは、株式等をその種類及び銘柄ごとに区分し、その種類等の同じものについて、その株式等を最初に取得した時

（取得後において既にその株式等を譲渡している場合には、直前の譲渡の時）から、その譲渡の時までの期間を基礎として、1単位当たりの金額を計算する方法をいいます（所令118①）。

9-5 相続した株式を譲渡した場合の取得費の算定①
―所有期間の考え方―

Q 父が平成10年に300万円で取得した非上場会社の株式1,000株を、父が亡くなった平成24年に相続しましたが、この株式のすべてを譲渡することになりました。相続税の申告をした際、この株式の相続税評価額は500万円でしたが、この譲渡についての譲渡所得の計算上控除する取得費はいくらになりますか。

A 取得費の額は、お父さんが取得した際の購入価額である300万円となります。

解説

❶ 相続により取得した資産を譲渡した場合における譲渡所得の金額の計算については、その者（相続人）が引き続きこれを所有していたものとみなすこととされています（所法60①一）。

❷ したがって、税法上は、相続によってあなたが株式を取得したことを契機に、亡くなったお父さんが所有していた期間も含めてあなたが所有していたことになりますから、譲渡所得の金額の計算上控除する取得費も、お父さんが購入した際のその代価と購入のために要した費用の合計額となります。

9-6　相続した株式を譲渡した場合の取得費の算定②
―取得費が不明な場合―

Q 父は非上場会社の経営をしていましたが、昨年12月に亡くなり、私がその会社の株式を相続しました。私は父の知人のA氏に株式の一部を譲渡しようと思いますが、父がいくらで株式を取得したのかが不明です。譲渡所得の計算において控除する取得費はどう計算したらよいですか。

A 非上場会社の経営者が所有するその会社の株式については、一般的には会社設立時の払込みやその後の増資引き受けなどによって取得していることが多いと思われますので、会社の関係資料でその事実が確認できれば、その価額によって差し支えありません。

　なお、第三者から取得した場合などで、その取得価額を確認できる方法がない場合であっても、譲渡価額の5％相当額を取得費として控除することができます。

解説

　非上場株式を譲渡した場合の取得費は、払込価額によることが多く、一般的に会社の関係資料で確認できますので、問題になるケースは少ないと思います。取得費が分からないケースが多いのは、圧倒的に上場株式についてですので、国税庁では「上場株式等の取得価額の確認方法」を以下のとおり示しています。上場株式等の取得価額が分からない場合には、これを参考に確認してください。

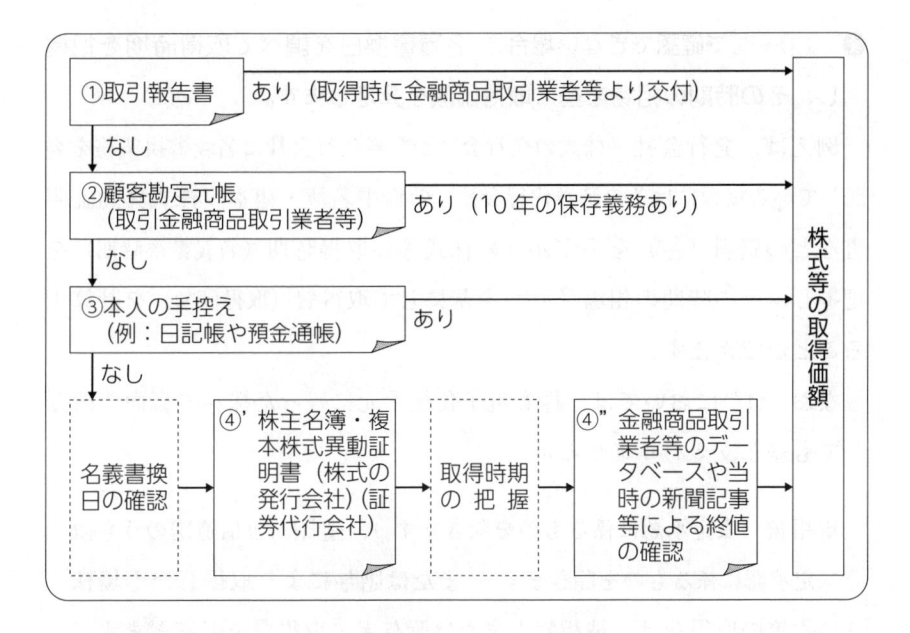

❶　証券会社などの金融商品取引業者等から送られてくる取引報告書で確認できます。

　取引報告書以外に、口座を開設する金融商品取引業者等が交付する取引残高報告書（上場株式等の取引がある場合に交付されます。）、月次報告書、受渡計算書などの書類で確認できる場合があります。

❷　取引した金融商品取引業者等の「顧客勘定元帳」で確認できます。

　過去10年以内に購入したものであれば、その金融商品取引業者等で確認できます。なお、10年より前の取引情報が任意に保存されている場合があります。

❸　ご自身の手控えで確認できます。

　日記帳や預金通帳などの手控えによって取得価額が分かれば、その額によります。

　日記帳などの手控えで取得時期のみが確認できる場合には、その取得時期を基に取得価額を算定しても差し支えありません。

❹ （①〜③で確認できない場合、）名義書換日を調べて取得時期を把握し、その時期の相場を基に取得価額を算定します。

例えば、発行会社（株式の発行会社が証券代行会社に名義書換業務を委託している場合にはその証券代行会社）の株主名簿・複本・株式異動証明書などの資料（④'）を手がかりに株式等の取得時期（名義書換時期）を把握し、その時期の相場（④"）を基にして取得費（取得価額）を計算することができます。

なお、④' においては、株券電子化後手元に残った株券の裏面で確認しても差し支えありません。

※相続（限定承認に係るものを除きます。）、遺贈（包括遺贈のうち限定承認に係るものを除きます。）または贈与により取得した上場株式等の取得費は、被相続人または贈与者の取得費を引継ぎます。

※同一銘柄の株式等を2回以上にわたって取得している場合の取得費の計算は、その株式等を取得した時（その後一部を譲渡している場合は、直前の譲渡の時）から譲渡時までの期間を基礎として、取得した時（または直前の譲渡の時）において有していた株式等及びその期間内に取得した株式等について総平均法に準ずる方法によって算出した1単位当たりの金額を基として計算する必要があります。

【参考通達：租税特別措置法関係通達】
（株式等の取得価額）

37の10・37の11共－13　株式等を譲渡した場合における事業所得の金額、譲渡所得の金額又は雑所得の金額の計算上必要経費又は取得費に算入する金額は、所得税法第37条第1項《必要経費》、第38条第1項《譲渡所得の金額の計算上控除する取得費》、第48条《有価証券の譲渡原価等の計算及びその評価の方法》及び第61条《昭和27年12月31日以

前に取得した資産の取得費等》の規定に基づいて計算した金額となるのであるが、譲渡をした同一銘柄の株式等について、当該株式等の譲渡による収入金額の100分の5に相当する金額を当該株式等の取得価額として事業所得の金額若しくは雑所得の金額を計算しているとき又は当該金額を譲渡所得の金額の計算上収入金額から控除する取得費として計算しているときは、これを認めて差し支えないものとする。

9-7 無償割当てのあった株式の取得価額

Q 10年前、A社の設立に当たって、600万円を出資して10,000株を取得しましたが、このA社株式について、5年前に旧株1株に対して0.2株の株式無償割当てがあったため、現在は12,000株を所有しています。

このA社株式のうち、4,000株を譲渡することになりましたが、この譲渡についての取得費はいくらになりますか。

A 取得費の額は200万円（600万円÷12,000株 ×4,000株）となります。

解 説

❶ 所有する株式（旧株）について、株式無償割当て（法人がその法人の株主等に対して新たに払込みをさせないで自己の株式の割当てをすることをいいます。）により割り当てられた株式を取得した場合（旧株と同一の種類の株式を取得した場合に限ります。）には、その株式無償割当てがあった日後の所有株式の1株当たりの取得価額は、旧株1株の従前の取得価額に旧株の数を乗じてこれを株式無償割当て後の所有株式の数で除して計算した金額となります（所令111②）

❷ したがって、譲渡所得の計算上控除する取得費は、1株当たりの取得価額500円（600万円÷12,000株）に譲渡株数である4,000株を乗じた200万円となります。

9-8 株式を譲渡した場合の譲渡費用

Q 非上場株式を譲渡した場合に、どのようなものが譲渡費用として認められるのでしょうか。

A 譲渡に際して支出した仲介手数料などが譲渡費用として認められると考えられます。

解 説

❶ 譲渡所得の計算上控除が認められている、いわゆる譲渡費用とは、法令上、「その資産の譲渡に要した費用の額」とされています（所法33②）。

❷ 具体的には、譲渡に際して支出されたものや譲渡のために直接要した費用がこれに当たり（所基通33-7）、個々のケースによってその内容は異なります。なお、非上場株式の場合は、一般に限られた者の間での売買が多く、その場合にはこれらの費用を支出する機会は多くないと考えられます。

第10章
個人が個人に株式を譲渡(移転)した場合の課税関係

10-1 時価よりも低額な価額で譲渡した場合①
―譲渡損失の取扱い―

Q 経営する非上場会社の株式（時価1,200万円）を子供に400万円で譲渡したため、譲渡損失が生じました。
この譲渡損失について他の非上場株式を譲渡した際に生じた譲渡益と相殺できますか。

A 時価1,200万円の非上場株式を400万円で譲渡したことによって生じた譲渡損失について他の非上場株式の譲渡益と相殺することはできません。

解説

❶ 個人間の譲渡の場合、譲渡者にはその譲渡価額（低額な価額でも）で譲渡所得が課税されます。しかし、個人間において譲渡所得の基因となる資産を時価の2分の1未満の価額で譲渡し、その譲渡価額がその資産の取得費と譲渡費用の額の合計額に満たない場合（すなわち譲渡損失が生ずる場合）には、その不足額（譲渡損失の額）は、譲渡所得の金額の計算上、なかったものとみなされることとされています（所法59②）。

❷ 本件は上記❶の規定に該当すると思われますので、譲渡損失はなかったものとされ、他の非上場株式の譲渡益と相殺することはできません。一方、非上場株式を譲り受けたお子さんにおいては、その株式

を引き続き所有していたものとみなされます（所法60②）ので、あなたが非上場株式を取得した際の実際の取得価額はお子さんに引き継がれ、お子さんがこの非上場株式を他に譲渡することとなった場合にその譲渡所得の金額の計算上控除されることになります。

10-2 時価よりも低額な価額で譲渡した場合② ―譲受人に対する贈与税課税―

Q 前問（Q10-1）において、私が子供に低額な価額で非上場株式を譲渡してもその譲渡価額が時価の2分の1未満の価額でなければ、その譲渡価額で所得税が課税されるとのことですが、この場合、子供に対しては贈与税が課税されないのでしょうか。

A その非上場株式の購入価額がその株式の相続税評価額を下回っている場合は贈与税の課税対象となる可能性が考えられます。

解説

　個人が個人に非上場株式を譲渡した場合において、その譲渡価額（購入価額）が時価よりも著しく低いときには、その譲渡を受けた者が、その譲渡価額（購入価額）と時価との差額に相当する金額を、その譲渡をした者から贈与により取得したものとみなされます（相法7）。この「著しく低い」とは個々の具体的事実に基づき判定することとされていますが、実務的にはその非上場株式の相続税評価額を下回ると贈与税の問題が生じます。

　このため、本件の場合、その非上場株式の購入価額がその株式の相続税評価額を下回る場合にはお子さんが贈与税の課税対象となると考えられますので注意してください。

10-3 時価よりも高額な価額で譲渡した場合

Q 父から事業資金を借りています（残高5,000万円）が、その返済に当たって、所有する非上場株式を時価（3,000万円）よりも高額な5,000万円で買い取ってもらい、その買取代金を返済に充てることにしました。受け取った5,000万円の課税関係はどうなりますか。

A 受け取った対価のうち3,000万円については譲渡所得課税、2,000万円については贈与税課税の対象となると考えます。

解説

　譲渡所得課税は資産の値上がり益に対する課税ですので、明らかに時価を超える部分の対価の額について譲渡所得として課税するのは適当ではありません。また、本件の場合は、親子間の譲渡であり、時価を超える部分の対価については、借入金の返済資金を賄うための父からの贈与とみるのが一般的と考えられます。

　したがって、受け取った対価の額のうち、3,000万円については譲渡所得課税、2,000万円については贈与税の対象として課税されると考えられます。

第11章
個人が法人に株式を譲渡(移転)した場合の課税関係

11-1 株式の発行法人に譲渡した場合

Q 私が経営する非上場会社に、所有する同社の株式の一部(自己株式)を譲渡することとなりましたが、どのような課税関係になりますか。

A 配当所得(総合課税)または株式等に係る譲渡所得(申告分離課税)として課税されます。

　なお、配当所得として課税される部分にも、「資産の譲渡」に関する所得税法の特例が適用できる場合があります。

解説

❶　原則的な課税関係

　非上場株式をその発行法人に譲渡した場合には、譲渡対価のうち、譲渡株式に対応するその発行法人の資本金等の額(注1)または連結個別資本金等の額(注2)を超える部分は配当所得(総合課税)として、それ以外の部分は株式等の譲渡所得(申告分離課税)として課税されます(所法25①、措法37の10③四)。

(注)1　「資本金等の額」とは、法人(各連結事業年度の連結所得に対する法人税を課される連結事業年度の連結法人を除きます。)が株主等から出資を受けた金額として政令(法令8)で定める金額をいいます(法法2十六)。

　2　「連結個別資本金等の額」とは、連結法人（連結申告法人に限ります。）が株主等から出資を受けた金額として政令（法令8の2）で定める金額をいいます（法法2十七の二）。

❷　所得税法の特例の適用関係

(1)　所得税法59条1項2号の適用関係（措通37の10・37の11共－22）

　法人への低額譲渡に該当するかどうかの判定は、所得区分にかかわらず、譲渡対価全額と株式の時価を比較して行います。また、低額譲渡に該当する場合の譲渡所得の収入金額は、株式の時価に相当する金額から上記❶の配当所得の金額を控除した金額によります。

(2)　非課税所得（所法9①十）及び保証債務を履行するための資産の譲渡（所法64②）の適用関係

　これらの特例は、「資産の譲渡による所得」または「資産の譲渡があった場合」に適用可能な特例ですが、所得区分を譲渡所得に限定するとはされていないことなどから、他の要件を満たす限り、上記❶の配当所得の金額にも適用することができます。

【参考通達：租税特別措置法関係通達】
（法人が自己の株式又は出資を個人から取得する場合の所得税法第59条の適用）

37の10・37の11共－22　法人がその株主等から措置法第37条の10第3項第4号の規定に該当する自己の株式又は出資の取得を行う場合において、その株主等が個人であるときには、同項及び措置法第37条の11第3項の規定により、当該株主等が交付を受ける金銭等（所得税法第25条第1項《配当等とみなす金額》の規定に該当する部分の金額（以下この項において「みなし配当額」という。）を除く。）は一般株式等に係る譲渡所得等又は上場株式等に係る譲渡所得等に係る収入金額とみなされるが、この場合における同法第59条第1項第2号の規定の適用については、次による。

(1)　所得税法第59条第1項第2号の規定に該当するかどうかの判定
　法人が当該自己の株式又は出資を取得した時における当該自己の株

　式又は出資の価額（以下この項において「当該自己株式等の時価」という。）に対して、当該株主等に交付された金銭等の額が、同号に規定する著しく低い価額の対価であるかどうかにより判定する。

(2)　所得税法第59条第１項第２号の規定に該当する場合の一般株式等に係る譲渡所得等又は上場株式等に係る譲渡所得等の収入金額とみなされる金額

　当該自己株式等の時価に相当する金額から、みなし配当額に相当する金額を控除した金額による。

(注)　「当該自己株式等の時価」は、所基通59－6《株式等を贈与等した場合の「その時における価額」》により算定するものとする。

11-2 相続により取得した株式をその発行法人に譲渡した場合

Q 昨年亡くなった父の相続税の納税に充てるため、相続した非上場会社の株式を、その発行会社に譲渡することになりましたが、どのような課税関係になるでしょうか。

A 原則的な課税関係は前問 Q11－1のとおりですが、一定の要件に該当し、譲渡に際し、取得する法人が税務署長に対して一定の手続を行う場合には、譲渡対価の全額を株式等に係る譲渡所得（申告分離課税）として申告することができます。

解説

❶　原則的な課税関係は前問 Q11－1の、配当所得（総合課税）または株式等の譲渡所得（申告分離課税）として課税されることとなりますが、相続により取得した株式を譲渡した場合には、「相続財産に係る株式をその発行した非上場会社に譲渡した場合の特例」（措法9の7）の要件に該当する場合、配当所得の部分について源泉徴収を行わず、株式等の譲渡所得（分離課税）としての課税を選択することができます。

❷　この特例の適用を受けるための要件は、相続または遺贈による財産の取得をした個人でその相続または遺贈につき相続税額のあるものが、その相続の開始があった日の翌日からその相続税の申告書の提出期限の翌日以後3年を経過する日までの間にその相続税額に係る課税価格の計算の基礎に算入された非上場株式をその非上場株式の発行会社（株式会社）に譲渡した場合となっています。

　また、手続面では、非上場株式を譲渡する時までに特例の適用を受ける旨などを記載した書面を、発行会社を経由してその発行会社の所在地の所轄税務署長に提出する必要があります（措法9の7、措令5の2）。

　なお、この特例により株式等の譲渡所得としての課税を受ける場合には、相続税の取得費加算の特例（措法39）の適用対象となります。

11-3 時価よりも著しく低額な価額で譲渡した場合① ―評価通達と所基通59－6の関係―

Q 法人に対して非上場株式等を時価より著しく低い価額で譲渡した場合には、譲渡した非上場株式等の時価で譲渡したものとみなされると聞きましたが、本当ですか。

A 法人に対して非上場株式等を贈与した場合や非上場株式等の時価の2分の1未満の価額（著しく低い価額）で譲渡した場合には、時価により株式等を譲渡したものとみなして、株式等に係る譲渡所得が課税されます。

解説

❶ 譲渡所得の基因となる資産の個人から法人への移転原因が、①贈与または遺贈、②時価の2分の1未満の価額（著しく低い価額）による譲渡である場合には、その事由が生じたときに、その時における価額（時価）により、資産の譲渡があったものとして課税することとされています（所法59①一、二、所令169）。

非上場株式等も譲渡所得の基因となる資産に該当しますので、この取扱いの適用対象となります。

❷ この場合の、非上場株式等の時価の算定は、所得税基本通達23〜35共−9に準じて行いますが、具体的には同通達59−6により算定することとされています。同通達59−6は、評価通達に定める非上場株式等の評価方法の例によることとしつつ、所得税法59条がキャピタルゲイン課税であることから、①同族株主の判定、②支配株主への純資産価額の適用、③純資産価額方式における調整など、評価通達に定める

評価方法にいくつかの条件が付されています。

【参考通達：所得税基本通達】
(株式等を贈与等した場合の「その時における価額」)

59－6　法第59条第1項の規定の適用に当たって、譲渡所得の基因となる資産が株式（株主又は投資主となる権利、株式の割当てを受ける権利、新株予約権（新投資口予約権を含む。以下この項において同じ。）及び新株予約権の割当てを受ける権利を含む。以下この項において同じ。）である場合の同項に規定する「その時における価額」とは、23～35共－9に準じて算定した価額による。この場合、23～35共－9の(4)ニに定める「1株又は1口当たりの純資産価額等を参酌して通常取引されると認められる価額」とは、原則として、次によることを条件に、昭和39年4月25日付直資56・直審（資）17「財産評価基本通達」（法令解釈通達）の178から189－7まで《取引相場のない株式の評価》の例により算定した価額とする。

(1)　財産評価基本通達188の(1)に定める「同族株主」に該当するかどうかは、株式を譲渡又は贈与した個人の当該譲渡又は贈与直前の議決権の数により判定すること。

(2)　当該株式の価額につき財産評価基本通達 179の例により算定する場合（同通達189－3の(1)において同通達179に準じて算定する場合を含む。）において、株式を譲渡又は贈与した個人が当該株式の発行会社にとって同通達188の(2)に定める「中心的な同族株主」に該当するときは、当該発行会社は常に同通達178に定める「小会社」に該当するものとしてその例によること。

(3)　当該株式の発行会社が土地（土地の上に存する権利を含む。）又は金融商品取引所に上場されている有価証券を有しているときは、財産評価基本通達185の本文に定める「1株当たりの純資産価額（相続税評価額によって計算した金額）」の計算に当たり、これらの資産については、当該譲渡又は贈与の時における価額によること。

(4)　財産評価基本通達185の本文に定める「1株当たりの純資産価額（相続税評価額によって計算した金額）」の計算に当たり、同通達186－2により計算した評価差額に対する法人税額等に相当する金額は控除しないこと。

　所得税基本通達59－6の具体的な判定に当たっては次の点について注意してください。

＜財産評価基本通達と所得税基本通達59－6の対比＞

区　分	（財産評価基本通達）	（所得税基本通達59－6）
①議決権の判定	取得後の議決権数	譲渡または贈与前の議決権数
②会社規模の判定	評価通達178の定め	同左
③中心的な同族株主に該当する場合	原則的評価	評価通達179の(3)の小会社とし、①原則として純資産価額により②選択により併用方式（L＝0.5）
④類似業種比準方式	評価通達180の定め	同左 （中心的な同族株主に該当しても、しんしゃく割合は本来の会社規模）
⑤純資産価額方式	評価通達185の定め	・土地等及び上場有価証券は譲渡または贈与の時の価額、それ以外の財産は相続税評価額 ・評価差額に対する法人税額等相当額の控除は不可
⑥株式等保有特定会社	評価通達189－3の定め	・純資産価額方式→上記⑤による ・「$S_1＋S_2$」方式 　$\begin{cases} S_1→上記③、④、⑤による \\ S_2→上記⑤による \end{cases}$
⑦土地保有特定会社	評価通達189－4の定め	純資産価額方式→上記⑤による

（注）　財産評価基本通達と所得税基本通達59－6の大きな相違点（条件）は①議決権の判定時期、②中心的な同族株主の扱い、③純資産価額方式における評価差額控除の可否です。

　　これらの条件は、同通達が非上場株式等の保有期間中のキャピタルゲインを算定するためのものであるということからして、判定会社に対してのみ適用されるのが相当と考えます。

11-4 時価よりも著しく低額な価額で譲渡した場合② —同族株主等に該当するかどうかの判定時期—

Q 所得税基本通達59－6における時価の判定上、同族株主等に該当するかどうかの判定を行う場合の議決権数は、いつの時点で判定するのか、また、その理由を教えてください。

A 同族株主に該当するかどうかの議決権数は、その株式を譲渡または贈与した者のその譲渡または贈与の直前の議決権数により判定します。

解説

❶ 個人から法人に対して譲渡所得の基因となる資産の移転があった場合において、その移転の事由が①法人に対する贈与または遺贈、②法人に対する時価の2分の1未満の対価による低額譲渡であるときは、その事由が生じた時にその時における価額に相当する金額により資産の譲渡があったものとみなすこととしています。このみなし譲渡課税の制度は、譲渡所得の課税が資産の保有期間中の資産の値上がりによる価値の増加益を、その資産の移転の際に所得として清算課税しようという趣旨に基づくものです。

❷ そうすると、その課税対象とする値上がり益（キャピタルゲイン）は、贈与または譲渡の時において判定すべきであり、株式の場合も、これと同様に贈与または譲渡の直前における議決権数によるのが相当です。つまり、その株式の価値は、その譲渡直前において元の所有者（譲渡者）が所有している状態におけるその株式の価値であり、その株式を譲渡した後の譲受人にとっての価値ではありません。

【参考判決：東京地裁　H29.8.30】

● 　譲渡所得に対する課税の趣旨からすれば、譲渡所得の基因となる資産についての低額譲渡の判定をする場合の計算の基礎となる当該資産の価額は、当該資産を譲渡した後の譲受人にとっての価値ではなく、その譲渡直前において元の所有者が所有している状態における当該所有者（譲渡人）にとっての価値により評価するのが相当であるから、評価通達188の(1)～(4)の定めを取引相場のない株式の譲渡に係る譲渡所得の収入金額の計算上当該株式のその譲渡の時における価額の算定に適用する場合には、各定め中「（株主の）取得した株式」とあるのを「（株主の）有していた株式で譲渡に供されたもの」と読み替えるのが相当であり、また、各定め中のそれぞれの議決権の数も当該株式の譲渡直前の議決権の数によることが相当であると解される。

● 　所得税基本通達59－6の(1)が、評価通達188の(1)に定める「同族株主」に該当するかどうかは、株式を譲渡した個人の当該譲渡直前の議決権の数により判定する旨を定めているのは、上記の趣旨を「同族株主」の判定について確認的に規定したものであり、上記の読替え等をした上で評価通達188の(1)～(4)の定めを適用すべきであることを当然の前提とするものと解される。

11-5 時価よりも著しく低額な価額で譲渡した場合③
―評価会社の資産の中に関連会社の非上場株式がある場合―

Q A判定会社（中会社）の資産の中にB法人の非上場株式があり、更にB法人の資産の中にC法人の非上場株式がある場合に、純資産価額方式による計算が複雑になるのでC法人株式を簿価で評価することはできますか。

A 所得税基本通達59－6では、簿価による計算は認めていませんので、C法人株式は評価通達の例に従って算定してください。

解説

❶ 所得税基本通達59－6では、同通達23〜35共－9に定める「1株または1口当たりの純資産価額を参酌して通常取引されると認められる価額」とは、原則として、一定の条件の下に、「財産評価基本通達」（法令解釈通達）178から189－7までの例により算定した価額とする、としています。

このため、一定に条件以外の部分については、包括的に評価通達が適用されます。

この一定の条件とは、次のとおりです。

(1) 評価通達188の(1)に定める「同族株主」に該当するかどうかは、株式を譲渡または贈与した個人の当該譲渡または贈与直前の議決権の数により判定すること

(2) 当該株式の価額につき評価通達179の例により算定する場合（同通達189－3の(1)において同通達179に準じて算定する場合を含みます。)

において、株式を譲渡または贈与した個人が当該株式の発行会社にとって同通達188の(2)に定める「中心的な同族株主」に該当するときは、当該発行会社は常に同通達178に定める「小会社」に該当するものとしてその例によること

(3)　当該株式の発行会社が土地（土地の上に存する権利を含みます。）または金融商品取引所に上場されている有価証券を有しているときは、評価通達185の本文に定める「１株当たりの純資産価額（相続税評価額によって計算した金額)」の計算に当たり、これらの資産については、当該譲渡または贈与の時における価額によること

(4)　評価通達185の本文に定める「１株当たりの純資産価額（相続税評価額によって計算した金額)」の計算に当たり、同通達186－２により計算した評価差額に対する法人税額等に相当する金額は控除しないこと

❷　このうち、上記の条件の(3)は、当該発行会社（A判定会社）について適用されるものですので、それ以外のＢ法人及びＣ法人については、あくまでも評価通達の例（相続税評価額）によって算定することになります。

このため、所得税基本通達59－６による時価の算定手順は次のようになります。

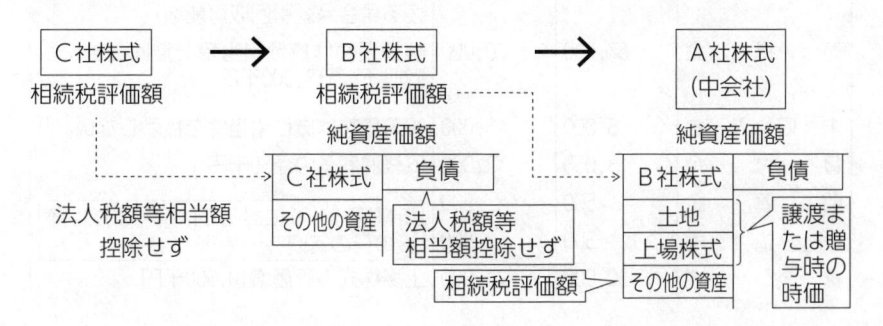

11-6 時価よりも著しく低額な価額で譲渡した場合④ —時価の算定に当たっての各資産の価額—

Q 判定会社の資産の価額はすべて時価によって判定するのですか。

A 判定会社の資産の価額は相続税評価によって評価します。ただし、土地（土地の上に存する権利を含む。）及び上場有価証券については、その贈与または譲渡の時の価額（時価）によって算定することとされています。

解 説

判定会社の純資産価額の算定に当たって土地（土地の上に存する権利を含みます。）及び上場有価証券以外の資産は次によります。

(単位：千円)

資　産　の　部			
科　　目	相続税評価額	帳簿価額	摘　　　要
現　　　　　金	1,000	1,000	
預　　　　　金	50,750	50,000	既経過利子の額750千円（所得税等の額を控除）
受　取　手　形	29,500	30,000	帳簿価額は貸倒引当金を控除しない。評価減500千円（支払期限が6か月を超える場合⇒割引回収可能額）
売　　掛　　金	67,000	70,000	帳簿価額は貸倒引当金を控除しない。回収不能分3,000千円
未　収　入　金	5,000	5,000	帳簿価額は貸倒引当金を控除しない。
貸　　付　　金	3,050	3,000	既経過利子の額50千円
前　　渡　　金	500	500	所基通59-6においては贈与または譲渡の日の終値
仮　　払　　金	500	500	
株　　　　　式	30,000	20,000	上場株式の評価増10,000千円

法人税額等相当額の控除不適用の株式	8,000	5,000	関連会社の株式（非上場株式）の評価増3,000千円
ゴルフ会員権	8,000	13,000	ゴルフ会員権の評価減5,000千円
商　　　品	15,000	15,000	⎫
製　　　品	12,000	12,000	⎪
半　製　品	3,500	3,500	⎬ たな卸商品等として評価
仕　掛　品	3,000	3,000	⎪
原　材　料	12,000	12,000	⎭
貯　蔵　品	200	500	通常の取引価額によっているため洗替えは不要
土　　　地	188,000	13,000	相続税評価額は路線価または倍率により評価
課税時期前3年以内に取得した土地	12,000	10,000	所基通59－6においては贈与または譲渡の日の時価
借　地　権	50,000	0	帳簿価額は「0」と記載する。ただし、有償取得のものについては、その取得価額を記載する。
建　　　物	32,000	37,000	相続税評価額は「固定資産税評価額×1.0」。帳簿価額は減価償却累計額の控除後の金額
構　築　物	3,700	3,500	相続税評価額は評価通達97により再建築価額から償却費を控除して評価
借　家　権	0	2,000	財産性のあるものは評価額が「0」であっても帳簿価額を計上する。
船　　　舶	75,000	100,000	帳簿価額は減価償却累計額の控除後の金額
車輌運搬具	6,000	6,000	同上
什器備品	2,000	2,000	同上
機械装置	15,000	15,000	同上
重要産業用機械	22,500	15,000	帳簿価額は減価償却累計額の控除後の金額
機械装置	29,000	19,000	帳簿価額は減価償却累計額の控除後の金額

特　　　許　　　権			特許権から漁業権までの権利は営業権として一括評価
意　　　匠　　　権			
商　　　標　　　権			
出　　　版　　　権			
漁　　　業　　　権			
営　　　業　　　権	28,000	50,000	
著　　　作　　　権	1,000	0	
電　話　加　入　権	6	200	
未　　収　　地　　代	300	300	
創　　　立　　　費			財産性のない資産（評価の対象とならない資産）なので相続税評価額は計上せず、したがって帳簿価額にも計上しない。
開　　　業　　　費			
新　株　発　行　費			
社　債　発　行　費			
社　債　発　行　差　金			
開　　　発　　　費			
試　験　研　究　費			
建　設　利　息			
合　　　　　計	① 713,506	② 507,000	

11-7 時価よりも著しく低額な価額で譲渡した場合⑤ —譲渡者が中心的な同族株主に該当して小会社として時価を算定する場合の類似業種比準価額—

Q 甲は、判定会社（会社規模：中会社）の中心的な同族株主に該当するため、小会社としてLの割合を0.5とする併用方式により時価を求めることになりますが、この併用方式の際、一方の類似業種比準価額はどの規模の会社として評価するのですか。

A 併用方式による類似業種比準価額は、判定会社を本来の中会社として評価します。

解説

❶　所得税基本通達59－6の(2)は、「当該株式の価額につき財産評価基本通達179の例により算定する場合において、…」としていますので、その判定会社を「小会社」として純資産価額によって評価することを原則としています。そして納税義務者の選択によって、Lを0.5とする併用方式によることを認めています。

❷　これは、譲渡者が支配的な立場にある中心的な同族株主に該当する場合には、純資産価額を原則とする小会社として判定することによって、できるだけ純資産価額の影響度合を高めて算定しようとしたものと考えられます。このため、判定会社の併用方式に限って小会社とするもので、その併用方式における類似業種比準価額を算定する場合は、本来の会社規模（中会社）により算定するべきと考えます。

11-8 時価よりも著しく低額な価額で譲渡した場合⑥ ─株式等保有特定会社に該当する場合─

Q 判定会社が株式等保有特定会社に該当する場合には、どのように時価を算定しますか。

A その判定会社が株式等保有特定会社に該当する場合には、株式等保有特定会社として時価を算定します。

解説

　株式等保有特定会社とは、評価会社の課税時期における総資産に占める株式等（株式、出資及び新株予約権付社債）の保有割合が50％以上の会社をいいます。「株式等の保有割合」は、評価会社の有する各資産の価額の合計額のうちに占める株式等の価額の割合をいいます。株式等保有特定会社に該当した株式の評価は、原則として純資産価額方式により、納税者の選択により$S_1 + S_2$方式（Q5－4参照）により、評価することとされています。

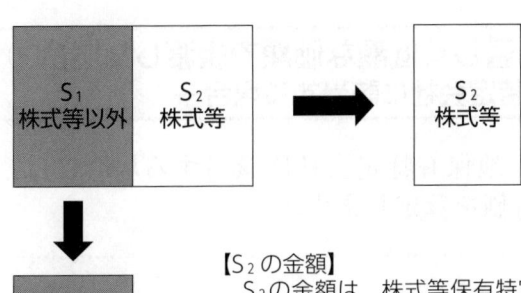

【S₂の金額】

　S₂の金額は、株式等保有特定会社が所有する株式等のみを評価会社の資産として1株当たりの純資産価額に相当する金額（相続税評価額により計算した金額）によって計算した金額をいいます（評基通189－3(2)）。

　なお、この場合の純資産価額には、評価通達185ただし書（80％評価）の適用はありません。

> 所得税基本通達59－6においては、①その株式等が金融商品取引所に上場されている有価証券に該当する場合には、譲渡または贈与の日の終値により、②評価差額に対する法人税額等相当額は控除しません。

【S₁の金額】

　S₁の金額は、株式等保有特定会社が所有する株式等及び当該株式等に係る受取配当収入がなかったとした場合のその株式等保有特定会社の株式を、会社の規模に応じた原則的評価方式により評価した金額をいいます。

　なお、この場合の規模区分の判定は、一般の評価会社と同様に判定します（株式等の帳簿価額を控除するなどしません。）（評基通189－3(1)）。

> 所得税基本通達59－6においては、①譲渡者または贈与者が中心的な同族株主に該当する場合には、会社規模は小会社とし、②類似業種比準方式及び純資産価額方式に当たっては、「Q10－3　時価よりも著しく低額な価額で譲渡した場合①」の「財産評価基本通達と所得税基本通達59－6の対比」を参照してください。

11-9 時価よりも著しく低額な価額で譲渡した場合⑦ —土地保有特定会社に該当する場合—

Q 判定会社が土地保有特定会社に該当する場合には、どのように時価を算定しますか。

A その判定会社が土地保有特定会社に該当する場合には、土地保有特定会社として純資産価額方式により時価を算定します。

解説

❶　土地保有特定会社とは、評価会社の課税時期における総資産を占める土地等（土地及び土地の上に存する権利）の割合が、次の基準に該当する会社をいいます。

　土地保有特定会社に該当した株式の評価は、純資産価額方式によることとされています。

会社区分	総資産価額（帳簿価額）基準	土地等の保有割合
大 会 社	①　卸売業……………………………20億円以上 ②　小売・サービス業……………15億円以上 ③　①、②以外の業種……………15億円以上	70%以上 （土地保有特定会社）
小 会 社	総資産価額基準が大会社に該当するもの	非該当
	総資産価額基準が大・中会社に該当しないもの	
	総資産価額基準が中会社に該当するもの	
中 会 社	①　卸売業…………………………………7,000万円 ～20億円未満 ②　小売・サービス業……………………4,000万円 ～15億円未満 ③　①、②以外の業種……………………5,000万円 ～15億円未満	90%以上 （土地保有特定会社）

❷　純資産価額方式によって時価を算定する場合には、①土地等は譲渡または贈与の時の価額により、②評価差額に対する法人税相当額は控除しません（Q11-3の「財産評価基本通達と所得税基本通達59-6の対比」参照）。

11-10 時価よりも著しく低額な価額で譲渡した場合⑧ ―医療法人の判定―

Q 医療法人の出資を譲渡する場合の時価の算定に当たって、同族株主の判定を行うのですか。

A 医療法人の場合は、各社員の議決権が平等ですので、同族株主の判定を行う必要はありません。原則的評価方式によって時価を算定します。配当還元方式は適用されません。

解説

医療法人の具体的な評価の方法に関しては、次のとおりです。

❶ 類似業種比準方式

医療法人は剰余金の配当が禁止されていますので、類似業種比準方式は次のとおり「1株当たりの配当金額」の要素を除外して計算します。

$$A \times \left(\dfrac{\dfrac{Ⓒ}{C} + \dfrac{Ⓓ}{D}}{2} \right) \times 0.7^{(注)}$$

（注）　大会社に相当する医療法人については「0.7」、中会社に相当する医療法人については「0.6」、小会社に相当する医療法人については「0.5」となります。

❷ 純資産価額方式

Q11-3の「財産評価基本通達と所得税基本通達59-6の対比」を参照してください。

なお、医療法人では各社員の議決権が平等ですから、議決権割合50％以下の場合の80％評価の適用はありません。

11-11 時価よりも著しく低額な価額で譲渡した場合⑨ —同族株主以外の株主等の場合—

Q 同族株主以外の株主等の時価は配当還元価額が時価相当額ということですので、譲渡者が同族株主等に該当しない場合には配当還元価額で譲渡してもみなし譲渡の対象とはなりませんか。

A 所得税法59条1項2号に規定する低額譲渡には該当しませんので、みなし譲渡の対象となりません。

解説

配当還元方式により配当還元価額を計算する場合は、次の算式に基づき計算を行います。

$$配当還元価額 = \frac{その株式に係る年配当金額}{10\%} \times \frac{その株式の1株当たりの資本金等の額}{50円}$$

11-12 時価よりも高額な価額で譲渡した場合

Q 時価3,000万円のA社株式（非上場株式）を私が経営する甲社に譲渡しましたが、5,000万円の価額で売買契約を交わし、その売買代金で借入金を返済しました。この場合の課税関係はどうなりますか。

A 受け取った時価のうち3,000万円については譲渡所得課税として、2,000万円については給与所得または一時所得課税の対象となります。

解 説

　譲渡所得課税は資産の値上がり益に対する課税ですので、明らかに時価を超える部分の対価の額について譲渡所得として課税するのは適当ではありません。また、本件の場合は、オーナー株主とその会社間の譲渡であり、時価を超える部分の対価については、借入金の返済資金を賄うための会社からの贈与と考えられます。

　したがって、受け取った対価の額のうち、3,000万円については譲渡所得課税、2,000万円については、役員賞与または法人からの贈与（一時所得）として課税されると考えられます。

> **【参考判決：東京地裁 H25.9.27　東京高裁 H26.5.19】**
> 　個人がその有する資産を法人に対して有償で譲渡した場合における課税関係は、当該譲渡価額が、当該資産の譲渡の「対価」たる性格を有する限りにおいて、譲渡所得に係る収入金額として課税されるが、当該譲渡価額中に当該資産の譲渡の「対価」たる性格を有しておらず、法人から贈与された金品（業務に関して受けるもの及び継続的に受けるものを除く。以下同じ。）としての性格を有する部分があると認められるときは、当該部分の金額については、一時所得に係る収入金額として課税されるべきこととなる。

11-13 株式の価額が増加した場合などの取扱い(相法9条)

Q 私が所有するＡ社（非上場会社）の株式を、関連会社であるＢ社に著しく低い価額で譲渡をした場合、Ｂ社の他の株主に対して贈与税が課税されることがあると聞きましたが、本当ですか。

A 著しく低い価額で非上場株式が譲渡された場合、その譲渡を受けた会社の各株主が保有する株式の価額が増加しますが、その増加分はあなた（譲渡をした者）から贈与されたものとして各株主に贈与税の課税関係が生ずることとなります（相法9、相基通9－2(4)）。

解説

❶ 相続税法基本通達9－2では、例えば、無償での財産の提供や時価よりも著しく低い価額での財産の譲渡があった場合において、同族会社の株式の価額が増加したときにおいては、その株主がその増加した部分に相当する金額を贈与により取得したものとして取り扱うこととしています。

【参考通達：相続税法基本通達】
（株式又は出資の価額が増加した場合）
9－2　同族会社（法人税法（昭和40年法律第34号）第2条第10号に規定する同族会社をいう。以下同じ。）の株式又は出資の価額が、例えば、次に掲げる場合に該当して増加したときにおいては、その株主又は社員が当該株式又は出資の価額のうち増加した部分に相当する金額を、それぞれ次に掲げる者から贈与によって取得したものとして取り扱うものとする。この場合における贈与による財産の取得の時期は、財産の提供があった時、債務の免除があった時又は財産の譲渡があった時によるものとする。

(1) 会社に対し無償で財産の提供があった場合　当該財産を提供した者
(2) 時価より著しく低い価額で現物出資があった場合　当該現物出資をした者
(3) 対価を受けないで会社の債務の免除、引受け又は弁済があった場合　当該債務の免除、引受け又は弁済をした者
(4) 会社に対し時価より著しく低い価額の対価で財産の譲渡をした場合　当該財産の譲渡をした者

【参考判決：東京高裁 H27.4.22（第一審の東京地裁 H26.10.29も同旨）】

　相続税法9条は、贈与契約の履行により取得したものとはいえないが、関係する者の間の事情に照らし、実質的にみて、贈与があったのと同様の経済的利益の移転の事実がある場合に、租税回避目的を防止するため、税負担の見地から、その取得した経済的利益を贈与により取得したものとみなして、贈与税を課税することとしたものと考えられる。そして、相続税法基本通達9－2は、相続税法9条の規定に該当する場合を例示したものとして定められたものと解されるところ、同通達9－2(4)に定めるように、同族会社に該当する会社に対する時価より著しく低い価額の対価での財産の譲渡がされるときには、当該譲渡をした者と当該会社ひいてはその株主又は社員との間にそのような譲渡がされるのに対応した相応の特別の関係があるのが一般であり、このことを踏まえると、当該譲渡により譲渡を受けた当該会社の資産の価額が増加した場合には、当該会社の株主又は社員は、その株式又は出資の価額が増加することにより、実質的にみて、当該譲渡をした者から、その増加した部分に相当する金額を贈与により取得したものとみることができるものと考えられる。そうすると、このような場合には、同条9条の規定する「対価を支払わないで、又は著しく低い価額の対価で利益を受けた」と認められるから、同通達9－2(4)の定めは、同法9条の規定に該当する例示として適当なものというべきである。

---

❷　この場合、株式の価額のうち増加した部分に相当する金額は、無償での財産提供や著しく低い価額での財産の譲渡が行われた後の株式の価額から、その無償提供や譲渡が行われる前の株式の価額を控除して計算します。

11-14 第三者の出資による増資

Q 私の経営する非上場会社について、経営上の必要性から資金調達を計画していますが、株主割当増資ではその引受けが見込まれないため、株主以外の第三者に出資を求める増資を予定しています。増資前の1株当たりの時価は1,500円（増資後の相続税評価額1,200円）であるところ、1,000円での発行を計画していますが、出資者への贈与税の課税上の問題は生じますか。

A 会社が同族会社に該当し、かつ、今回の出資者が増資前の株主の親族等である場合には、1株当たり200円（1,200円−1,000円）が増資前の株主から贈与されたものとして、贈与税の課税対象となります（相法9、相基通9−4、評基通190）。

しかし、今回の出資者は第三者ということで、この親族に当たらない場合には贈与税の課税関係は生じません。

解 説

参考通達は以下のとおりです。

【参考通達：相続税法基本通達】
（同族会社の募集株式引受権）
9−4　同族会社が新株の発行（当該同族会社の有する自己株式の処分を含む。以下9−7までにおいて同じ。）をする場合において、当該新株に係る引受権（以下9−5までにおいて「募集株式引受権」という。）の全部又は一部が会社法（平成17年法律第86号）第206条各号《募集株式の引受け》に掲げる者（当該同族会社の株主の親族等（親族その他法施行令第31条に定める特別の関係がある者をいう。以下同

じ。）に限る。）に与えられ、当該募集株式引受権に基づき新株を取得したときは、原則として、当該株主の親族等が、当該募集株式引受権を当該株主から贈与によって取得したものとして取り扱うものとする。ただし、当該募集株式引受権が給与所得又は退職所得として所得税の課税対象となる場合を除くものとする。

【参考通達：財産評価基本通達】
（株式の割当てを受ける権利の評価）

190　株式の割当てを受ける権利の価額は、その株式の割当てを受ける権利の発生している株式について、169《上場株式の評価》、174《気配相場等のある株式の評価》、177《気配相場等のある株式の評価の特例》、187《株式の割当てを受ける権利等の発生している株式の価額の修正》、188－2《同族株主以外の株主等が取得した株式の評価》若しくは前項の定めにより評価した価額又は189《特定の評価会社の株式》に定める特定の評価会社の株式を188－2《同族株主以外の株主等が取得した株式の評価》の本文の定めにより評価した価額に相当する金額から割当てを受けた株式1株につき払い込むべき金額を控除した金額によって評価する。ただし、課税時期において発行日決済取引が行われている株式に係る株式の割当てを受ける権利については、その割当てを受けた株式について169《上場株式の評価》の定めにより評価した価額に相当する金額から割当てを受けた株式1株につき払い込むべき金額を控除した金額によって評価する。

11-15 合併に係る課税関係

Q 私が経営する甲社（資本金3,000万円、6万株（私が5万株、長男が1万株所有）、1株当たりの相続税評価額2,500円）と長男の経営する乙社（資本金2,000万円、4万株（長男が3万株、私が1万株）、1株当たりの相続税評価額2,000円）が1対1の割合で合併し、新たに丙社（資本金5,000万円、10万株（私が6万株、長男が4万株）、1株当たりの相続税評価額2,300円）を設立しますが、課税上の問題は考えられるでしょうか。

A 合併前と合併後を比較するとあなたから長男に700万円相当の株式の価値が移転していますので、長男に贈与税が課税されます。

解説

❶ 対価を支払わないで利益を受けた場合においては、当該利益を受けた時において、当該利益を受けた者が、当該利益を受けた時における当該利益の価額に相当する金額を当該利益を受けさせた者から贈与により取得したものとみなすこととされています（相法9）。

❷ この規定は「利益を受けさせた者」という行為者が現に認識できるものでなければならないところ、ご質問のような、同族会社の株主間で、合併等に際して株式の価値の移転が認められる場合は、価値が減少した者を「利益を受けさせた者」として、価値が増加した者を利益を受けた者として贈与税を課税することになると考えられます。

❸ 本件のケースについて、合併前と合併後の株式の相続税評価額を見ていくと、次のとおりとなり、あなたから長男に700万円相当の株式の価値が移転していることになりますので、長男に対して贈与税が課

税されることとなります。

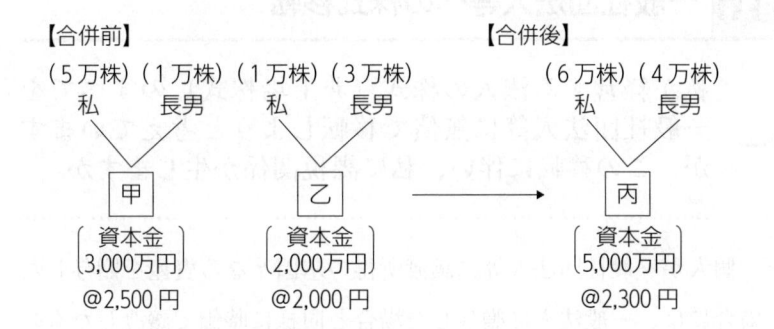

【合併前】　　　　　　　　　　　　【合併後】
（5万株）（1万株）（1万株）（3万株）　　　（6万株）（4万株）
　私　　長男　　私　　長男　　　　　　私　　長男

　　　甲　　　　　　乙　　　　→　　　　丙

　資本金　　　　　資本金　　　　　　　資本金
　3,000万円　　　2,000万円　　　　　5,000万円

　@2,500円　　　@2,000円　　　　　@2,300円

（単位：円）

氏名等	甲　社	乙　社	小　計	丙社	差　額
あなた	125,000,000	20,000,000	145,000,000	138,000,000	△7,000,000
長　男	25,000,000	60,000,000	85,000,000	92,000,000	7,000,000
合　計	150,000,000	80,000,000	230,000,000	230,000,000	0

11-16 一般社団法人等への株式移転

Q 私が経営する法人の株式（非上場株式）のすべてを一般社団法人等に無償で移転しようと考えていますが、この移転に伴い、私に課税関係が生じますか。

A 個人が一般社団法人等に譲渡所得の基因となる資産を贈与した場合には、一般法人に贈与した場合と同様に時価で譲渡したものとみなして所得税の課税対象になります。また、当該資産を時価の2分の1に満たない価額で譲渡した場合にも同様に時価で譲渡したものとみなして所得税の課税対象になります。

解 説

❶ 個人がその有する譲渡所得の基因となる資産を法人に対し贈与した場合には、その資産を、贈与の時における価額（時価）により譲渡したものとみなして、その個人に対してみなし譲渡課税が行われます（所法59①一）。

また、その有する譲渡所得の基因となる資産をその資産の譲渡時における価額（時価）の2分の1に満たない価額で法人に譲渡した場合にも同様に、その資産を、譲渡の時における価額（時価）により譲渡したものとみなして、その個人に対してみなし譲渡課税が行われます（所法59①二）。

❷ これらの場合において、譲渡した資産が非上場株式であるときは、①その株式の贈与等の時における価額（時価）や②その株式が譲渡時における価額の2分の1に満たない価額で譲渡されたかどうかの判定におけるその譲渡した株式の譲渡時の価額は、所得税基本通達23〜35共－9及び59－6により算定することとされています（所基通59－6）。

11-17 特定一般社団法人等に対する相続税の課税制度の創設

Q 特定一般社団法人等に対する相続税の課税制度が創設されたとのことですが、そのあらましを教えてください。

A 一般社団法人等の理事である者（相続開始前5年以内のいずれかの時において一般社団法人等の理事であった者を含みます。）が死亡した場合において、その一般社団法人等が特定一般社団法人等に該当するときは、その特定一般社団法人等が、その特定一般社団法人等の純資産額をその死亡の時における「同族理事数＋1（被相続人）」の数で除して計算した金額を当該被相続人から遺贈により取得したものとみなして、当該特定一般社団法人等に対して相続税が課税されます。

解説

❶　一般社団法人等には持分がないため、一族で実質的に支配する一般社団法人等に財産を移転した後、役員の交代による支配権の移転を通じて子や孫にその財産を代々承継させた場合でも相続税は課税されないこととなる、というようなことが云われていました。

　このような相続税の課税回避を抑止するための上記のような措置が講じられました。

❷　特定一般社団法人等に相続税が課税される場合には、その相続税の額から、贈与等により取得した財産について既に当該特定一般社団法人等に課税された贈与税等の額が控除されます。

区　分	内　容
特定一般社団法人等	以下の要件のいずれかを満たす一般社団法人等をいいます。 ①　相続開始の直前における同族役員数の総役員数に占める割合が２分の１を超えること ②　相続開始前５年以内において、同族役員数の総役員数に占める割合が２分の１を超える期間の合計が３年以上であること
同族役員	一般社団法人等の理事のうち、被相続人、その配偶者または３親等内の親族その他当該被相続人と特殊の関係がある者（被相続人が会社役員となっている会社の会社役員または使用人等）をいいます。

❸　この改正は、平成30年４月１日以後の一般社団法人等の理事の死亡に係る相続税について適用されます。

　ただし、同日前に設立された一般社団法人等については、平成33年４月１日以後の当該一般社団法人等の役員の死亡に係る相続税について適用され、平成30年３月31日以前の期間は上記表②の２分の１を超える期間に該当しません。

11-18 既設の一般社団法人等に対する適用

Q 昨年、医療法人の出資を一般社団法人等に有償で移転し所得税も負担しました。相続の発生はまだありませんが、今回改正された特定一般社団法人等に係る相続税の課税制度の今後の適用関係はどうなるのでしょうか。

A 一般社団法人等が平成30年4月1日前に設立されたものである場合には、平成33年4月1日以後のその一般社団法人等の理事である者の相続から適用されます。

解 説

　下図のように平成30年4月1日前に設立された一般社団法人等が、特定一般社団法人等に該当してその特定一般社団法人等の理事の死亡により相続税の対象となるのは、平成33年4月1日以後ですので、それまでには3年間の期間があります。

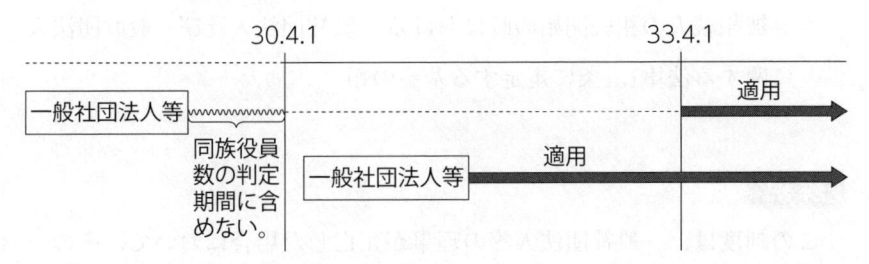

11-19 特定一般社団法人等における純資産額の意義

Q 特定一般社団法人等に対する相続税の課税対象となる特定一般社団法人等の純資産額はどのように計算するのでしょうか。

A 特定一般社団法人等の純資産額は、①の金額から②の金額を控除した残額です。

① 被相続人の相続開始の時において特定一般社団法人等が有する財産の価額の合計額。この財産の価額は、相続開始の時における時価、すなわち相続税評価額です。

② 次に掲げる債務の金額の合計額

　イ 特定一般社団法人等が有する債務で相続開始の際現に存するものの金額。この債務の金額はその時の現況によります。

　ロ 特定一般社団法人等に課される国税または地方税であって被相続人の相続の開始以前に納税義務が成立したものの額

　ハ 被相続人の死亡により支給する死亡退職金

　ニ 被相続人の相続開始の時における一般社団法人及び一般財団法人に関する法律131条に規定する基金の額

解説

　この制度は、一般社団法人等の理事が死亡した場合において、その一般社団法人等が特定一般社団法人等に該当するときは、その相続開始の時におけるその特定一般社団法人等の純資産額を同族理事の数に1を加えた数で除した金額を当該被相続人から遺贈により取得したものとみなして当該特定一般社団法人等に相続税を課税するというものです。この

純資産額については次の点に注意してください。

① 　財産には、信託の受託者として有するもの及び被相続人から遺贈によって取得したものを除きます。

② 　債務は、確実なものに限り、信託の受託者として有する者を除きます。

11-20 従業員持株会への譲渡

Q 私が保有している甲社の株式の一部を、甲社の従業員持株会に譲渡しましたが、この譲渡については、甲社株式の評価額よりも低い価額で行いました。私に対する課税はどのようになりますか。

A 従業員持株会が、民法上の組合として組織されている場合は、持株会を構成する各個人に対する譲渡に当たりますので実際の譲渡価額により譲渡所得が課税されます。一方、人格のない社団等として組織されている場合は、法人に対する譲渡に当たりますので、その譲渡価額が時価の2分の1に満たないときは、みなし譲渡課税（所法59）が生じます。

解 説

❶ 従業員持株会については、①民法上の組合として組織するものと②人格のない社団等として組織するものとがありますが、民法上の組合として組織されるものが多いようです。

従業員持株会が民法上の組合に該当する場合、その譲渡した株式は民法上総組合員の共有となる（民法668）ことから、その株式の譲渡は、各組合員（従業員）に対する譲渡になります。したがって、この場合には、法人に時価の2分の1に満たない価額により株式を譲渡したときのみなし譲渡課税（所法59）の適用はなく、実際の譲渡価額により株式等の譲渡所得等の課税が行われることになります。

（注）　ただし、その譲渡価額（対価の額）がその株式に係る取得費及び譲渡費用の額の合計額に満たないときは、その満たない金額は株式等の譲渡所得の金額の計算上なかったものとみなされます。

❷　また、従業員持株会が人格のない社団等である場合、人格のない社団等は所得税法上法人とみなされる（所法４）ことから、その株式の譲渡が、その株式の時価の２分の１に満たない金額により行われたものである場合には、その株式の時価により譲渡があったものとしてみなし譲渡課税が行われることになります（所法59①）。なお、その株式の譲渡が、その株式の時価の２分の１以上の金額により行われたものである場合には、みなし譲渡課税は行われず、実際の譲渡価額により課税が行われます。

11-21 同族法人への遺贈

Q 同族法人に対して、所有する他社の株式を遺贈することはできますか。また、その場合の課税関係はどのようになりますか。

A 法人に対しても、財産を遺贈することはできます。その場合、遺贈者（被相続人）は、みなし譲渡所得課税が生じ、所得税の課税対象とされ、同族法人（受遺者）は、受贈益に対して法人税の課税対象とされ、同族法人の他の株主は、みなし遺贈として相続税の課税対象とされるなどの課税関係が生ずると考えられます。

解 説

❶ 同族法人の経営者が遺贈により、その同族法人に財産を遺贈（特定遺贈）する場合には、相続税の納税義務者は、相続または遺贈により財産を取得した個人とされていますので（相法1の3）、その財産を遺贈された同族法人には相続税はされませんが、受遺者、遺贈者、その受遺者である同族会社の個人株主に課税関係が生じます。

❷ 株式などの譲渡所得の基因となる資産を法人に遺贈した場合には、その時における時価（通常の取引価額）で譲渡があったものとみなして、遺贈者（被相続人）に対して所得税が課税されます（所法59①一）。相続の開始を知った日の翌日から4か月以内に準確定申告とその所得税の納税が必要になります（所法124、125、129）。

その際の遺贈者（被相続人）に生ずる所得税の納税義務は、特定遺贈を受けた受遺者である同族法人ではなく、相続人が承継することになります（通則法5）。

❸　なお、この遺贈により生じた所得税は、遺贈者（被相続人）の債務
として、相続税の計算上、債務控除の対象となります（相13①、14
②、相令3一）。

❹　また、受遺者である同族法人に対する課税関係は、その株式の時価
相当額が受贈益としてその遺贈を受けた日の属する事業年度の益金の
額に算入されます。この場合において、受贈資産が上場株式の場合は
その日の終値、非上場会社の場合は法人税基本通達9−1−13(4)、9
−1−14に基づき算定した価額に相当する金額により受贈益の計上が
必要になるものと考えます。

❺　それ以外にも、その遺贈により受遺者である同族法人の株式の価額
が増加した場合には、その増加した価額に相当する金額は、遺贈者
（被相続人）からその同族法人の株主に遺贈されたものとみなされて、
相続税の課税の対象とされます（相法9、相基通9−2(1)）。

11-22 公益法人等への贈与等の非課税

Q 個人から法人へ財産（非上場株式）を贈与や遺贈をしても、公益法人等に対するものである場合には譲渡所得に係る所得税が課されない場合があると聞きました。どのようなケースでしょうか。

A 個人から法人へ財産を贈与や遺贈をした場合は、譲渡所得として所得税の課税対象になりますが、公益法人等へ贈与や遺贈する場合で国税庁長官の承認があれば、譲渡者に所得税が課されない特例があります（措法40①）。

解 説

❶ 個人が公益法人等に財産を贈与した場合において譲渡所得に係る所得税が課されない要件は次のとおりです。

⑴ 寄附が、教育または科学の振興、文化の向上、社会福祉への貢献その他公益の増進に著しく寄与すること（措令25の17⑤一）

⑵ 寄附財産（代替資産を含みます。）が、その寄附のあった日から 2 年を経過する日までの期間内に寄附を受けた公益法人等の公益目的事業の用に直接供され、または供される見込みであること（措令25の17⑤二）

⑶ 寄附により、寄附者の所得税の負担を不当に減少させ、または寄附者の親族その他これらの者と特別の関係がある者の相続税や贈与税の負担を不当に減少させる結果とならないと認められること（措令25の17⑤三）

国税庁長官の承認を受けようする者は、「租税特別措置法第40条の規

定による承認申請書」に所定の事項を記入するとともに、一定の書類を
寄附のあった日から4か月以内（その期間を経過する日前に寄附のあった
日の属する年分の所得税の確定申告書の提出期限が到来する場合には、その
提出期限まで）に寄附者の所得税の納税地を所轄する税務署に提出をす
る必要があります。

❷　また、その財産の取得費相当額について、所得税の寄附金控除の対
　象になります。

第12章
その他

12-1 現物出資

Q 甲社の設立に当たって、工場の敷地用に土地の現物
出資をし、甲社の株式を取得しましたが、どのよう
な課税関係になるでしょうか。

A 現物出資により資産を譲渡した場合には、取得した株式の時価
を譲渡所得の総収入金額として計上することになります。

解説

❶　法人の設立に当たっては、一般に、金銭の出資のほかに不動産など
金銭以外の財産により出資することも可能です。このような出資形態
を「現物出資」といいます。出資者は払込期日に出資の目的となった
財産を法人へ移転し、その対価として株式等を取得することになりま
す。この不動産などの財産と株式等の交換について、その不動産など
の財産の保有期間中の値上がり益に対して、譲渡所得として所得税を
課税することになります。つまり、法人に対する現物出資は、譲渡所
得として所得税の課税の対象とされます。

❷　譲渡所得の収入すべき金額は、所得税法は、現物出資した不動産な
どの財産の時価ではなく、金銭以外の物または権利その他経済的な利
益をもって収入する場合の収入金額は、原則として、これらの金銭以
外の物などを取得する時の価額によることとされているため（所法36

②）、現物出資した財産の対価として取得したその法人の株式の時価によって計上すべきことになります。

　この場合の時価は所得税基本通達23〜35共－9により算定することになります。

【参考判決：大阪高裁 H8.7.25】

　不動産を現物出資という形式で法人に譲渡する場合も、譲渡人が右不動産を所有しているうちに生じた値上りによる増加益の所得を実現して譲渡所得を得たことになるから、所得税法（以下「法」という。）33条にいう譲渡所得の発生を来すべき資産の譲渡に該当するものと解すべきところ、当該資産譲渡による所得が金銭以外の物又は権利その他の経済的な利益による収入によって形成されるときは、その所得である収入金額の算定は法36条2項によれば、「当該物若しくは権利を取得し、又は当該利益を享受する時における価額」をいうものとされているから、本件の場合、原告らが取得した訴外会社の出資持分の時価及び本件債務引受により原告らが受けた経済的利益の価額によってこれを算定するものと解すべきである。

12-2 ストックオプションの付与

Q このたび、私が取締役を務める甲社からストックオプションが付与されることになりました。ストックオプションには、税制適格ストックオプションがあると聞きましたが、この付与されるストックオプションが税制適格ストックオプションに該当する場合、付与時に課税関係は生じますか。

A ストックオプションの付与時には課税関係は生じません。付与されるストックオプションが税制適格ストックオプションであれば、そのストックオプションの権利行使時にも課税関係は生じません。

解 説

❶ 会社から、ストックオプションが付与された場合は、そのストックオプションの権利行使をした時点で、権利行使時の甲社の株式の価額から、そのストックオプションの取得価額と権利行使価額との合計額を控除した金額により給与所得等の課税が行われます（権利行使時課税）（所令84②）。しかしながら、そのストックオプションが税制適格ストックオプションである場合には、この権利行使時の課税を行わず、このストックオプションの行使により取得した株式を将来譲渡するときまで課税を繰り延べることとされています（措法29の2）。

❷ 税制適格ストックオプションの要件

(1) 株式会社が会社法の規定に基づき付与した新株予約権等であること

(2) 付与された者は、株式会社または株式会社がその発行済株式総数の50%超を直接または間接に保有する関係等を有する法人の取締役

等であること（一定の大口株主等を除きます。）

(3)　付与された者と株式会社との間に次に掲げる要件が定められている付与契約が締結されていること

①　付与されたストックオプションの権利行使は、当該ストックオプションに係る付与決議の日後2年を経過した日からその付与決議の日後10年を経過する日までの間に行わなければならないこと

②　付与されたストックオプションの権利行使に係る権利行使価額の年間の合計額が1,200万円を超えないこと

③　付与されたストックオプションの1株当たりの権利行使価額は、権利付与契約の締結の時における1株当たりの価額に相当する価額以上であること

④　付与された新株予約権は、譲渡してはならないこととされていること

⑤　付与されたストックオプションの権利行使に係る株式の交付が、その交付のために付与決議がされた募集事項に反しないで行われるものであること

⑥　権利行使により取得した株式は、一定の手続により金融商品取引業者等の振替口座簿等に記録等を受けまたは管理等信託がされること

❸　あなたが付与されたストックオプションが税制適格ストックオプションに該当する場合は、そのストックオプションの付与時及び権利行使時には課税関係は生じず、権利行使により取得した株式を譲渡したときに、株式等に係る譲渡所得等として課税されることとなります。なお、このストックオプションを行使して取得した株式の取得価額はそのストックオプションの取得価額と権利行使価額の合計額となります。

12-3 税制適格ストックオプション

Q このたび、私が監査役を務める甲社から、ストック
オプションが付与されましたが、一定の要件を満た
さなければ、税制適格ストックオプションには該当
しないと聞きました。この付与されたストックオプ
ションが税制適格ストックオプションには該当しな
い場合、付与時に課税関係は生じますか。

A ストックオプションの付与時には課税関係は生じません。付与さ
れるストックオプションが税制非適格ストックオプションであ
れば、そのストックオプションの権利行使時に、そのストックオプショ
ンの権利行使により取得したその時の株式の価額を基に給与所得等とし
て所得税の課税が生じます。

解説

❶ 前問 Q12-2のとおり、会社から、ストックオプションが付与され
た場合は、権利行使時に給与所得等の課税が行われますが、そのス
トックオプションが税制適格ストックオプションである場合には、そ
のストックオプションの行使により取得した株式を将来譲渡するとき
まで課税を繰り延べることとされています（所令84②、措法29の2）。

❷ その与えられたストックオプションが税制適格ストックオプション
に該当するための要件として、与えられた者が、その会社（株式会
社）またはその会社がその発行済株式総数の50％超を直接または間接
に保有する関係等を有する法人の取締役、執行役もしくは使用人であ
る個人（一定の大口株主等を除きます。）または、これらの者の相続人
であることとされています。

❸　あなたは甲社の監査役とのことですが、上記のとおり、その与えられたストックオプションが税制適格ストックオプションに該当するためには、そのストックオプションを与えられた者が取締役等でなければなりません。しかしながら、あなたは、甲社の監査役であることから、あなたに与えられたそのストックオプションは税制非適格ストックオプションとなり、あなたがこのストックオプションの権利行使をして甲社の株式を取得した時点で給与所得等の課税関係が生じます（所基通23〜35共－6、23〜35共－6の2）。この場合の課税される価額は、権利行使をした日の甲社の株式の価額からその与えられたストックオプションの取得価額（無償の場合は0円）とその権利行使価額の合計額を控除した金額となります（所令84②）

❹　なお、このストックオプションの権利行使をして取得した甲社の株式を将来譲渡した場合には、株式等に係る譲渡所得等の課税が生じるところ、このときのその甲社の株式の取得価額はその権利行使時の甲社の株式の価額となります。

【参考通達：所得税基本通達】
（株式等を取得する権利を与えられた場合の所得区分）

23〜35共－6　発行法人から令第84条第2項各号に掲げる権利を与えられた場合（同項の規定の適用を受ける場合に限る。以下23〜35共－6の2において同じ。）の当該権利の行使による株式（これに準ずるものを含む。以下23〜35共－9までにおいて同じ。）の取得に係る所得区分は、次に掲げる場合に応じ、それぞれ次による。

(1)　令第84条第2項第1号又は第2号に掲げる権利を与えられた取締役又は使用人がこれを行使した場合　給与所得とする。ただし、退職後に当該権利の行使が行われた場合において、例えば、権利付与後短期間のうちに退職を予定している者に付与され、かつ、退職後長期間にわたって生じた株式の値上り益に相当するものが主として供与されているなど、主として職務の遂行に関連を有しない利益が供与されていると認められるときは、雑所得とする。

(2) 令第84条第2項第3号又は第4号に掲げる権利を与えられた者が
これを行使した場合　発行法人と当該権利を与えられた者との関係
等に応じ、それぞれ次による。

イ　発行法人と権利を与えられた者との間の雇用契約又はこれに類
する関係に基因して当該権利が与えられたと認められるとき　(1)
の取扱いに準ずる。

(注)　例えば、措置法第29条の2第1項《特定の取締役等が受け
る新株予約権等の行使による株式の取得に係る経済的利益の
非課税等》に規定する「取締役等」の関係については、雇用
契約又はこれに類する関係に該当することに留意する。

ロ　権利を与えられた者の営む業務に関連して当該権利が与えられ
たと認められるとき　事業所得又は雑所得とする。

ハ　イ及びロ以外のとき　原則として雑所得とする。

(3) 令第84条第2項第5号に掲げる権利を与えられた者がこれを行使
した場合　一時所得とする。ただし、当該発行法人の役員又は使用
人に対しその地位又は職務等に関連して株式を取得する権利が与え
られたと認められるときは給与所得とし、これらの者の退職に基因
して当該株式を取得する権利が与えられたと認められるときは退職
所得とする。

(注)　(1)及び(2)の取扱いは、発行法人が外国法人である場合におい
ても同様であることに留意する。

（株式等を取得する権利を与えられた場合の所得の収入すべき時期）

23～35共－6の2　発行法人から令第84条第2項各号に掲げる権利を与
えられた場合の当該権利に係る所得の収入金額の収入すべき時期は、
当該権利の行使により取得した株式の取得についての申込みをした日
による。ただし、同項第5号に掲げる権利を与えられた者がこれを行
使した場合において、当該権利に係る株式の取得についての申込みを
した日が明らかでないときは、当該株式についての申込期限による。

なお、株式を取得する権利を与えられた者が当該株式の取得につい
て申込みをしなかったこと若しくはその申込みを取り消したこと又は
払込みをしなかったことにより失権した場合には、課税しない。

12-4 リストリクテッド・ストックの課税関係

Q このたび、私が取締役を務める甲社から、リストリクテッド・ストック（RS）を付与されましたが、このRSが付与された場合の課税関係はどうなりますか。

A リストリクテッド・ストックが付与された時点では課税関係は生じません。そのリストリクテッド・ストックに付された譲渡制限が解除されたときに、その時の株式の価額を基に給与所得等として所得税の課税が生じます。

解 説

❶ リストリクテッド・ストック（RS）とは、一般的には、付与された自己株式に、一定の譲渡制限などの条項や一定の日（帰属確定日）までに継続して勤務しないと没収されることなど一定の条項が定められているものをいいます。

　このRSは、一般的には、税法上「特定譲渡制限付株式」に該当すると考えられるところ、これが付与された者に係る課税関係については、ストックオプションと同様に給与所得等として課税されます（所基通23〜35共−6）。また、収入すべき時期については、上記没収に関する事項や譲渡制限があることなどを考慮すれば、RSが付与された日ではなく、帰属確定日（一般的には譲渡制限が解除される日）となります。そして、収入すべき価額については、帰属確定日におけるその自己株式の価額となります（所令84①）。

❷ なお、この株式の取得価額はその帰属確定日における価額となりま

す（所令109①二）。

> **【参考判決：東京地裁 H17.12.16】**
>
> 　本件制限解除に至るまでの原告は、形式上米国 HP 社の株主であるとはされているものの、その保有する株式を処分することも、株式買取請求権等の行使によって株式の処分に替えてその価値を取得することもおよそ不可能な状況に置かれていたものというべきであるから、このような時点において、株式の経済的価値を取得するに至ったと評価することはできず、むしろ、本件リストリクテッド・ストックに係る経済的利益の取得は、本件制限解除によって初めて現実化したものであって、その年分の所得として認識するのが相当であるというべきである。

12-5 リストリクテッド・ストック・ユニットの課税関係

Q このたび、私が取締役を務める甲社から、リストリクテッド・ストック・ユニット（RSU）を付与されましたが、この RSU が付与された場合の課税関係はどうなりますか。

A リストリクテッド・ストック・ユニットが付与された時点では課税関係は生じません。そのリストリクテッド・ストック・ユニットの制限が解除され株式を取得した時に、その時の株式の価額を基に給与所得等として所得税の課税が生じます。

解説

❶ リストリクテッド・ストック・ユニット（RSU）とは、一般的には、会社と従業員等との間で契約を結び、その会社の株式と等価の譲渡不能のユニット（単位）が無償で付与され、一定期間経過後、通常複数年かけてユニットの制限が解除され株式に転換していくものをいい、ストックオプションと同様にインセンティブ報酬と位置付けられます。

❷ この RSU が付与された場合の課税関係ですが、会社から与えられるものであるため、ストックオプションやリストリクテッド・ストックと同様に、給与所得等に該当するのが一般的であると考えられます。また、収入すべき時期については、ユニットの制限が解除され、株式を取得したときとなるのが相当であると考えられます。そして、収入すべき金額についても、その株式を取得した時のその株式の価額によるのが相当であると考えられます。

❸　この株式の取得価額は、その取得した時のその株式の価額となります。

【参考裁決：H24.2.10】

　本件株式は、請求人の立場により自由に譲渡できる期間を限定されているとはいえ、市場に流通するE社の普通株式と同じ経済的価値（客観的交換価値）を有するものである。そして、上記ロ及びハのとおり、コンバート（Convert）日（平成20年9月8日）において既に、請求人が、市場に流通するE社の普通株式と同じ経済的価値を有する本件株式の支給を受けて、本件株式に係る株主としての地位を確定的に取得している以上、同日に本件株式に係る所得が実現したというべきである。

12-6 ストックオプション等の収入金額

Q ストックオプション、リストリクテッド・ストックやリストリクテッド・ストック・ユニットの付与を受けた場合は、権利行使や譲渡制限が解除された段階などで所得税の課税が行われると聞きましたが、その課税の際の収入金額は何をもって算定することになりますか。

A ストックオプション等に係る経済的利益に対する課税は、その権利の行使等により取得する株式のその時における価額を基に算定することになります。

解 説

❶　ストックオプション、リストリクテッド・ストックやリストリクテッド・ストック・ユニットは、インセンティブ報酬として用いられているところです。

❷　これらの権利等については、付与時には課税関係は生じず、原則として権利行使や譲渡制限が解除されたときに給与所得等として課税されることとなります。そして、この権利行使や譲渡制限が解除されたときに経済的利益を得たとして課税されることとなり、これらの権利等の行使等によりその付与された者が取得することとなるのはその会社の株式であることから、その経済的利益は、その権利行使をしたとき等のその株式の価額を基に算定することとなります。

12-7 国外転出時課税① —あらまし—

Q 父が経営する会社の株式を、母から相続したものも含めて2億円相当を所有していますが、このたび、職場の都合で3年間、海外勤務することとなりました。この株式は父が創業した会社の株式であることから譲渡するつもりは一切ありませんが、所得税が課税されると聞きましたが本当ですか。

A 国外転出する際に、1億円以上の有価証券を有していることから、国外転出時課税の対象として、その有価証券の含み益に対して所得税が課されます。

解説

　国外転出時課税は、国外転出をする時点で1億円以上の有価証券や未決済の信用取引などの対象資産を所有等（所有または契約の締結。以下同じです。）している一定の居住者に対して、国外転出の時に、国外転出の時の価額または国外転出の予定日の3か月前の日の価額で対象資産の譲渡等があったものとみなして、その対象資産の含み益に対して所得税が課税される制度で、平成27年7月1日以後に国外転出をする場合に適用されます（所法60の2①〜③）。

　国外転出時課税の対象となる者は、所有等している対象資産の譲渡等があったものとみなして、譲渡所得等の金額を計算し、確定申告書を提出するほか、所得税を納付する必要があります。

　課税対象者となる一定の居住者は、国外転出をする居住者で、国外転出の時に所有等している対象資産の価額の合計額が1億円以上であり、

原則として国外転出の日前10年以内において、国内在住期間が５年を超えている者が、国外転出時課税の対象となります（所法60の２⑤）。

　また、対象資産の価額の合計額が１億円以上となるか否かは、国外転出の時に国外転出をする者が所有等している次の(1)または(2)に掲げる時（日）の対象資産の金額を基に判定します（所法60の２⑤）。

(1)　国外転出の前に確定申告書の提出をする場合

　国外転出の予定日から起算して３か月前の日の①有価証券等の価額に相当する金額及び②未決済信用取引等または未決済デリバティブ取引を決済したものとみなして算出した利益の額または損失の額に相当する金額の合計額（所法60の２①二、②二、③二）

　なお、国外転出の予定日から起算して３か月前の日から国外転出までに新たに有価証券等を取得または未決済信用取引等もしくは未決済デリバティブ取引の契約の締結をした場合は、その有価証券等の取得時またはその未決済信用取引等もしくは未決済デリバティブ取引の契約締結時の価額で対象資産の価額を算定します。

(2)　国外転出の後に確定申告書の提出をする場合

　国外転出の時の①有価証券等の価額に相当する金額及び②未決済信用取引等または未決済デリバティブ取引を決済したものとみなして算出した利益の額または損失の額に相当する金額の合計額（所法60の２①一、②一、③一）

<課税対象となる含み益のイメージ：有価証券>

含み益
18,000

国外転出時課税の対象となる部分
（確定申告または準確定申告）　⇨　納付

2,000

取得時の時価　　　国外転出時の時価
20,000

12-8　国外転出時課税②
—非居住者へ対象資産を贈与した場合—

Q 海外に居住する娘に、私の経営する会社の株式を贈与することを予定していますが、5年前に贈与した際は、娘が贈与税の申告と納税をするのみでしたが、今回は、私も所得税の申告と納税が必要だと聞きましたが本当ですか。

A 贈与者が、贈与時に1億円以上の有価証券を有している場合には、国外転出時課税の対象として、その有価証券の含み益に対して所得税が課されます。

解説

　国外転出（贈与）時課税は、贈与をする時点で1億円以上の有価証券や未決済の信用取引などの対象資産を所有等している一定の居住者が国外に居住する親族等（非居住者）へ対象資産の全部または一部（以下「贈与対象資産」といいます。）を贈与したときに、贈与対象資産の譲渡等があったものとみなして、その贈与対象資産の含み益に対して贈与者に所得税が課税される制度で、平成27年7月1日以後に行われる贈与について適用されます（所法60の3①～③）。

　国外転出（贈与）時課税の対象となる贈与者は、贈与対象資産の譲渡等があったものとみなして、譲渡所得等の金額を計算し、確定申告書を提出するほか、所得税を納付する必要があります。

　課税対象者となる一定の居住者は、前問Q12-7と同様です。

　また、平成29年4月1日からは、国外財産に係る贈与税、相続税の納税義務の範囲の見直しが行われ、贈与者と受贈者の双方が5年超国外に

居住してから国外財産を贈与する等の租税回避を防止するため、国内に住所を有していない期間の基準を「5年以内」から「10年以内」とする改正も行われていることから、併せて注意が必要です。贈与税の納税義務の範囲については、下図を参考にしてください（相続税についても同じです。）。

贈与者 ＼ 受贈者	国内に住所あり		国内に住所なし		
		短期滞在の外国人(注1)	日本国籍あり		日本国籍なし
			10年以内に住所あり	左記以外	
国内に住所あり	居住無制限納税義務者（国内財産・国外財産ともに課税）	居住制限納税義務者	非居住無制限納税義務者（国内財産・国外財産ともに課税）	非居住制限納税義務者	
短期滞在の外国人(注1)					
国内に住所なし　10年以内に住所あり		居住制限納税義務者（国内財産のみに課税）		非居住制限納税義務者（国内財産のみに課税）	
短期滞在の外国人(注2)					
上記以外					

(注) 1 　出入国管理及び難民認定法別表第1の上欄の在留資格を有する人で、贈与前15年以内において国内に住所を有していた期間の合計が10年以下の人
　　　 2 　日本国籍を有していない人で、贈与前15年以内において国内に住所を有していた期間の合計が10年以下の人
　　　 3 　上記の表においては、平成30年度税制改正事項（短期滞在の外国人）を織り込んでいません。

12-9 国外転出時課税③
—非居住者が相続または遺贈により対象資産を取得した場合—

Q 父が亡くなり、父の主宰していた法人の株式を国外に居住する弟が相続しましたが、日本に居住する私にも、相続税の他に所得税が課税されると聞きましたが、どのような制度ですか。

A 国外転出（相続）時課税は、相続開始の時点で1億円以上の有価証券や未決済の信用取引などの対象資産を所有等している一定の居住者が亡くなり、国外に居住する相続人または受遺者（非居住者である相続人等）がその相続または遺贈により対象資産の全部または一部（相続対象資産）を取得した場合は、その相続または遺贈の時に取得した相続対象資産について譲渡等があったものとみなして、相続対象資産の含み益に対して被相続人に所得税が課税される制度で、平成27年7月1日以後の相続または遺贈について適用されます（所法60の3①～③）。未分割の場合でも、非居住者に対する部分について課税対象となりますので注意してください。

解説

❶ 国外転出（相続）時課税の対象となる者（適用被相続人等）の相続人は、相続対象資産の譲渡等があったものとみなして、譲渡所得等の金額を計算し、相続の開始があったことを知った日から4か月以内に適用被相続人等の準確定申告書を提出するほか、所得税を納付する必要があります。

課税対象者となる一定の居住者は、Q12-7と同様です。

❷ 国外転出（相続）時課税の申告期限までに遺産分割が確定していな

い場合であっても、民法の規定による相続分の割合に従って非居住者
である相続人等に相続対象資産の移転があったものとして国外転出
（相続）時課税の申告をする必要があります。

申告をした後に、遺産分割が確定したことにより、非居住者である相
続人等が取得する相続対象資産が相続分の割合に従って申告した内容と
異なることとなった場合には、適用被相続人等の相続人は、その遺産分
割が確定した日から4か月以内に、その国外転出（相続）時課税の適用
を受けた年分の所得税の税額が増加するときには修正申告書を提出しな
ければならず、その税額が減少するときには更正の請求をすることがで
きます（所法151の6①、同法153の5）。

❸　また、平成29年4月1日からは、国外財産に係る相続税の納税義務
の範囲の見直しも行われ、被相続人と相続人の双方が5年超国外に居
住してから国外財産を贈与する等の租税回避を防止するため、国内に
住所を有していない期間の基準を「5年以内」から「10年以内」とす
る改正も行われていることから、併せて注意が必要です。納税義務の
範囲については、前問Q12-8の図を参考にしてください。

12-10 国外転出時課税④ —納税の猶予—

Q 国外転出時課税の対象となった場合でも、納税管理人の指定を一定の時期までに行うと納税が猶予されると聞きましたが、どのような手続を取ればよいでしょうか。

A まず、国外転出時までに納税管理人の届出を所轄税務署に提出する必要があります。さらに、確定申告期限までに確定申告書の提出をし、納税猶予分の所得税及び利子税の額に相当する担保を提供することにより、当該所得税の額について納税が国外転出から5年間猶予されます（猶予期間中は、各年の3月15日（土・日曜日の場合は翌月曜日）までに継続適用届出書の提出が必要です。）。また、長期海外滞在が必要な状況にある場合は、納税猶予期間の延長の届出をすることで、更に5年間納税猶予期間を延長することができます。

解説

❶ 国外転出時課税の申告をする者が、国外転出の時までに納税管理人の届出をするなどの一定の手続を行った場合には、国外転出時課税の適用により納付することとなった所得税について、国外転出の日から5年を経過する日まで納税を猶予することができます（所法137の2①）。

また、長期海外滞在が必要な場合は、国外転出の日から5年を経過する日までに「国外転出をする場合の譲渡所得等の特例等に係る納税猶予の期限延長届出書」を所轄税務署へ提出することにより、納税猶予期限を5年延長（合計10年）することができます（所法137の2②）。

　国外転出時課税の納税猶予の特例の適用を受けるためには、まず、国外転出の時までに所轄税務署へ納税管理人の届出をすることが必須となりますので、特に注意が必要です。

　また、国外転出時課税の申告をする年分の確定申告書に納税猶予の特例の適用を受けようとする旨を記載するとともに、「国外転出等の時に譲渡または決済があったものとみなされる対象資産の明細書（兼納税猶予の特例の適用を受ける場合の対象資産の明細書）《確定申告書付表》」及び「国外転出をする場合の譲渡所得等の特例等に係る納税猶予分の所得税及び復興特別所得税の額の計算書」を添付し、その確定申告書の提出期限までに、納税を猶予される所得税額及び利子税額に相当する担保を提供する必要があります（所法137の2①③）。

　さらに、確定申告書の提出後についても、納税猶予期間中は、各年の12月31日において所有等している対象資産について、引き続き納税猶予の特例の適用を受けたい旨などを記載した「国外転出をする場合の譲渡所得等の特例等に係る納税猶予の継続適用届出書」を翌年3月15日（土・日曜日の場合は翌月曜日）までに、所轄税務署へ提出する必要があります（所法137の2⑥）。

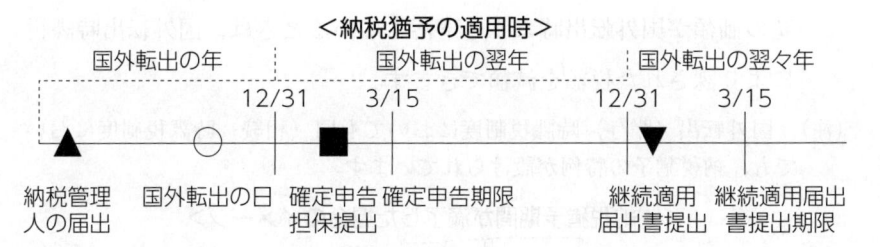

<納税猶予の適用時>

| 国外転出の年 | 国外転出の翌年 | 国外転出の翌々年 |

| 納税管理人の届出 | 国外転出の日 | 確定申告担保提出 | 確定申告期限 | 継続適用届出書提出 | 継続適用届出書提出期限 |

❷ 納税猶予制度の適用を受ける場合は、一定の手続により、次の(1)〜(4)の減額措置等の適用を受けることができます。ただし、納税管理人の解任をした場合や担保不足が生じた場合には、猶予税額の納付が必要になり、減額措置等の適用もなくなります。

(1) 譲渡等の際の対象資産の価額が国外転出時よりも下落している場合は、譲渡等した対象資産について、国外転出時課税により課された税額を減額できます。

(2) 国外転出先の国の外国所得税と二重課税が生じ、国外転出先の国において国外転出時課税分の税額が調整されない場合には、納税猶予期間中に対象資産を譲渡等した際、国外転出先の国で納付した外国所得税について、外国税額控除の適用を受けることができます。

(3) 納税猶予期間（5年または10年）の満了日までに帰国した場合には、国外転出時から帰国時まで引き続き有している対象資産について、国外転出時課税により課された税額を取り消すことができます。

(4) 納税猶予期間が満了した場合には、国外転出時から引き続き有している対象資産について、納税猶予期間が満了した時点で、対象資産の価額が国外転出時よりも下落しているときは、国外転出時課税により課された税額を減額できます。

(注) 国外転出（贈与）時課税制度においても同（相続）時課税制度においても、納税猶予の特例が設けられています。

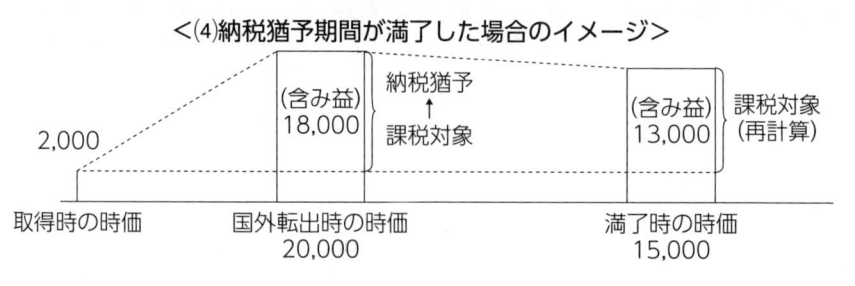

＜(4)納税猶予期間が満了した場合のイメージ＞

12-11 国外転出時課税⑤ ―収入金額の算定―

Q 海外勤務に当たり、国外転出時課税の申告を行うことになりますが、譲渡収入金額はどのように計算すればよろしいですか。

A 国外転出の時または国外転出の予定日から起算して3か月前の日（国外転出の時等）における対象資産の価額は、時価により計上することになります。

解説

❶　国外転出の時等における「有価証券等」の価額については、原則として、所得税基本通達23〜35共－9及び59－6（公社債及び公社債投資信託にあっては、「財産評価基本通達」第8章第2節《公社債》）の取扱いに準じて求めた価額により、金額を算定します。

　　主な有価証券等の具体的な算定方法については、次のとおりです。

種　　類		評　価　方　法
金融商品取引所に上場されているもの		金融商品取引所の公表する最終価格
気配相場のあるもの		日本証券業協会の公表する取引価格
取引相場のないもの	売買実例のあるもの	最近において売買の行われたもののうち適正と認められる価額
	類似会社の株式の価額のあるもの	類似会社の株式の価額に比準した価額
	それ以外のもの	その株式の発行法人の1株当たりの純資産価額等を参酌して通常取引されると認められる価額

利付公社債	金融商品取引所に上場されているもの		金融商品取引所の公表する最終価格＋（既経過利息の額－源泉所得税相当額）
	日本証券業協会において売買参考統計値が公表される銘柄として選定されているもの		日本証券業協会の公表する価格＋（既経過利息の額－源泉所得税相当額）
	それ以外のもの		発行価額＋（既経過利息の額－源泉所得税相当額）
公社債	割引公社債	金融商品取引所に上場されているもの	金融商品取引所の公表する最終価格
		日本証券業協会において売買参考統計値が公表される銘柄として選定されているもの	日本証券業協会の公表する価格
		それ以外のもの	発行価額＋（券面額－発行価額）×（発行日から課税時期の日数／発行日から償還期限の日数）
	転換社債型新株予約権付社債	金融商品取引所に上場されているもの	金融商品取引所の公表する最終価格＋（既経過利息の額 － 源泉所得税相当額）
		店頭転換社債として登録されたもの	金融商品取引所の公表する最終価格＋（既経過利息の額－源泉所得税相当額）
		それ以外のもの（株式の価額が転換価格を超えないもの）	発行価額＋（既経過利息の額－源泉所得税相当額）
		それ以外のもの（株式の価額が転換価格を超えるもの）	株式の価額[注1]×（100円／100円当たりのその転換社債の転換価格）
公社債投資信託	金融商品取引所に上場されている証券投資信託		金融商品取引所の公表する最終価格
	それ以外のもの		《日々決算型のもの》 基準価額＋（再投資されていない未収分配金－未収分配金に係る源泉所得税相当額）－解約手数料等
			《その他》 基準価額－収益分配金に係る源泉所得税相当額－解約手数料等
抵当証券			元本の額[注2]＋（既経過利息の額－源泉所得税相当額）－解約手数料
匿名組合契約に係る権利			匿名組合契約を終了した場合に分配を受けることができる清算金の額

(注)1　上記株式等欄を参照してください。
　　2　取引業者等が買い戻す価額を別途定めている場合はその金額

❷　国外転出の時等における「未決済信用取引等」の利益の額または損失の額については、次の(1)及び(2)の区分に応じて算出した金額が、国

外転出の時等における利益の額または損失の額に相当する金額となります（所規37の2②③）。

(1)　有価証券の売付けをしている場合

売付けをした有価証券のその売付けの対価の額から、国外転出の時において所有しているその有価証券の次に掲げる有価証券の区分に応じ、それぞれ次に掲げる金額に相当する金額（以下「時価評価額」といいます。）に有価証券の数を乗じて計算した金額を控除した金額

	証券区分	金　　　額
①	取引所売買有価証券^(注1)	金融商品取引所において公表された国外転出の日等における最終の売買の価格
②	店頭売買有価証券及び取扱有価証券^(注2)	金融商品取引法67条の19（売買高、価格等の通知等）の規定により公表された国外転出の日等における最終の売買の価格
③	その他価格公表有価証券^(注3)	価格公表者によって公表された国外転出の日等における最終の売買の価格

(注)1　売買が主として金融商品取引法2条16項（定義）に規定する金融商品取引所の開設する市場において行われている有価証券をいいます。
　　2　金融商品取引法2条8項10号ハに規定する店頭売買有価証券及び同法67条の18第4号（認可協会への報告）に規定する取扱有価証券をいいます。
　　3　①及び②に掲げる有価証券以外の有価証券のうち、価格公表者（有価証券の売買の価格を継続的に公表し、かつ、その公表する価格がその有価証券の売買の価格の決定に重要な影響を与えている場合におけるその公表をする者をいいます。）によって公表された売買の価格のあるものをいいます。

(2)　有価証券の買付けをしている場合

その買付けをした有価証券の時価評価額に有価証券の数を乗じて計算した金額から有価証券のその買付けの対価の額を控除した金額

❸　国外転出の時等における「未決済デリバティブ取引」の利益の額または損失の額については、次に掲げる取引の区分に応じ算出した金額となります（所規37の2④⑤）

	取引区分	金　　　　額
①	市場デリバティブ取引等[注1]	市場デリバティブ取引等につき、金融商品取引所または外国金融市場における国外転出の日等の最終の価格により取引を決済したものとした場合に授受される差金に基づく金額またはこれに準ずるものとして合理的な方法により算出した金額
②	先渡取引等[注2]	先渡取引等につき、その先渡取引等により当事者間で授受することを約した金額を国外転出の時等の現在価値に割り引く合理的な方法により割り引いた金額
③	金融商品オプション取引[注3]	金融商品オプション取引につき、金融商品オプション取引の権利の行使により当事者間で授受することを約した金額、国外転出の時等の権利の行使の指標の数値及び指標の予想される変動率を用いた合理的な方法により算出した金額
④	金融商品取引法 2 条20項に規定するデリバティブ取引のうち、①〜③に掲げる取引以外の取引	①から③までに掲げる金額に準ずる金額として合理的な方法により算出した金額

(注) 1　金融商品取引法 2 条21項に規定する市場デリバティブ取引または同条23項に規定する外国市場デリバティブ取引をいいます。

　　 2　金融商品取引法 2 条22項に規定する店頭デリバティブ取引（同項 3 号、4 号及び 6 号に掲げる取引を除きます。）をいいます。

　　 3　金融商品取引法 2 条22項に規定する店頭デリバティブ取引（同項 3 号、4 号に掲げる取引に限ります。）をいいます。

第3編

参考資料

株式評価等の改正の流れ

改正年	改　正　内　容
昭和41年	法人税法上認容されている退職給与引当金を、類似業種比準方式における⑩の計算及び純資産価額方式の計算に当たって、負債として取り扱うこととされました。(昭41.12.12直資3−20) 　(注)　当時の類似業種比準方式における⑩の計算（現行とは相違） 　　　　総資産(簿価)−〔負債(簿価)−価格変動準備金等の準備金・引当金〕 　　　　　　　　　　　　　　　　↑ 　　　　　　改正の結果、退職給与引当金が除かれました。 　(参考)　個人の事業用財産についても同様に措置されました。
昭和44年	類似業種比準方式における⑧の計算方法の改正が行われました。(昭44.7.23直資3−19) 【改正前】 　①　同族株主が取得した株式の評価に当たって、⑧を「配当性向」によって計算 　　　$⑧＝ⓒ×\dfrac{B}{C}$ 　②　直前期1年のみで計算 【改正後】 　①　実際の配当金額により計算 　②　直前期及び直前々期の2年間の平均額により計算
昭和47年	上場株式等の評価方法の改正が行われました。(昭47.6.20直資3−16) Ⅰ　上場株式の評価方法の改正 【改正前】 　①又は②のうちいずれか低い方の価額により評価 　　①　課税時期の最終価格 　　②　課税時期の属する月の毎日の最終価格の月平均額 【改正後】 　①〜④のうち最も低い価額により評価 　　①　課税時期の最終価格 　　②　課税時期の属する月の毎日の最終価格の月平均額 　　③　課税時期の属する月の前月の毎日の最終価格の月平均額 　　④　課税時期の属する月の前々月の毎日の最終価格の月平均額 Ⅱ　非上場株式の評価方法の改正 　(1)　会社規模区分の判定基準（大・中・小会社の判定基準）のうち、総資産価額基準及び年間取引金額基準の改定（引上げ） 　(2)　類似業種比準方式の計算式等の改正 　　①　計算式 　　　【改正前】　次の算式によって計算した金額のうちいずれか低い方の金額。 　　　$A×\left(\dfrac{\frac{⑧}{B}+\frac{ⓒ}{C}+\frac{⑩}{D}+3}{6}\right)$　or　$A×\left(\dfrac{\frac{⑧}{B}+\frac{ⓒ}{C}+\frac{⑩}{D}+1}{4}\right)$ 　　　【改正後】 　　　$A×\left(\dfrac{\frac{⑧}{B}+\frac{ⓒ}{C}+\frac{⑩}{D}}{3}\right)×0.7$

改正年	改　　正　　内　　容
昭和47年 （続）	②　類似業種の株価 　【改正前】　課税時期の属する月の平均株価に比準 　【改正後】　課税時期の属する月以前 3 か月の各月の平均株価のうち最も低い金額に比準 　③　純資産価額（Ⓓ）の計算方法 　【改正前】　総資産（簿価）－〔負債（簿価）－価格変動準備金等の準備金・引当金（退職給与引当金を除く）〕 　【改正後】　資本金＋資本積立金＋利益積立金 　④　類似業種比準価額に対する純資産価額（相続税評価額）による、いわゆる「頭打ち」制度の導入 　(3)　純資産価額方式の計算方法の改正 　　資産の評価替えにより生じる評価差額に対する法人税額等相当額の控除の導入 　(4)　配当還元方式の適用範囲の拡大 　　同族株主のいる会社の同族株主以外の株主及び同族株主のいない会社で株式の所有割合が 5 ％未満のグループに属する株主の取得した株式を配当還元方式によって評価
昭和53年	非上場株式の評価方法の改正が行われました。（昭53.4.1直評 5 ） 　1　配当還元方式の適用範囲の拡大 　　「中心的な同族株主」基準の導入等によって、配当還元方式の適用範囲を拡大 　2　類似業種比準方式におけるⒸの金額の計算方法の改正 　【改正前】　直前期 1 年間の金額により計算。 　【改正後】　直前期 1 年間の金額または 2 年間の平均額のいずれか低い方の選択が認められました。 　3　純資産価額方式における評価減 　　同族グループの持株割合が50％未満のときは、20％の評価減を行うこととされました。
昭和58年	事業承継税制についての税調答申の趣旨に沿って、非上場株式の評価方法の改正が行われました。（昭58.4.8直評 5 ） 　1　小会社の株式の評価方法の改正 　　純資産価額方式と類似業種比準方式との併用方式（ L ＝0.5）を選択することが認められました。 　2　類似業種比準方式の計算方法の改正 　　①　業種分類選択の弾力化（小分類と中分類の選択及び中分類と大分類の選択が認められました。） 　　②　前年平均株価の選択が認められました。 　　③　中会社における L の割合の引上げ（0.25を0.5に引上げ） 　3　その他（商法改正に伴う整備） 　　株主の態様の判定における議決権を有しないこととされる株式がある場合の発行済株式数の取扱いが整備されました。
	評価基本通達の改正に伴い、非上場株式の評価明細書等の改正が行われました。（昭58.5.20直評 9 ）
昭和59年	医療法人の出資の評価の規定を新設し、類似業種比準方式の計算において「配当」を比準要素から除かれました。（昭59.7.18直評 7 ）

改正年	改　　正　　内　　容
平成2年	株式取引等の実態にかんがみ、株式及び出資の評価の適正化を図るため、上場株式等の評価方法の改正が行われました。（平2.8.3直評12） Ⅰ　上場株式の評価方法の改正 　負担付贈与等により取得した上場株式の価額は、課税時期の最終価格により評価 Ⅱ　非上場株式の評価方法の改正 　(1)　純資産価額方式の計算方法 　　①　評価会社が課税時期前3年以内に取得（新築）した土地等及び建物等については、課税時期における通常の取引価額により評価して純資産価額を計算します。 　　②　負債に含まれる法人税額等の額に「消費税額」を追加する等の改正が行われました。 　　③　評価会社が有する株式等の純資産価額の計算において、評価差額に対する法人税額等相当額を控除しないこととされました。 　(2)　特定の評価会社の株式の評価 　特定の評価会社の株式を次のように定義し、その評価方法が定められました。 　　①　株式保有特定会社の株式 　　・総資産価額のうちに占める株式等の価額の割合が25％以上〔相評ベース〕（中・小会社は50％以上）の会社の株式 　　・純資産価額により評価（「S_1+S_2」方式の選択可。少数株主は配当還元価額による） 　　②　土地保有特定会社の株式 　　・総資産価額のうちに占める土地等の価額の割合が70％以上〔相評ベース〕（中会社は90％以上）の会社の株式（小会社は対象としない） 　　・純資産価額により評価（少数株主は配当還元価額による） 　　③　開業後3年未満の会社等の株式 　　・開業後3年未満の会社または類似業種比準価額の比準要素の金額の2要素以上が直前期、直前々期において0である会社 　　・純資産価額により評価（少数株主は配当還元価額による） 　　④　開業前または休業中の会社の株式 　　・純資産価額により評価（改正前と同じ） 　　⑤　清算中の会社の株式 　　・清算分配見込金額に基づき評価（改正前と同じ） 　評価通達の改正に伴い非上場株式等の評価明細書等の改正が行われました。（平2.12.27直評23）
平成3年	非上場株式の評価において、改正商法の施行に伴い株主の態様の判定における議決権のない株式がある場合の発行済株式数の取扱いが改められました。（平3.3.26直評4）
平成6年	非上場株式を評価する場合の前提となる会社規模の区分基準について、資本金1億円基準に代えて従業員数100人以上の会社を大会社とする改正が行われました（総資産価額基準にも従業員数の規模を付加）。（平6.6.17課評2－8） 　（注）　中会社の区分を2区分から3区分に細分化し、Ｌの割合を拡大。

改正年	改　正　内　容
平成10年	非上場株式を評価する場合における会社規模を判定する際の業種区分に、「小売・サービス業」を新設した上、その金額基準等が定められました。（平10.9.10課評2－10）
平成11年	非上場株式を評価する場合における業種目は、「直前期末以前1年間の取引金額」を基に判定することとされました。（平11.3.10課評2－2）
	非上場株式を純資産方式により評価する場合、評価会社の有する資産の中に現物出資または合併により著しく低い価額で受け入れた資産があるときには、その現物出資のときのその資産の価額（相続税評価額）とその現物出資等による受入れ価額との差額（現物出資等受入れ差額）に対する法人税額等相当額は、純資産価額の計算上控除しないこととされました。（平11.7.19課評2－12）
平成12年	社会経済の実態の変化に伴い非上場株式等の評価について所要の改正が行われました。（平12.6.13課評2－4） (1)　類似業種比準方式の算式 【改正前】　$A \times \dfrac{\dfrac{\text{Ⓑ}}{B} + \dfrac{\text{Ⓒ}}{C} + \dfrac{\text{Ⓓ}}{D}}{3} \times 0.7$ 【改正後】　$A \times \dfrac{\dfrac{\text{Ⓑ}}{B} + \dfrac{\text{Ⓒ}}{C} \times 3 + \dfrac{\text{Ⓓ}}{D}}{5} \times 0.7$ 　　　　　分母の「5」はⒸがゼロの場合は「3」。 　　　　　「0.7」は中会社については「0.6」小会社については「0.5」。 (2)　会社規模区分における小会社の従業員基準を「5人以下」。 (3)　いわゆる「2要素以上ゼロの会社」の株式の価額は、純資産価額方式により評価することとされていましたが、3つの比準要素のすべてがゼロである会社の株式を除き類似業種比準方式の適用割合（Lの割合）を「0.25」として類似業種比準方式と純資産価額方式との併用方式により評価できることとされました。 (4)　評価会社が有する資産の中に、株式交換または株式移転により著しく低い価額で受け入れた株式があるときは、その受入れ時の株式の価額（相続税評価額）とその受入れ価額との差額に対する法人税額等相当額は、評価会社の株式の純資産価額の計算上控除しないこととされました。 (5)　評価会社が自己株式を有する場合の取扱いについて明らかにされました。 (6)　中小企業投資育成会社が株主の場合の取扱いについて明確にされました。
平成15年	商法改正により、単元株制度の創設及び株式の多様化（種類株式の種類の増加）が図られたことから、株主の「持株割合」ではなく、「議決権割合」によって同族株主以外の株主等が取得した株式であるかどうかの判定を行うこととされました。（平15.6.25課評2－15）
平成18年	非上場株式の評価方法の改正 　会社法の施行及び法人税法の改正に伴い、次の改正が行われました。 （平18.10.27課評2－27） 1　類似業種比準方式 　①　類似業種の株価及び各比準要素の数値は、「1株当たりの資本金

改正年	改　正　内　容
平成18年 （続）	の額」から「1株当たりの資本金等の額（法人税法上の資本金等の額）」を50円とした場合の株式数を基として計算することとされました。 　②　比準要素の1つである「1株当たりの配当金額」は、「利益処分による配当金額」から「剰余金の配当金額」を基として計算することとされました。 　③　評価会社が自己株式を保有する場合には、発行済株式数から自己株式数を控除することとされました。 2　純資産価額方式 　会社法の施行により「利益処分」の規定がなくなったことに伴い、利益処分を前提とした配当金及び役員賞与の金額の取扱いについて削除されました。
平成20年	非上場株式の評価における類似業種比準方式の計算方法が改正されました。（平20.3.14課評2-5） 【改正前】　Ⓒの金額がゼロの場合の算式の分母は「3」 【改正後】　Ⓒの金額がゼロの場合の算式の分母はゼロを上回る場合と同様に「5」
平成25年	大会社の株式保有割合による株式保有特定会社の判定基準を「25％以上」から「50％以上」に改正されました。（平25.5.27課評2-20）
平成29年	非上場株式の評価方法の改正 　次の改正が行われました。（平29.4.27課評2-12及び平29.9.29.課評2-48） 1　類似業種比準方式の算式について次のとおり改正されました。 　①　類似業種の株価について現行に課税時期の属する月以前2年間平均を加える。 　②　類似業種の配当金額、利益金額及び純資産価額（帳簿価額）について、連結決算を反映させたものとする。 　③　配当金額、利益金額及び純資産価額（帳簿価額）の比重について、1：1：1とする。 2　会社規模の判定基準における大会社及び中会社の総資産価額（帳簿価額）、従業員数及び直前期末以前1年間における取引金額について、近年の上場会社の実態に合わせて改正されました。 3　評価会社が株式保有特定会社に該当するか否かについて、現行の「株式及び出資」に「新株予約権付社債」を加えて、株式等保有特定会社の判定基準とすることとされました。 　また、これに伴い、「$S_1 + S_2$」方式による評価における計算方法等についても、所要の改正が行われました。

取引相場のない株式（出資）の評価明細書の記載方法等

第1表の1　評価上の株主の判定及び会社規模の判定の明細書

整理番号 [　　　　]

（取引相場のない株式（出資）の評価明細書）

（平成三十年一月一日以降用）

会社名	（電話　　　）	本店の所在地	
代表者氏名		事業内容	取扱品目及び製造、卸売、小売等の区分／業種目番号／取引金額の構成比　※1
課税時期	年　　月　　日		
直前期	自　年　月　日／至　年　月　日		

1．株主及び評価方式の判定

判定要素（課税時期現在の株式等の所有状況）

氏名又は名称 ※2	続柄	会社における役職名 ※3	イ 株式数（株式の種類） ※5	ロ 議決権数 ※4	ハ 議決権割合（ロ／④）
納税義務者			株	個	％
自己株式					
納税義務者の属する同族関係者グループの議決権の合計数			②	⑤	（②/④）
筆頭株主グループの議決権の合計数			③	⑥	（③/④）
評価会社の発行済株式又は議決権の総数			①	④　100	

納税義務者の属する同族関係者グループの議決権割合（⑤の割合）を基として、区分します。

区分	筆頭株主グループの議決権割合（⑥の割合）			株主の区分
判定基準	50%超の場合	30%以上50%以下の場合	30%未満の場合	
⑤の割合	50%超	30%以上	15%以上	同族株主等
	50%未満	30%未満	15%未満	同族株主等以外の株主
判定	同族株主等（原則的評価方式等）		同族株主等以外の株主（配当還元方式）	

「同族株主等」に該当する納税義務者のうち、議決権割合（ハの割合）が5%未満の者の評価方式は、「2．少数株式所有者の評価方式の判定」欄により判定します。

2．少数株式所有者の評価方式の判定

	項　目	判　定　内　容
判定	氏　名	
判定要素	イ 役員	である〔原則的評価方式等〕・でない（次のロへ）
	ロ 納税義務者が中心的な同族株主	である〔原則的評価方式等〕・でない（次のハへ）
	ハ 納税義務者以外に中心的な同族株主（又は株主）	がいる（配当還元方式）・がいない〔原則的評価方式等〕（氏名　　　　　）
判　定		原則的評価方式等　・　配当還元方式

第1表の1　評価上の株主の判定及び会社規模の判定の明細書の留意点

1　この表は、評価上の株主の区分及び評価方式の判定に使用します。評価会社が「開業前又は休業中の会社」に該当する場合には、「1．株主及び評価方式の判定」欄及び「2．少数株式所有者の評価方式の判定」欄を記載する必要はありません。

　　なお、この表のそれぞれの「判定基準」欄及び「判定」欄は、該当する文字を○で囲んで表示します。

2　「事業内容」欄の「取扱品目及び製造、卸売、小売等の区分」欄には、評価会社の事業内容を具体的に記載します。「業種目番号」欄には、別に定める類似業種比準価額計算上の業種目の番号を記載します（類似業種比準価額を計算しない場合は省略しても差し支えありません。）。「取引金額の構成比」欄には、評価会社の取引金額全体に占める事業別の構成比を記載します。　　　　　　　　　　　　　　　※1

　（注）「取引金額」は直前期末以前1年間における評価会社の目的とする事業に係る収入金額（金融業・証券業については収入利息及び収入手数料）をいいます。

3　「1．株主及び評価方式の判定」の「判定要素（課税時期現在の株式等の所有状況）」の各欄は、次により記載します。

　(1)　「氏名又は名称」欄には、納税義務者が同族株主等の原則的評価方式等（配当還元方式以外の評価方式をいいます。）を適用する株主に該当するかどうかを判定するために必要な納税義務者の属する同族関係者グループ（株主の1人とその同族関係者のグループをいいます。）の株主の氏名又は名称を記載します。　　　※2

　　　この場合における同族関係者とは、株主の1人とその配偶者、6親等内の血族及び3親等内の姻族等をいいます（付表「同族関係者の範囲等」参照）。

　(2)　「続柄」欄には、納税義務者との続柄を記載します。

　(3)　「会社における役職名」欄には、課税時期又は法定申告期限における役職名を、社長、代表取締役、副社長、専務、常務、会計参与、監査役等と具体的に記載します。

(4)　「㋑　株式数（株式の種類）」の各欄には、相続、遺贈又は贈与による取得後の株式数を記載します（評価会社が会社法第108条第1項に掲げる事項について内容の異なる2以上の種類の株式（以下「種類株式」といいます。）を発行している場合には、次の(5)のニにより記載します。

※3

　なお、評価会社が種類株式を発行していない場合には、株式の種類の記載を省略しても差し支えありません。）。

　「㋺　議決権数」の各欄には、各株式数に応じた議決権数（個）を記載します（議決権数は㋑株式数÷1単元の株式数により計算し、1単元の株式数に満たない株式に係る議決権数は切り捨てて記載します。なお、会社法第188条に規定する単元株制度を採用していない会社は、1株式＝1議決権となります。）。

※4

　「㋩　議決権割合（㋺／④）」の各欄には、評価会社の議決権の総数（④欄の議決権の総数）に占める議決権数（それぞれの株主の㋺欄の議決権数）の割合を1％未満の端数を切り捨てて記載します（「納税義務者の属する同族関係者グループの議決権の合計数（⑤（②／④））」欄及び「筆頭株主グループの議決権の合計数（⑥（③／④））」欄は、各欄において、1％未満の端数を切り捨てて記載します。なお、これらの割合が50％超から51％未満までの範囲内にある場合には、1％未満の端数を切り上げて「51％」と記載します。）。

(5)　次に掲げる場合には、それぞれ次によります。

イ　相続税の申告書を提出する際に、株式が共同相続人及び包括受遺者の間において分割されていない場合

※5

　「㋑　株式数（株式の種類）」欄には、納税義務者が有する株式（未分割の株式を除きます。）の株式数の上部に、未分割の株式の株式数を㋭と表示の上、外書で記載し、納税義務者が有する株式の株式数に未分割の株式の株式数を加算した数に応じた議決権数を「㋺　議決権数」に記載します。また、「納税義務者の属する同族関係者グループの議決権の合計数（⑤（②／④））」欄には、納税義務者の属する同族関係者グループが有する実際の議決権数（未

分割の株式に応じた議決権数を含みます。）を記載します。

ロ　評価会社の株主のうちに会社法第308条第1項の規定によりその株式につき議決権を有しないこととされる会社がある場合

「氏名又は名称」欄には、その会社の名称を記載します。

「④　株式数（株式の種類）」欄には、議決権を有しないこととされる会社が有する株式数を㊙と表示の上、記載し、「⑩　議決権数」欄及び「㋩　議決権割合（⑩／④）」欄は、「－」で表示します。

ハ　評価会社が自己株式を有する場合

「④　株式数（株式の種類）」欄に会社法第113条第4項に規定する自己株式の数を記載します。

ニ　評価会社が種類株式を発行している場合

評価会社が種類株式を発行している場合には、次のとおり記載します。

「④　株式数（株式の種類）」欄の各欄には、納税義務者が有する株式の種類ごとに記載するものとし、上段に株式数を、下段に株式の種類を記載します（記載例参照）。

「⑩　議決権数」の各欄には、株式の種類に応じた議決権数を記載します（議決権数は④株式数÷その株式の種類に応じた1単元の株式数により算定し、1単元に満たない株式に係る議決権数は切り捨てて記載します。）。

「㋩　議決権割合（⑩／④）」の各欄には、評価会社の議決権の総数（④欄の議決権の総数）に占める議決権数（それぞれの株主の⑩欄の議決権数で、2種類以上の株式を所有している場合には、記載例のように、各株式に係る議決権数を合計した数）の割合を1％未満の端数を切り捨てて記載します（「納税義務者の属する同族関係者グループの議決権の合計数（⑤（②／④））」欄及び「筆頭株主グループの議決権の合計数（⑥（③／④））」欄は、各欄において、1％未満の端数を切り捨てて記載します。なお、これらの割合が50％超から51％未満までの範囲内にある場合には、1％未満の端数を切り上げて「51％」と記載します。）。

（記載例）

氏名又は名称	続柄	会社における役職名	㋑ 株 式 数 (株式の種類)	㋺ 議 決 権 数	㋬ 議決権割合 (㋺/④)
税研　一郎	納税義務者	社長	株 10,000,000 （普通株式）	個 10,000	% 14
〃	〃	〃	2,000,000 （種類株式A）	4,000	

4　「1．株主及び評価方式の判定」の「判定基準」欄及び「判定」欄の各欄は、該当する文字を○で囲んで表示します。

　なお、「判定」欄において、「同族株主等」に該当した納税義務者のうち、議決権割合（㋬の割合）が5％未満である者については、「2．少数株式所有者の評価方式の判定」欄により評価方式の判定を行います。

　また、評価会社の株主のうちに中小企業投資育成会社がある場合は、財産評価基本通達188－6《投資育成会社が株主である場合の同族株主等》の定めがありますので、留意してください。

5　「2．少数株式所有者の評価方式の判定」欄は、「判定要素」欄に掲げる項目の「㋩　役員」、「㋭　納税義務者が中心的な同族株主」及び「㋬　納税義務者以外に中心的な同族株主（又は株主)」の順に次により判定を行い、それぞれの該当する文字を○で囲んで表示します（「判定内容」欄の括弧内は、それぞれの項目の判定結果を表します。）。

　なお、「役員 」、「中心的な同族株主」及び「中心的な株主」については、付表「同族関係者の範囲等」を参照してください。

(1)　「㋩　役員」欄は、納税義務者が課税時期において評価会社の役員である場合及び課税時期の翌日から法定申告期限までに役員となった場合に「である」とし、その他の者については「でない」として判定します。

(2)　「㋭　納税義務者が中心的な同族株主」欄は、納税義務者が中心的な同族株主に該当するかどうかの判定に使用しますので、納税義務者が同族株主のいな

い会社（⑥の割合が30％未満の場合）の株主である場合には、この欄の判定は必要ありません。

(3) 「㋬　**納税義務者以外に中心的な同族株主（又は株主）**」欄は、納税義務者以外の株主の中に中心的な同族株主（納税義務者が同族株主のいない会社の株主である場合には、中心的な株主）がいるかどうかを判定し、中心的な同族株主又は中心的な株主がいる場合には、下段の氏名欄にその中心的な同族株主又は中心的な株主のうち1人の氏名を記載します。

第1表の2　評価上の株主の判定及び会社規模の判定の明細書（続）　　会社名＿＿＿＿＿

（取引相場のない株式（出資）の評価明細書）

平成三十年一月一日以降用

3．会社の規模（Lの割合）の判定

項　目	金　額	項　目	人　数
直前期末の総資産価額 （帳簿価額）	※6　千円	直前期末以前1年間における従業員数	※7　人 〔従業員数の内訳〕 （継続勤務従業員数）＋（継続勤務従業員以外の従業員の労働時間の合計時間数） （　　人）＋（　　　時間）／1,800時間
直前期末以前1年間の取引金額	※8　千円		

㋑ 直前期末以前1年間における従業員数に応ずる区分	70人以上の会社は、大会社（㋺及び㋩は不要）
	70人未満の会社は、㋺及び㋩により判定

判定基準	㋺ 直前期末の総資産価額（帳簿価額）及び直前期末以前1年間における従業員数に応ずる区分				㋩ 直前期末以前1年間の取引金額に応ずる区分			会社規模とLの割合（中会社）の区分	
	総資産価額（帳簿価額）			従業員数	取引金額				
	卸売業	小売・サービス業	卸売業、小売・サービス業以外		卸売業	小売・サービス業	卸売業、小売・サービス業以外		
判定	20億円以上	15億円以上	15億円以上	35人超	30億円以上	20億円以上	15億円以上	大会社	
基準	4億円以上 20億円未満	5億円以上 15億円未満	5億円以上 15億円未満	35人超	7億円以上 30億円未満	5億円以上 20億円未満	4億円以上 15億円未満	0.90	中
	2億円以上 4億円未満	2億5,000万円以上 5億円未満	2億5,000万円以上 5億円未満	20人超 35人以下	3億5,000万円以上 7億円未満	2億5,000万円以上 5億円未満	2億円以上 4億円未満	0.75	会
	7,000万円以上 2億円未満	4,000万円以上 2億5,000万円未満	5,000万円以上 2億5,000万円未満	5人超 20人以下	2億円以上 3億5,000万円未満	6,000万円以上 2億5,000万円未満	8,000万円以上 2億円未満	0.60	社
	7,000万円未満	4,000万円未満	5,000万円未満	5人以下	2億円未満	6,000万円未満	8,000万円未満	小会社	

・「会社規模とLの割合（中会社）の区分」欄は、㋺欄の区分（「総資産価額（帳簿価額）」と「従業員数」とのいずれか下位の区分）と㋩欄（取引金額）の区分とのいずれか上位の区分により判定します。

判定	大会社	中　会　社			小会社	
		Lの割合				
		0.90	0.75	0.60		

4．増（減）資の状況その他評価上の参考事項

第1表の2　評価上の株主の判定及び会社規模の判定の明細書（続）の留意点

1 「3．会社の規模（Lの割合）の判定」の「判定要素」の各欄は、次により記載します。なお、評価会社が「開業前又は休業中の会社」に該当する場合及び「開業後3年未満の会社等」に該当する場合には、「3．会社の規模（Lの割合）の判定」欄を記載する必要はありません。

(1) 「直前期末の総資産価額（帳簿価額）」欄には、直前期末における各資産の確定決算上の帳簿価額の合計額を記載します。※6

　(注)1　固定資産の減価償却累計額を間接法によって表示している場合には、各資産の帳簿価額の合計額から減価償却累計額を控除します。

　　2　売掛金、受取手形、貸付金等に対する貸倒引当金は控除しないことに留意してください。

　　3　前払費用、繰延資産、税効果会計の適用による繰延税金資産など、確定決算上の資産として計上されている資産は、帳簿価額の合計額に含めて記載します。

　　4　収用や特定の資産の買換え等の場合において、圧縮記帳引当金勘定に繰り入れた金額及び圧縮記帳積立金として積み立てた金額並びに翌事業年度以降に代替資産等を取得する予定であることから特別勘定に繰り入れた金額は、帳簿価額の合計額から控除しないことに留意してください。

(2) 「直前期末以前1年間における従業員数」欄には、直前期末以前1年間においてその期間継続して評価会社に勤務していた従業員（就業規則等で定められた1週間当たりの労働時間が30時間未満である従業員を除きます。以下「継続勤務従業員」といいます。）の数に、直前期末以前1年間において評価会社に勤務していた従業員（継続勤務従業員を除きます。）のその1年間における労働時間の合計時間数を従業員1人当たり年間平均労働時間数（1,800時間）で除して求めた数を加算した数を記載します。※7

　(注)1　上記により計算した評価会社の従業員数が、例えば5.1人となる場合は従業員数「5人超」に、4.9人となる場合は従業員数「5人以下」に該当します。

　　2　従業員には、社長、理事長並びに法人税法施行令第71条《使用人兼務役員とされない役員》第1項第1号、第2号及び第4号に掲げる役員は含まないこと

に留意してください。

(3) **「直前期末以前1年間の取引金額」**欄には、**直前期の事業上の収入金額（売上高）を記載**します。この場合の事業上の収入金額とは、その会社の目的とする事業に係る収入金額（金融業・証券業については収入利息及び収入手数料）をいいます。 ※8

> (注)　直前期の事業年度が1年未満であるときには、課税時期の直前期末以前1年間の実際の収入金額によることとなりますが、実際の収入金額を明確に区分することが困難な期間がある場合は、その期間の収入金額を月数あん分して求めた金額によっても差し支えありません。

(4) 評価会社が**「卸売業」**、**「小売・サービス業」**又は**「卸売業、小売・サービス業以外」**のいずれの業種に該当するかは、直前期末以前1年間の取引金額に基づいて判定し、その取引金額のうちに2以上の業種に係る取引金額が含まれている場合には、それらの取引金額のうち最も多い取引金額に係る業種によって判定します。

(5) **「会社規模とLの割合（中会社）の区分」**欄は、㋑欄の区分（「総資産価額（帳簿価額）」と「従業員数」とのいずれか下位の区分）と㋺欄（取引金額）の区分とのいずれか上位の区分により判定します。

> (注)　大会社及びLの割合が0.90の中会社の従業員数はいずれも「35人超」のため、この場合の㋑欄の区分は、「総資産価額（帳簿価額）」欄の区分によります。

2 **「4．増（減）資の状況その他評価上の参考事項」**欄には、次のような事項を記載します。

(1) 課税時期の直前期末以後における増（減）資に関する事項

例えば、増資については、次のように記載します。

増資年月日　　　　　平成〇年〇月〇日

増資金額　　　　　　〇〇〇　　千円

増資内容　　　　　　1：0.5（1株当たりの払込金額50円、株主割当）

増資後の資本金額　　〇〇〇　　千円

(2)　課税時期以前3年間における社名変更、増（減）資、事業年度の変更、合併

及び転換社債型新株予約権付社債（財産評価基本通達197(4)に規定する転換社債型

新株予約権付社債、以下「転換社債」といいます。）の発行状況に関する事項

(3)　種類株式に関する事項

例えば、種類株式の内容、発行年月日、発行株式数等を、次のように記載し

ます。

種類株式の内容　　　議決権制限株式

発行年月日　　　　　平成〇年〇月〇日

発行株式数　　　　　〇〇〇〇〇株

発行価額　　　　　　1株につき〇〇円（うち資本金に組み入れる金額〇〇円）

1単元の株式の数　〇〇〇株

議決権　　　　　　　〇〇の事項を除き、株主総会において議決権を有しな

い。

転換条項　　　　　　平成〇年〇月〇日から平成〇年〇月〇日までの間は株

主からの請求により普通株式への転換可能（当初の転

換価額は〇〇円）

償還条項　　　　　　なし

残余財産の分配　　　普通株主に先立ち、1株につき〇〇円を支払う。

(4)　剰余金の配当の支払いに係る基準日及び効力発生日

(5)　剰余金の配当のうち、資本金等の額の減少に伴うものの金額

(6)　その他評価上参考となる事項

第2表　特定の評価会社の判定の明細書　※9　　会社名　　　　　　（平成三十年一月一日以降用）

<table>
<tr><td rowspan="2">1. 比準要素数1の会社</td><td colspan="6">判　定　要　素</td><td rowspan="2">判定基準</td><td colspan="2">⑴欄のいずれか2の判定要素が0であり、かつ、⑵欄のいずれか2以上の判定要素が0</td></tr>
<tr><td colspan="2">(1) 直前期末を基とした判定要素</td><td colspan="2">(2) 直前々期末を基とした判定要素</td><td colspan="2"></td></tr>
<tr><td></td><td>第4表の⑱の金額</td><td>第4表の⑩の金額</td><td>第4表の⑳の金額</td><td>第4表の⑱の金額</td><td>第4表の⑩の金額</td><td>第4表の⑳の金額</td><td></td><td colspan="2">である（該当）・でない（非該当）</td></tr>
<tr><td></td><td>円　銭
　　0</td><td>円</td><td>円</td><td>円　銭
　　0</td><td>円</td><td>円</td><td>判定</td><td>該　当</td><td>非該当</td></tr>
</table>

<table>
<tr><td rowspan="3">2. 株式等保有特定会社</td><td colspan="3">判　定　要　素</td><td rowspan="2">判定基準</td><td>③の割合が50%以上である</td><td>③の割合が50%未満である</td></tr>
<tr><td>総資産価額
（第5表の①の金額）</td><td>株式等の価額の合計額
（第5表の⑦の金額）</td><td>株式等保有割合
（②／①）</td><td></td><td></td></tr>
<tr><td>①　　　　千円</td><td>②　　　　千円</td><td>③　　　　%</td><td>判定</td><td>該　当</td><td>非該当</td></tr>
</table>

※10

<table>
<tr><td colspan="3">判　定　要　素</td></tr>
<tr><td>総資産価額
（第5表の①の金額）</td><td>土地等の価額の合計額
（第5表の㋑の金額）</td><td>土地保有割合
（⑤／④）</td><td colspan="2">会社の規模の判定
（該当する文字を○で囲んで表示します。）</td></tr>
<tr><td>④　　　　千円</td><td>⑤　　　　千円</td><td>⑥　　　　%</td><td colspan="2">大会社・中会社・小会社</td></tr>
</table>

<table>
<tr><td rowspan="4">3. 土地保有特定会社</td><td rowspan="4">判定基準</td><td>会社の規模</td><td>大　会　社</td><td>中　会　社</td><td colspan="2">小　会　社
（総資産価額（帳簿価額）が次の基準に該当する会社）</td></tr>
<tr><td></td><td></td><td></td><td>・卸売業
　　　　　20億円以上
・小売・サービス業
　　　　　15億円以上
・上記以外の業種
　　　　　15億円以上</td><td>・卸売業
　7,000万円以上20億円未満
・小売・サービス業
　4,000万円以上15億円未満
・上記以外の業種
　5,000万円以上15億円未満</td></tr>
<tr><td>⑥の割合</td><td>70%以上　　70%未満</td><td>90%以上　　90%未満</td><td>70%以上　　70%未満</td><td>90%以上　　90%未満</td></tr>
<tr><td>判　定</td><td>該当　　非該当</td><td>該当　　非該当</td><td>該当　　非該当</td><td>該当　　非該当</td></tr>
</table>

<table>
<tr><td rowspan="5">4. 開業後3年未満の会社等</td><td colspan="2" rowspan="2">(1) 開業後3年未満の会社</td><td>判定要素</td><td>判定基準</td><td>課税時期において開業後3年未満である</td><td>課税時期において開業後3年未満でない</td></tr>
<tr><td>開業年月日　　年　月　日</td><td>判定</td><td>該　当</td><td>非該当</td></tr>
<tr><td colspan="2" rowspan="3">(2) 比準要素数0の会社</td><td colspan="3">直前期末を基とした判定要素</td><td rowspan="2">判定基準</td><td colspan="2" rowspan="2">直前期末を基とした判定要素がいずれも0
である（該当）・でない（非該当）</td></tr>
<tr><td rowspan="2">判定要素</td><td>第4表の⑱の金額</td><td>第4表の⑩の金額</td><td>第4表の⑳の金額</td></tr>
<tr><td>円　銭
　　0</td><td>円</td><td>円</td><td>判定</td><td>該　当</td><td>非該当</td></tr>
</table>

<table>
<tr><td rowspan="2">5. 開業前又は休業中の会社</td><td>開業前の会社の判定</td><td>休業中の会社の判定</td><td rowspan="2">6. 清　算　中　の　会　社</td><td colspan="2">判　定</td></tr>
<tr><td>該当　　非該当</td><td>該当　　非該当</td><td>該　当</td><td>非該当</td></tr>
</table>

<table>
<tr><td rowspan="3">7. 特定の評価会社の判定結果</td><td>1. 比準要素数1の会社</td><td>2. 株式等保有特定会社</td></tr>
<tr><td>3. 土地保有特定会社</td><td>4. 開業後3年未満の会社等</td></tr>
<tr><td>5. 開業前又は休業中の会社</td><td>6. 清算中の会社</td></tr>
</table>

　該当する番号を○で囲んでください。なお、上記の「1. 比準要素数1の会社」欄から「6. 清算中の会社」欄の判定において2以上に該当する場合には、後の番号の判定によります。

第2表 特定の評価会社の判定の明細書の留意点 ※9

1 この表は、評価会社が特定の評価会社に該当するかどうかの判定に使用します。

評価会社が特定の評価会社に明らかに該当しないものと認められる場合には、記載する必要はありません。また、配当還元方式を適用する株主について、原則的評価方式等の計算を省略する場合（原則的評価方式等により計算した価額が配当還元価額よりも高いと認められる場合）には、記載する必要はありません。

なお、この表のそれぞれの「判定基準」欄及び「判定」欄は、該当する文字を○で囲んで表示します。

2 「1. 比準要素数1の会社」欄は、次により記載します。

なお、評価会社が「3. 土地保有特定会社」から「6. 清算中の会社」のいずれかに該当する場合には、記載する必要はありません。

(1) 「判定要素」の「(1) 直前期末を基とした判定要素」及び「(2) 直前々期末を基とした判定要素」の各欄は、当該各欄が示している第4表の「2. 比準要素等の金額の計算」の各欄の金額を記載します。

(2) 「判定基準」欄は、「(1) 直前期末を基とした判定要素」欄の判定要素のいずれか2が0で、かつ、「(2) 直前々期末を基とした判定要素」欄の判定要素のいずれか2以上が0の場合に、「である（該当）」を○で囲んで表示します。

(注) 「(1) 直前期末を基とした判定要素」欄の判定要素がいずれも0である場合は、「4. 開業後3年未満の会社等」欄の「(2) 比準要素数0の会社」に該当することに留意してください。

3 「2. 株式等保有特定会社」及び「3. 土地保有特定会社」の「総資産価額」※10 欄等には、課税時期における評価会社の各資産を財産評価基本通達の定めにより評価した金額（第5表の①の金額等）を記載します。ただし、1株当たりの純資産価額（相続税評価額）の計算に当たって、第5表の記載方法等の2の(4)により直前期末における各資産及び各負債に基づいて計算を行っている場合には、当該直前

期末において計算した第5表の当該各欄の金額により記載することになります（これらの場合、株式等保有特定会社及び土地保有特定会社の判定時期と純資産価額及び株式等保有特定会社のS_2の計算時期を同一とすることに留意してください。）。

なお、「2．株式等保有特定会社」欄は、評価会社が「3．土地保有特定会社」から「6．清算中の会社」のいずれかに該当する場合には記載する必要はなく、「3．土地保有特定会社」欄は、評価会社が「4．開業後3年未満の会社等」から「6．清算中の会社」のいずれかに該当する場合には、記載する必要はありません。

(注)　「2．株式等保有特定会社」の「株式等保有割合」欄の③の割合及び「3．土地保有特定会社」の「土地保有割合」欄の⑥の割合は、1％未満の端数を切り捨てて記載します。

4　「4．開業後3年未満の会社等」の「(2)　比準要素数0の会社」の「判定要素」の「直前期末を基とした判定要素」の各欄は、当該各欄が示している第4表の「2．比準要素等の金額の計算」の各欄の金額（第2表の「1．比準要素数1の会社」の「判定要素」の「(1)　直前期末を基とした判定要素」の各欄の金額と同一となります。）を記載します。

なお、評価会社が「(1)　開業後3年未満の会社」に該当する場合には、「(2)　比準要素数0の会社」の各欄は記載する必要はありません。

また、評価会社が「5．開業前又は休業中の会社」又は「6．清算中の会社」に該当する場合には、「4．開業後3年未満の会社等」の各欄は、記載する必要はありません。

5　「5．開業前又は休業中の会社」の各欄は、評価会社が「6．清算中の会社」に該当する場合には、記載する必要はありません。

第3表 一般の評価会社の株式及び株式に関する権利の価額の計算明細書 _{会社名}

（取引相場のない株式（出資）の評価明細書）												

<table>
<tr><td rowspan="20">1 原則的評価方式による価額</td><td colspan="2" rowspan="2">1株当たりの価額の計算の基となる金額</td><td colspan="3">類似業種比準価額
（第4表の⑳、㉗又は㉘の金額）</td><td colspan="3">1株当たりの純資産価額
（第5表の⑪の金額）</td><td colspan="3">1株当たりの純資産価額の80%相当額（第5表の⑫の記載がある場合のその金額）</td></tr>
<tr><td colspan="3">① 　　　　　　　　　円</td><td colspan="3">② 　　　　　　　　　円</td><td colspan="3">③ 　　　　　　　　　円</td></tr>
<tr><td rowspan="8">1株当たりの価額の計算</td><td colspan="6">区　分　　　　　　　1 株 当 た り の 価 額 の 算 定 方 法</td><td colspan="3">1 株 当 た り の 価 額</td></tr>
<tr><td>大会社の株式の価額</td><td colspan="5">①の金額と②の金額とのいずれか低い方の金額
（②の記載がないときは①の金額）</td><td colspan="3">④ 　　　　　　　円</td></tr>
<tr><td>中会社の株式の価額</td><td colspan="5">①と②とのいずれか　　Lの割合　　②の金額（③の金額があるときは③の金額）　Lの割合
低い方の金額
（　　　　　　円×0.　　　）＋（　　　　　円×（1−0.　　　））</td><td colspan="3">⑤ 　　　　　　　円</td></tr>
<tr><td>小会社の株式の価額</td><td colspan="5">②の金額（③の金額があるときは③の金額）と次の算式によって計算した金額と
のいずれか低い方の金額　　②の金額（③の金額がある
　　　①の金額　　　　　　ときは③の金額）
（　　　　　　円×0.50）＋（　　　　　円×0.50）＝　　　　　円</td><td colspan="3">⑥ 　　　　　　　円</td></tr>
<tr><td rowspan="4">株式の価額の修正</td><td colspan="3">課税時期において配当期待権の発生している場合</td><td colspan="3">株式の価額
（④、⑤又は⑥）</td><td>1株当たりの
配 当 金 額</td><td colspan="3">修 正 後 の 株 式 の 価 額</td></tr>
<tr><td colspan="3"></td><td colspan="3">　　　　　　円−</td><td>　　　円　　　銭</td><td colspan="3">⑦ 　　　　　　　円</td></tr>
<tr><td colspan="3" rowspan="2">課税時期において株式の割当てを受ける権利、株主となる権利又は株式無償交付期待権の発生している場合</td><td>株式の価額
（④、⑤又は⑥（⑦があるときは⑦）</td><td>割当株式1株当たりの払込金額</td><td>1株当たりの割当株式数</td><td>1株当たりの割当株式数又は交付株式数</td><td colspan="3">修 正 後 の 株 式 の 価 額</td></tr>
<tr><td>（　　　　円＋</td><td>　　円×</td><td colspan="2">株）÷（1株＋　　　株）</td><td colspan="3">⑧ 　　　　　　　円</td></tr>
<tr><td colspan="10"></td></tr>
<tr><td colspan="10"></td></tr>
<tr><td colspan="10"></td></tr>
<tr><td colspan="10"></td></tr>
<tr><td colspan="10"></td></tr>
<tr><td colspan="10"></td></tr>
<tr><td colspan="10"></td></tr>
<tr><td colspan="10"></td></tr>
</table>

2 配当還元方式による価額	1株当たりの資本金等の額、発行済株式数等	直前期末の資本金等の額		直前期末の発行済株式数	直前期末の自己株式数	1株当たりの資本金等の額を50円とした場合の発行済株式数（⑨÷50円）	1株当たりの資本金等の額（⑨÷（⑩−⑪））
		⑨ 　　千円	⑩ 　　株	⑪ 　　株	⑫ 　　株	⑬	

2 配当還元方式による価額	直前期末以前2年間の年配当金額	事業年度	⑭ 年 配 当 金 額	⑮ 左のうち非経常的な配 当 金 額	⑯ 差引経常的な年配当金額（⑭−⑮）	年 平 均 配 当 金 額
		直前期	千円	千円	㋑ 千円	⑰（㋑＋㋺）÷2 千円
		直前々期	千円	千円	㋺ 千円	

1株（50円）当たりの年配当金額	年平均配当金額（⑰）	⑫の株式数	⑱	この金額が2円50銭未満の場合は2円50銭とします。
	千円 ÷	株 ＝	円　　銭	

配当還元価額	⑱の金額	⑬の金額	⑲	⑳	⑳の金額が、原則的評価方式により計算した価額を超える場合には、原則的評価方式により計算した価額とします。
	円　　銭 —————— 10%	円 × ——— ＝ 50円	円	円	

3 株式に関する権利の価額（1．及び2．に共通）	配 当 期 待 権	1株当たりの予想配当金額 源泉徴収されるべき所得税相当額	㉑ 円 銭	4．株式及び株式に関する権利の価額（1．及び2．に共通）	
		（　　円　　銭）−（　　円　　銭）			
	株式の割当てを受ける権利（割当株式1株当たりの価額）	⑧（配当還元方式の　　　割当株式1株当たりの 場合は㉑）の金額　　　払込金額 　　円−　　　　　円	㉒ 円	株式の評価額	（円　　銭）
	株主となる権利（割当株式1株当たりの価額）	⑧（配当還元方式の場合は㉑）の金額（課税時期後にその株主となる権利につき払い込むべき金額があるときは、その金額を控除した金額）	㉓ 円	株式に関する権利の評価額	（円　　銭）
	株式無償交付期待権（交付される株式1株当たりの価額）	⑧（配当還元方式の場合は㉑）の金額	㉔ 円		

第3表　一般の評価会社の株式及び株式に関する権利の価額の計算明細書の留意点

1　この表は、一般の評価会社の株式及び株式に関する権利の評価に使用します（特定の評価会社の株式及び株式に関する権利の評価については、「第6表　特定の評価会社の株式及び株式に関する権利の価額の計算明細書」を使用します。）。

　　なお、この表の各欄の金額は、各欄の表示単位未満の端数を切り捨てて記載します（ただし、下記の2及び4の(2)に留意してください。）。

2　「1．原則的評価方式による価額」の「株式の価額の修正」欄の「1株当たりの割当株式数」及び「1株当たりの割当株式数又は交付株式数」は、1株未満の株式数を切り捨てずに実際の株式数を記載します。

3　「2．配当還元方式による価額」欄は、第1表の1の「1．株主及び評価方式の判定」欄又は「2．少数株式所有者の評価方式の判定」欄の判定により納税義務者が配当還元方式を適用する株主に該当する場合に、次により記載します。

(1)　「1株当たりの資本金等の額、発行済株式数等」の「直前期末の資本金等の額」欄の⑨の金額は、法人税申告書別表五（一）（利益積立金額及び資本金等の額の計算に関する明細書）（以下「別表五（一）」といいます。）の「差引翌期首現在資本金等の額」の「差引合計額」欄の金額を記載します。　※15

(2)　「直前期末以前2年間の配当金額」欄は、評価会社の年配当金額の総額を基に、第4表の記載方法等の2の(1)に準じて記載します。

(3)　「配当還元価額」欄の⑳の金額の記載に当たっては、原則的評価方式により計算した価額が配当還元価額よりも高いと認められるときには、「1．原則的評価方式による価額」欄の計算を省略しても差し支えありません。

4　「4．株式及び株式に関する権利の価額」欄は、次により記載します。

(1)　「株式の評価額」欄には、「①」欄から「⑳」欄までにより計算したその株式の価額を記載します。

(2)　「株式に関する権利の評価額」欄には、「㉑」欄から「㉔」欄までにより計算

した株式に関する権利の価額を記載します。

なお、株式に関する権利が複数発生している場合には、それぞれの金額ごとに別に記載します（配当期待権の価額は、円単位で円未満2位（銭単位）により記載します。）。

第4表　類似業種比準価額等の計算明細書

会社名

右端縦書き：取引相場のない株式（出資）の評価明細書　比準要素等の金額の計算

右端縦書き：平成三十年一月一日以降用

1. 1株当たりの資本金等の額等の計算	直前期末の資本金等の額 ① 千円	直前期末の発行済株式数 ② 株	直前期末の自己株式数 ③ 株	1株当たりの資本金等の額（①÷（②－③）） ④ 円	1株当たりの資本金等の額を50円とした場合の発行済株式数（①÷50円） ⑤ 株

2. 比準要素等の金額の計算（1株50円当たりの年配当金額）

直前期末以前2（3）年間の年平均配当金額

事業年度	⑥ 年配当金額	⑦ 左のうち非経常的な配当金額	差引経常的な年配当金額（⑥－⑦）	年平均配当金額	比準要素数1の会社・比準要素数0の会社の判定要素の金額
直前期	千円	千円	④ 千円	⑨（④＋⑩）÷2 千円	⑧ $\frac{⑨}{⑤}$ Ⓑ 円 銭 0
直前々期	千円	千円	⑦ 千円		⑩ $\frac{⑩}{⑤}$ ⑧ 円 銭 0
直前々期の前期	千円	千円	④ 千円	⑩（⑦＋④）÷2 千円	1株（50円）当たりの年配当金額 ⑧ ⑧の金額 ⑧ 円 銭 0

※12　※13

1株50円当たりの年利益金額

直前期末以前2（3）年間の利益金額

事業年度	⑪法人税の課税所得金額	⑫非経常的な利益金額	⑬受取配当等の益金不算入額	⑭左の所得税額	⑮損金算入した繰越欠損金の控除額	差引利益金額（⑪－⑫＋⑬－⑭＋⑮）	比準要素数1の会社・比準要素数0の会社の判定要素の金額
直前期	千円	千円	千円	千円	千円	⑯ 又は（⑯＋⑰）÷2 Ⓒ 円	⑯ $\frac{⑯}{⑤}$ Ⓒ 円
直前々期	千円	千円	千円	千円	千円	⑰ 又は（⑰＋⑱）÷2 Ⓒ 円	⑰ $\frac{⑰}{⑤}$ Ⓒ 円
直前々期の前期	千円	千円	千円	千円	千円	⑱ 千円	1株（50円）当たりの年利益金額 $\left[\frac{⑯}{⑤}$ 又は $\frac{⑯＋⑰}{⑤}÷2\right]$ の金額 Ⓒ 円

※14

純資産価額

直前期末（直前々期末）の純資産価額

事業年度	⑰資本金等の額	⑱利益積立金額	⑲純資産価額（⑰＋⑱）	比準要素数1の会社・比準要素数0の会社の判定要素の金額
直前期	千円	千円	⑲ 千円	⑲ $\frac{⑲}{⑤}$ Ⓓ 円
直前々期	千円	千円	⑲ 千円	⑲ $\frac{⑲}{⑤}$ Ⓓ 円
				1株（50円）当たりの純資産価額 ⑲の金額 Ⓓ 円

※15　※16　※11

3. 類似業種比準価額の計算

	類似業種と業種目番号（No.）	比準割合の計算	区分	1株（50円）当たりの年配当金額	1株（50円）当たりの年利益金額	1株（50円）当たりの純資産価額	1株（50円）当たりの比準価額
類似業種の株価	課税時期の属する月 ㋑ 月 円		評価会社	Ⓑ 円 銭	Ⓒ 円	Ⓓ 円	⑳×㉑×0.7 ※中会社は0.6 小会社は0.5 とします。
	課税時期の属する月の前月 ㋺ 月 円		類似業種	B 円 銭	C 円	D 円	
	課税時期の属する月の前々月 ㋩ 月 円		要素別比準割合	$\frac{Ⓑ}{B}$	$\frac{Ⓒ}{C}$	$\frac{Ⓓ}{D}$	
	前年平均株価 ㊁ 円		比準割合	$\frac{\frac{Ⓑ}{B}＋\frac{Ⓒ}{C}＋\frac{Ⓓ}{D}}{3}＝$ ㉑ ．			㉒ 円 銭 0
	課税時期の属する月以前2年間の平均株価 ㋭ 円						
	A ㋑㋺㋩㊁及び㋭のうち最も低いもの 円						

	類似業種と業種目番号（No.）	比準割合の計算	区分	1株（50円）当たりの年配当金額	1株（50円）当たりの年利益金額	1株（50円）当たりの純資産価額	1株（50円）当たりの比準価額
類似業種の株価	課税時期の属する月 ㋬ 月 円		評価会社	Ⓑ 円 銭	Ⓒ 円	Ⓓ 円	㉓×㉔×0.7 ※中会社は0.6 小会社は0.5 とします。
	課税時期の属する月の前月 ㋣ 月 円		類似業種	B 円 銭	C 円	D 円	
	課税時期の属する月の前々月 ㋠ 月 円		要素別比準割合	$\frac{Ⓑ}{B}$	$\frac{Ⓒ}{C}$	$\frac{Ⓓ}{D}$	
	前年平均株価 ㋷ 円		比準割合	$\frac{\frac{Ⓑ}{B}＋\frac{Ⓒ}{C}＋\frac{Ⓓ}{D}}{3}＝$ ㉔ ．			㉕ 円 銭 0
	課税時期の属する月以前2年間の平均株価 ㋦ 円						
	A ㋬㋣㋠㋷及び㋦のうち最も低いもの 円						

1株当たりの比準価額

1株当たりの比準価額	比準価額（㉒と㉕とのいずれか低い方） 円 0銭 × $\frac{④の金額}{50円}$ 円	㉖ 円

比準価額の修正

直前期末の翌日から課税時期までの間に配当金交付の効力が発生した場合	比準価額（㉖） 円 － 1株当たりの配当金額 円 銭	修正比準価額 ㉗ 円
直前期末の翌日から課税時期までの間に株式の割当て等の効力が発生した場合	比準価額（㉖）（㉗があるときは㉗） （ 円＋ 割当株式1株当たりの払込金額 円 銭× 1株当たりの割当株式数 株）÷（1株＋ 1株当たりの割当株式数又は交付株式数 株）	修正比準価額 ㉘ 円

第4表 類似業種比準価額等の計算明細書の留意点

1 この表は、評価会社の「類似業種比準価額」の計算を行うために使用します。

なお、この表の各欄の金額は、各欄の表示単位未満の端数を切り捨てて記載します（「比準割合の計算」欄の要素別比準割合及び比準割合は、それぞれ小数点以下2位未満を切り捨てて記載します。また、下記3の(5)に留意してください。）。 ※11

2 「2．比準要素等の金額の計算」の各欄は、次により記載します。

(1) 「1株（50円）当たりの年配当金額」の「直前期末以前2(3)年間の年平均配当金額」欄は、評価会社の剰余金の配当金額を基に次により記載します。

　イ 「⑥ 年配当金額」欄には、各事業年度中に配当金交付の効力が発生した剰余金の配当（資本金等の額の減少によるものを除きます。）の金額を記載します。 ※12

　ロ 「⑦ 左のうち非経常的な配当金額」欄には、剰余金の配当金額の算定の基となった配当金額のうち、特別配当、記念配当等の名称による配当金額で、将来、毎期継続することが予想できない金額を記載します。 ※13

　ハ 「直前期」欄の記載に当たって、1年未満の事業年度がある場合には、直前期末以前1年間に対応する期間に配当金交付の効力が発生した剰余金の配当金額の総額を記載します。

　　なお、「直前々期」及び「直前々期の前期」の各欄についても、これに準じて記載します。

(2) 「1株（50円）当たりの年配当金額」の「Ⓑ」欄は、「比準要素数1の会社・比準要素数0の会社の判定要素の金額」の「Ⓑ」欄の金額を記載します。

(3) 「1株（50円）当たりの年利益金額」の「直前期末以前2(3)年間の利益金額」欄は、次により記載します。

　イ 「⑫ 非経常的な利益金額」欄には、固定資産売却益、保険差益等の非経常的な利益の金額を記載します。この場合、非経常的な利益の金額は、非経常的な損失の金額を控除した金額（負数の場合は0）とします。 ※14

ロ　「直前期」欄の記載に当たって、1年未満の事業年度がある場合には、直前期末以前1年間に対応する期間の利益の金額を記載します。この場合、実際の事業年度に係る利益の金額をあん分する必要があるときは、月数により行います。

　　なお、「直前々期」及び「直前々期の前期」の各欄についても、これに準じて記載します。

(4)　「1株（50円）当たりの年利益金額」の「比準要素数1の会社・比準要素数0の会社の判定要素の金額」の「Ⓒ₁」欄及び「Ⓒ₂」欄は、それぞれ次により記載します。

イ　「Ⓒ₁」欄は、㊁の金額（ただし、納税義務者の選択により、㊁の金額と㋭の金額との平均額によることができます。）を⑤の株式数で除した金額を記載します。

ロ　「Ⓒ₂」欄は、㋭の金額（ただし、納税義務者の選択により、㋭の金額と㋬の金額との平均額によることができます。）を⑤の株式数で除した金額を記載します。

　　（注）　1　Ⓒ₁又はⒸ₂の金額が負数のときは、0とします。
　　　　　　2　「直前々期の前期」の各欄は、上記のロの計算において、㋭の金額と㋬の金額との平均額によらない場合には記載する必要はありません。

(5)　「1株（50円）当たりの年利益金額」の「Ⓒ」欄には、㊁の金額を⑤の株式数で除した金額を記載します。ただし、納税義務者の選択により、直前期末以前2年間における利益金額を基として計算した金額（（㊁＋㋭）÷2）を⑤の株式数で除した金額をⒸの金額とすることができます。

　　（注）　Ⓒの金額が負数のときは、0とします。

(6)　「1株（50円）当たりの純資産価額」の「直前期末（直前々期末）の純資産価額」の「⑰　資本金等の額」欄は、第3表の記載方法等の3の(1)に基づき記載します。また、「⑱　利益積立金額」欄には、別表五（一）の「差引翌期首現在利益積立金額」の「差引合計額」欄の金額を記載します。　※15

(7)　「1株（50円）当たりの純資産価額」の「比準要素数1の会社・比準要素数0の会社の判定要素の金額」の「Ⓓ₁」欄及び「Ⓓ₂」欄は、それぞれ㋑及び㋘の金

額を⑤の株式数で除した金額を記載します。

　　　(注)　⑪及び⑫の金額が負数のときは、0とします。

(8)　「1株（50円）当たりの純資産価額」の「⑫」欄には、上記(7)で計算した⑫の
金額を記載します。

　　　(注)　⑫の金額が負数のときは、0とします。

3　「3．類似業種比準価額の計算」の各欄は、次により記載します。

(1)　「類似業種と業種目番号」欄には、第1表の1の「事業内容」欄に記載され　※16
た評価会社の事業内容に応じて、別に定める類似業種比準価額計算上の業種目
及びその番号を記載します。

　　　この場合において、評価会社の事業が該当する業種目は直前期末以前1年間
の取引金額に基づいて判定した業種目とします。

　　　なお、直前期末以前1年間の取引金額に2以上の業種目に係る取引金額が含
まれている場合の業種目は、業種目別の割合が50％を超える業種目とし、その
割合が50％を超える業種目がない場合は、次に掲げる場合に応じたそれぞれの
業種目とします。

　　イ　評価会社の事業が一つの中分類の業種目中の2以上の類似する小分類の業
種目に属し、それらの業種目別の割合の合計が50％を超える場合

　　　　その中分類の中にある類似する小分類の「その他の○○業」

　　ロ　評価会社の事業が一つの中分類の業種目中の2以上の類似しない小分類の
業種目に属し、それらの業種目別の割合の合計が50％を超える場合（イに該
当する場合は除きます。）

　　　　その中分類の業種目

　　ハ　評価会社の事業が一つの大分類の業種目中の2以上の類似する中分類の業
種目に属し、それらの業種目別の割合の合計が50％を超える場合

　　　　その大分類の中にある類似する中分類の「その他の○○業」

　　ニ　評価会社の事業が一つの大分類の業種目中の2以上の類似しない中分類の

業種目に属し、それらの業種目別の割合の合計が50％を超える場合（ハに該当する場合を除きます。）

　　その大分類の業種目

ホ　イからニのいずれにも該当しない場合

　　大分類の業種目の中の「その他の産業」

　　（注）

$$業種目別の割合 = \frac{業種目別の取引金額}{評価会社全体の取引金額}$$

また、類似業種は、業種目の区分の状況に応じて、次によります。

業種目の区分の状況	類　似　業　種
上記により判定した業種目が小分類に区分されている業種目の場合	小分類の業種目とその業種目の属する中分類の業種目とをそれぞれ記載します。
上記により判定した業種目が中分類に区分されている業種目の場合	中分類の業種目とその業種目の属する大分類の業種目とをそれぞれ記載します。
上記により判定した業種目が大分類に区分されている業種目の場合	大分類の業種目を記載します。

(2)　「**類似業種の株価**」及び「**比準割合の計算**」の各欄には、別に定める類似業種の株価Ａ、１株（50円）当たりの年配当金額Ｂ、１株（50円）当たりの年利益金額Ｃ及び１株（50円）当たりの純資産価額Ｄの金額を記載します。

(3)　「**比準割合の計算**」の「**比準割合**」欄の比準割合（㉑及び㉔）は、「１株（50円）当たりの年配当金額」、「１株（50円）当たりの年利益金額」及び「１株（50円）当たりの純資産価額」の各欄の要素別比準割合を基に、次の算式により計算した割合を記載します。

$$比準割合 = \frac{\dfrac{Ⓑ}{B} + \dfrac{Ⓒ}{C} + \dfrac{Ⓓ}{D}}{3}$$

(4)　「**１株（50円）当たりの比準価額**」欄は、評価会社が第１表の２の「**3．会社の規模（Ｌの割合）の判定**」欄により、中会社に判定される会社にあっては算式中の「0.7」を「0.6」、小会社に判定される会社にあっては算式中の「0.7」

を「0.5」として計算した金額を記載します。

(5)　「**比準価額の修正**」欄の「1株当たりの割当株式数」及び「1株当たりの割当株式数又は交付株式数」は、1株未満の株式数を切り捨てずに実際の株式数を記載します。

　(注)　(1)の類似業種比準価額計算上の業種目及びその番号、並びに、(2)の類似業種の株価A、1株（50円）当たりの年配当金額B、1株（50円）当たりの年利益金額C及び1株（50円）当たりの純資産価額Dの金額については、該当年分の「平成〇年分の類似業種比準価額計算上の業種目及び業種目別株価等について（法令解釈通達）」で確認の上記入してください。

　　　なお、当該通達については、国税庁ホームページ【www.nta.go.jp】で確認できます。

第5表　1株当たりの純資産価額（相続税評価額）の計算明細書　会社名＿＿＿＿＿＿＿＿＿＿

（平成三十年一月一日以降用）

（取引相場のない株式（出資）の評価明細書）

1. 資産及び負債の金額（課税時期現在） ※28

資産の部				負債の部			
科　目	相続税評価額	帳簿価額	備考	科　目	相続税評価額	帳簿価額	備考
	千円	千円			千円	千円	
※19	※17	※26			※27		
※21	※18						
※22	※20						
合　計	①	②		合　計	③	④	
株式等の価額の合計額	⑦ ※23	㋺					
土地等の価額の合計額	㋩ ※24						
現物出資等受入れ資産の価額の合計額	㋥ ※25	㋭					

2. 評価差額に対する法人税額等相当額の計算

相続税評価額による純資産価額（①－③）	⑤	千円
帳簿価額による純資産価額（（②＋㋭－㋩）－④）、マイナスの場合は0	⑥	千円
評価差額に相当する金額（⑤－⑥、マイナスの場合は0）	⑦	千円
評価差額に対する法人税額等相当額（⑦×37%）	⑧	千円

3. 1株当たりの純資産価額の計算

課税時期現在の純資産価額（相続税評価額）（⑤－⑧）	⑨	千円
課税時期現在の発行済株式数（（第1表の1の①）－自己株式数）	⑩	株
課税時期現在の1株当たりの純資産価額（相続税評価額）（⑨÷⑩）	⑪ ※29	円
同族株主等の議決権割合（第1表の1の⑤の割合）が50% 以下の場合（⑪×80%）	⑫ ※30	円

第5表　1株当たりの純資産価額（相続税評価額）の計算明細書の留意点

1　この表は、「1株当たりの純資産価額（相続税評価額）」の計算のほか、株式等保有特定会社及び土地保有特定会社の判定に必要な「総資産価額」、「株式等の価額の合計額」及び「土地等の価額の合計額」の計算にも使用します。

　　なお、この表の各欄の金額は、各欄の表示単位未満の端数を切り捨てて記載します。 ※17

2　「1. 資産及び負債の金額（課税時期現在)」の各欄は、課税時期における評価会社の各資産及び各負債について、次により記載します。

(1)　「資産の部」の「相続税評価額」欄には、課税時期における評価会社の各資産について、財産評価基本通達の定めにより評価した価額（以下「相続税評価額」といいます。）を次により記載します。

　　イ　課税時期前3年以内に取得又は新築した土地及び土地の上に存する権利 ※18（以下「土地等」といいます。）並びに家屋及びその附属設備又は構築物（以下「家屋等」といいます。）がある場合には、当該土地等又は家屋等の相続税評価額は、課税時期における通常の取引価額に相当する金額（ただし、その土地等又は家屋等の帳簿価額が課税時期における通常の取引価額に相当すると認められる場合には、その帳簿価額に相当する金額）によって評価した価額を記載します。この場合、その土地等又は家屋等は、他の土地等又は家屋等と「科目」欄を ※19別にして、「課税時期前3年以内に取得した土地等」などと記載します。

　　ロ　取引相場のない株式、出資又は転換社債（財産評価基本通達197−5《転換社 ※20債型新株予約権付社債の評価》の(3)のロに定めるものをいいます。）の価額を純資産価額（相続税評価額）で評価する場合には、評価差額に対する法人税額等相当額の控除を行わないで計算した金額を「相続税評価額」として記載します（なお、その株式などが株式等保有特定会社の株式などである場合において、納税義務者の選択により、「S₁＋S₂」方式によって評価する場合のS₂の金額の計算においても、評価差額に対する法人税額等相当額の控除は行わないで計算することにな

※21

ります。）。この場合、その**株式などは、他の株式などと「科目」欄を別にし**て、**「法人税額等相当額の控除不適用の株式」などと記載**します。

ハ　評価の対象となる資産について、帳簿価額がないもの（例えば、借地権、営　※22
　業権等）であっても相続税評価額が算出される場合には、その評価額を「相
　続税評価額」欄に記載し、「帳簿価額」欄には「０」と記載します。

ニ　評価の対象となる資産で帳簿価額のあるもの（例えば、借家権、営業権等）
　であっても、その課税価格に算入すべき相続税評価額が算出されない場合に
　は、「相続税評価額」欄に「０」と記載し、その帳簿価額を「帳簿価額」欄
　に記載します。

ホ　評価の対象とならないもの（例えば、財産性のない創立費、新株発行費等の繰
　延資産、繰延税金資産）については、記載しません。

ヘ　**「株式等の価額の合計額」欄の㋐の金額は、評価会社が有している**（又は有　※23
　しているとみなされる）**株式、出資及び新株予約権付社債**（会社法第２条第22号
　に規定する新株予約権付社債をいいます。）（以下「株式等」といいます。）**の相続**
　税評価額の合計額を記載します。この場合、次のことに留意してください。

　㋑　所有目的又は所有期間のいかんにかかわらず、**全ての株式等の相続税評**
　　価額を合計します。

　㋺　法人税法第12条《信託財産に属する資産及び負債並びに信託財産に帰せ
　　られる収益及び費用の帰属》の規定により評価会社が信託財産を有するも
　　のとみなされる場合（ただし、評価会社が明らかに当該信託財産の収益の受益
　　権のみを有している場合を除きます。）において、その信託財産に株式等が含
　　まれているときには、評価会社が当該株式等を所有しているものとみなし
　　ます。

　㋩　「出資」とは、「法人」に対する出資をいい、民法上の組合等に対する出
　　資は含まれません。

ト　**「土地等の価額の合計額」欄の㋩の金額は、上記のヘに準じて評価会社が**　※24

所有している（又は所有しているとみなされる）土地等の相続税評価額の合計額を記載します。

チ　「現物出資等受入れ資産の価額の合計額」欄の㊁の金額は、各資産の中に、 ※25 現物出資、合併、株式交換又は株式移転により著しく低い価額で受け入れた資産（以下「現物出資等受入れ資産」といいます。）がある場合に、現物出資、合併、株式交換又は株式移転の時におけるその現物出資等受入れ資産の相続税評価額の合計額を記載します。ただし、その相続税評価額が、課税時期におけるその現物出資等受入れ資産の相続税評価額を上回る場合には、課税時期におけるその現物出資等受入れ資産の相続税評価額を記載します。

　　　　また、現物出資等受入れ資産が合併により著しく低い価額で受け入れた資産（以下「合併受入れ資産」といいます。）である場合に、合併の時又は課税時期におけるその合併受入れ資産の相続税評価額が、合併受入れ資産に係る被合併会社の帳簿価額を上回るときは、その帳簿価額を記載します。

　　（注）　「相続税評価額」の「合計」欄の①の金額に占める課税時期における現物出資等受入れ資産の相続税評価額の合計の割合が20％以下の場合には、「現物出資等受入れ資産の価額の合計額」欄は、記載しません。

(2)　「資産の部」の「帳簿価額」欄には、「資産の部」の「相続税評価額」欄に評 ※26 価額が記載された各資産についての課税時期における税務計算上の帳簿価額を記載します。

　　（注）1　固定資産に係る減価償却累計額、特別償却準備金及び圧縮記帳に係る引当金又は積立金の金額がある場合には、それらの金額をそれぞれの引当金等に対応する資産の帳簿価額から控除した金額をその固定資産の帳簿価額とします。

　　　　　2　営業権に含めて評価の対象となる特許権、漁業権等の資産の帳簿価額は、営業権の帳簿価額に含めて記載します。

(3)　「負債の部」の「相続税評価額」欄には、評価会社の課税時期における各負債の金額を、「帳簿価額」欄には、「負債の部」の「相続税評価額」欄に評価額が記載された各負債の税務計算上の帳簿価額をそれぞれ記載します。この場合、貸倒引当金、退職給与引当金、納税引当金及びその他の引当金、準備金並びに

繰延税金負債に相当する金額は、負債に該当しないものとします。ただし、退職給与引当金のうち、平成14年改正法人税法附則第 8 条《退職給与引当金に関する経過措置》第 2 項及び第 3 項適用後の退職給与引当金（以下「経過措置適用後の退職給与引当金」といいます。）勘定の金額に相当する金額は負債とします。

　なお、**次の金額は、帳簿に負債としての記載がない場合であっても、課税時期において未払いとなっているものは負債として「相続税評価額」欄及び「帳簿価額」欄のいずれにも記載**します。　※27

イ　**未納公租公課、未払利息等の金額**

ロ　**課税時期以前に賦課期日のあった固定資産税及び都市計画税の税額**

ハ　**被相続人の死亡により、相続人その他の者に支給することが確定した退職手当金、功労金その他これらに準ずる給与の金額**（ただし、経過措置適用後の退職給与引当金の取崩しにより支給されるものは除きます。）

ニ　**課税時期の属する事業年度に係る法人税額**（地方法人税額を含みます。）、**消費税額**（地方消費税額を含みます。）、**事業税額**（地方法人特別税額を含みます。）、**道府県民税額及び市町村民税**額のうち、その事業年度開始の日から課税時期までの期間に対応する金額

(4)　1 株当たりの純資産価額（相続税評価額）の計算は、上記(1)から(3)の説明のとおり課税時期における各資産及び各負債の金額によることとしていますが、**評価会社が課税時期において仮決算を行っていないため、課税時期における資産及び負債の金額が明確でない場合**において、**直前期末から課税時期までの間に資産及び負債について著しく増減がないため評価額の計算に影響が少ないと認められるときは、課税時期における各資産及び各負債の金額は、次により計算しても差し支えありません。**このように計算した場合には、第 2 表の「 2 ．株式等保有特定会社」欄及び「 3 ．土地保有特定会社」欄の判定における総資産価額等についても、同様に取り扱われることになりますので、これらの特定の評価会社の判定時期と純資産価額及び株式等保有特定会社の S_2 の計算時期は同　※28

一となります。

イ 「相続税評価額」欄については、直前期末の資産及び負債の課税時期の相続税評価額

ロ 「帳簿価額」欄については、直前期末の資産及び負債の帳簿価額

> (注)1 イ及びロの場合において、帳簿に負債としての記載がない場合であっても、次の金額は、負債として取り扱うことに留意してください。
>
> ⑴ 未納公租公課、未払利息等の金額
>
> ⑵ 直前期末日以前に賦課期日のあった固定資産税及び都市計画税の税額のうち、未払いとなっている金額
>
> ⑶ 直前期末日後から課税時期までに確定した剰余金の配当等の金額
>
> ⑷ 被相続人の死亡により、相続人その他の者に支給することが確定した退職手当金、功労金その他これらに準ずる給与の金額（ただし、経過措置適用後の退職給与引当金の取崩しにより支給されるものは除きます。）
>
> 2 被相続人の死亡により評価会社が生命保険金を取得する場合には、その生命保険金請求権（未収保険金）の金額を「資産の部」の「相続税評価額」欄及び「帳簿価額」欄のいずれにも記載します。

3 「2．評価差額に対する法人税額等相当額の計算」欄の「帳簿価額による純資産価額」及び「評価差額に相当する金額」がマイナスとなる場合は、「0」と記載します。

4 「3．1株当たりの純資産価額の計算」の各欄は、次により記載します。

⑴ 「課税時期現在の発行済株式数」欄は、課税時期における発行済株式の総数 〔※29〕を記載しますが、評価会社が自己株式を有している場合には、その自己株式の数を控除した株式数を記載します。

⑵ 「同族株主等の議決権割合（第1表の1の⑤の割合）が50％以下の場合」欄は、〔※30〕納税義務者が議決権割合（第1表の1の⑤の割合）50％以下の株主グループに属するときにのみ記載します。

> (注) 納税義務者が議決権割合50％以下の株主グループに属するかどうかの判定には、第1表の1の記載方法等の3の⑸に留意してください。

第6表　特定の評価会社の株式及び株式に関する権利の価額の計算明細書　会社名

（取引相場のない株式（出資）の評価明細書）

（平成三十年一月一日以降用）

1．純資産価額方式等による価額

1株当たりの価額の計算の基となる金額	類似業種比準価額（第4表の㉖、㉗又は㉘の金額）	1株当たりの純資産価額（第5表の⑪の金額）	1株当たりの純資産価額の80%相当額（第5表の⑫の記載がある場合のその金額）
	① 円	② 円	③ 円

1株当たりの価額の計算	株式の区分	1株当たりの価額の算定方法等	1株当たりの価額
	比準要素数1の会社の株式	②の金額（③の金額があるときは③の金額）と次の算式によって計算した金額とのいずれか低い方の金額 （①の金額）　　（②の金額（③の金額があるときは③の金額）） （　　　円×0.25）＋（　　　円×0.75）＝　　　円	④ 円
	株式等保有特定会社の株式	（第8表の㉘の金額）	⑤ 円
	土地保有特定会社の株式	（②の金額（③の金額があるときはその金額））	⑥ 円
	開業後3年未満の会社等の株式	（②の金額（③の金額があるときはその金額））	⑦ 円
	開業前又は休業中の会社の株式	（②の金額）	⑧ 円

株式の価額の修正		株式の価額	1株当たりの配当金額	修正後の株式の価額
	課税時期において配当期待権の発生している場合	（④、⑤、⑥⑦又は⑧）	円－　　　円　　　銭	⑨ 円
	課税時期において株式の割当てを受ける権利、株主となる権利又は株式無償交付期待権の発生している場合	株式の価額（④、⑤、⑥、⑦又は⑧（⑨があるときは⑨））　割当株式1株当たりの払込金額　1株当たりの割当株式数　1株当たりの割当株式数又は交付株式数 （　　　円＋　　　円×　　　株）÷（1株＋　　　株）			修正後の株式の価額 ⑩ 円

2．配当還元方式による価額

1株当たりの資本金等の額、発行済株式数等	直前期末の資本金等の額	直前期末の発行済株式数	直前期末の自己株式数	1株当たりの資本金等の額を50円とした場合の発行済株式数（⑪÷50円）	1株当たりの資本金等の額（⑪÷（⑫－⑬））
	⑪ 千円	⑫ 株	⑬ 株	⑭ 株	⑮ 円

直前期末以前2年間の配当金額	事業年度	⑯ 年配当金額	⑰ 左のうち非経常的な配当金額	⑱ 差引経常的な年配当金額（⑯－⑰）	年平均配当金額
	直前期	千円	千円	㋑ 千円	⑲（㋑＋㋺）÷2 千円
	直前々期	千円	千円	㋺ 千円	

1株(50円)当たりの年配当金額	年平均配当金額(⑲)	⑭の株式数	⑳	
	千円 ÷ 　　　株 ＝ 　　　円　　　銭			この金額が2円50銭未満の場合は2円50銭とします。

配当還元価額	⑳の金額	⑮の金額	㉑	㉒ 円	㉑の金額が、純資産価額方式等により計算した価額を超える場合には、純資産価額方式等により計算した価額とします。
	円　銭 / 10% × 円 / 50円 ＝ 円				

3．株式及び株式に関する権利の価額

1．及び2．に共通

配当期待権	1株当たりの予想配当金額	源泉徴収されるべき所得税相当額	㉓ 円　　銭
	（　　円　　銭）－（　　円　　銭）		

4．株式及び株式に関する権利の価額（1．及び2．に共通）

株式の割当てを受ける権利（割当株式1株当たりの価額）	⑩（配当還元方式の場合は㉒）の金額	割当株式1株当たりの払込金額	㉔ 円
株主となる権利（割当株式1株当たりの価額）	⑩（配当還元方式の場合は㉒）の金額（課税時期後にその株主となる権利につき払い込むべき金額があるときは、その金額を控除した金額）		㉕ 円
株式無償交付期待権（交付される株式1株当たりの価額）	⑩（配当還元方式の場合は㉒）の金額		㉖ 円

株式の評価額	円
株式に関する権利の評価額	円　銭（円　銭）

第6表 特定の評価会社の株式及び株式に関する権利の価額の計算明細書の留意点

1 この表は、特定の評価会社の株式及び株式に関する権利の評価に使用します（一般の評価会社の株式及び株式に関する権利の評価については、「第3表 一般の評価会社の株式及び株式に関する権利の価額の計算明細書」を使用します。）。

　なお、この表の各欄の金額は、各欄の表示単位未満の端数を切り捨てて記載します。

2 「2．配当還元方式による価額」欄は、第1表の1の「1．株主及び評価方式の判定」欄又は「2．少数株式所有者の評価方式の判定」欄の判定により納税義務者が配当還元方式を適用する株主に該当する場合に、次により記載します。

　(1) 「直前期末以前2年間の配当金額」欄は、第4表の記載方法等の2の(1)に準じて記載します。

　(2) 「配当還元価額」欄の㉒の金額の記載に当たっては、純資産価額方式等により計算した価額が、配当還元価額よりも高いと認められる場合には、「1．純資産価額方式等による価額」欄の計算を省略して差し支えありません。

3 「3．株式に関する権利の価額」欄及び「4．株式及び株式に関する権利の価額」欄は、第3表の記載方法等の4に準じて記載します。

第７表　株式等保有特定会社の株式の価額の計算明細書

会社名＿＿＿＿＿＿＿＿

（取引相場のない株式（出資）の評価明細書）

（平成三十年一月一日以降用）

1．S₁の金額

受取配当金等収受割合の計算	事業年度	① 直前期	② 直前々期	合計（①＋②）	受取配当金等収受割合（㋑÷（㋑＋㋺））※小数点以下３位未満切り捨て
	受取配当金等の額	※31 千円	千円	㋑ 千円	㋩ ※33
	営業利益の金額	※32 千円	千円	㋺ 千円	

Ⓑ－ⓑの金額	1株（50円）当たりの年配当金額（第４表のⒷ）	受取配当金等収受割合（㋩）	ⓑ の金額（③×㋩）	Ⓑ－ⓑ の金額（③－④）
	③ 円 0銭		④ 円 0銭	⑤ 円 0銭
Ⓒ－ⓒの金額	1株（50円）当たりの年利益金額（第４表のⒸ）		ⓒ の金額（⑥×㋩）	Ⓒ－ⓒ の金額（⑥－⑦）
	⑥ 円		⑦ 円	⑧ 円

Ⓓ－ⓓの金額	（イ）の金額	1株（50円）当たりの純資産価額（第４表のⒹ）	直前期末の株式等の帳簿価額の合計額	直前期末の総資産価額（帳簿価額）	（イ）の金額（⑨×（⑩÷⑪））
		⑨ 円	⑩ 千円	⑪ 千円	⑫ 円
	（ロ）の金額	利益積立金額（第４表の⑱の「直前期」欄の金額）	1株当たりの資本金等の額を50円とした場合の発行済株式数（第４表の⑤の株式数）	受取配当金等収受割合（㋩）	（ロ）の金額（（⑬÷⑭）×㋩）
		⑬ 千円	⑭ 株		⑮ 円
		ⓓの金額（⑫＋⑮）	Ⓓ－ⓓの金額（⑨－⑯）	（注）1　㋩の割合は、1を上限とします。 2　⑯の金額は、Ⓓの金額（⑨の金額）を上限とします。	
		⑯ 円	⑰ 円		

2．S₁の金額（類似業種比準価額の修正計算）

1株（50円）当たりの比準価額の計算

類似業種と業種目番号	（No.　　）	比準割合の計算	区分	1株（50円）当たりの年配当金額	1株（50円）当たりの年利益金額	1株（50円）当たりの純資産価額	1株（50円）当たりの比準価額
類似業種の株価	課税時期の属する月　月 ㊁ 円		評価会社	（⑤） 円 0銭	（⑧） 円	（⑰） 円	⑱ × ⑲ × 0.7 ※ ※（中会社は0.6 小会社は0.5 とします。）
	課税時期の属する月の前月　月 ㋭ 円		類似業種	B 円 0銭	C 円	D 円	
	課税時期の属する月の前々月　月 ㋬ 円		要素別比準割合	（⑤）/B ．	（⑧）/C ．	（⑰）/D ．	
	前年平均株価 ㋣ 円		比準割合	$\frac{\frac{(⑤)}{B}+\frac{(⑧)}{C}+\frac{(⑰)}{D}}{3}$ ＝ ．	⑲		⑳ 円 0銭
	課税時期の属する月以前２年間の平均株価 ㋠ 円						
	A（㊁、㋭、㋬、㋣及び㋠のうち最も低いもの） ⑱ 円						

類似業種と業種目番号	（No.　　）	比準割合の計算	区分	1株（50円）当たりの年配当金額	1株（50円）当たりの年利益金額	1株（50円）当たりの純資産価額	1株（50円）当たりの比準価額
類似業種の株価	課税時期の属する月　月 ㋷ 円		評価会社	（⑤） 円 0銭	（⑧） 円	（⑰） 円	㉑ × ㉒ × 0.7 ※ ※（中会社は0.6 小会社は0.5 とします。）
	課税時期の属する月の前月　月 ㋦ 円		類似業種	B 円 0銭	C 円	D 円	
	課税時期の属する月の前々月　月 ㋸ 円		要素別比準割合	（⑤）/B ．	（⑧）/C ．	（⑰）/D ．	
	前年平均株価 ㋾ 円		比準割合	$\frac{\frac{(⑤)}{B}+\frac{(⑧)}{C}+\frac{(⑰)}{D}}{3}$ ＝ ．	㉒		㉓ 円 0銭
	課税時期の属する月以前２年間の平均株価 ㋻ 円						
	A（㋷、㋦、㋸、㋾及び㋻のうち最も低いもの） ㉑ 円						

1株当たりの比準価額	比準価額（⑳と㉓とのいずれか低い方）　円　0銭 × 第４表の④の金額 円 / 50円	㉔ 円

比準価額の修正

直前期末の翌日から課税時期までの間に配当金交付の効力が発生した場合	比準価額（㉔）　円 － 1株当たりの配当金額　円　銭	修正比準価額 ㉕ 円
直前期末の翌日から課税時期までの間に株式の割当て等の効力が発生した場合	比準価額（㉔）（㉕があるときは㉕）（　円＋ 割当株式1株当たりの払込金額　円　銭× 1株当たりの割当株式数　株）÷（1株＋ 1株当たりの割当株式数又は交付株式数　株）	修正比準価額 ㉖ 円

第7表 株式等保有特定会社の株式の価額の計算明細書の留意点

1 この表は、評価会社が株式等保有特定会社である場合において、その株式の価額を「$S_1 + S_2$」方式によって評価するときにおいて、「S_1」における類似業種比準価額の修正計算を行うために使用します。

　なお、この表の各欄の金額は、各欄の表示単位未満の端数を切り捨てて記載します（ただし、下記2の(1)のニ及び2の(3)に留意してください。）。

2 「S_1の金額（類似業種比準価額の修正計算）」の各欄は、次により記載します。

(1) 「受取配当金等収受割合の計算」の各欄は、次により記載します。

　イ 「受取配当金等の額」欄は、直前期及び直前々期の各事業年度における評価会社の受取配当金等の額（法人から受ける剰余金の配当（株式又は出資に係るものに限るものとし、資本金等の額の減少によるものを除きます。）、利益の配当、剰余金の分配（出資に係るものに限ります。）及び新株予約権付社債に係る利息の額をいいます。）の総額を、それぞれの各欄に記載し、その合計額を「合計」欄に記載します。 ※31

　ロ 「営業利益の金額」欄は、イと同様に、各事業年度における評価会社の営業利益の金額（営業利益の金額に受取配当金等の額が含まれている場合には、受取配当金等の額を控除した金額）について記載します。 ※32

　ハ 「① 直前期」及び「② 直前々期」の各欄の記載に当たって、1年未満の事業年度がある場合には、第4表の記載方法等の2の(1)のハに準じて記載します。

　ニ 「受取配当金等収受割合」欄は、小数点以下3位未満の端数を切り捨てて記載します。 ※33

(2) 「直前期末の株式等の帳簿価額の合計額」欄の⑩の金額は、直前期末における株式等の税務計算上の帳簿価額の合計額を記載します（第5表を直前期末における各資産に基づいて作成しているときは、第5表の㋺の金額を記載します。）。

(3) 「1株（50円）当たりの比準価額」欄、「1株当たりの比準価額」欄及び「比準価額の修正」欄は、第4表の記載方法等の1及び3に準じて記載します。

第8表　株式等保有特定会社の株式の価額の計算明細書（続）　　会社名

		相続税評価額による純資産価額（第5表の⑤の金額）	課税時期現在の株式等の価額の合計額　（第5表の⑦の金額）	差　引（①－②）
1.S₁の金額（続）	**純資産価額（相続税評価額）の修正計算**	①　　　　　千円	②　　　　　千円	③　　　　　千円
		帳簿価額による純資産価額（第5表の⑥の金額）	株式等の帳簿価額の合計額（第5表の⊖＋（⊜－⊛）の金額）(注)	差　引（④－⑤）
		④　　　　　千円	⑤　　　　　千円	⑥　　　　　千円
		評価差額に相当する金額（②－⑥）	評価差額に対する法人税額等相当額（⑦×37%）	課税時期現在の修正純資産価額（相続税評価額）（③－⑧）
		⑦　　　　　千円	⑧　　　　　千円	⑨　　　　　千円
		課税時期現在の発行済株式数（第5表の⑩の株式数）	課税時期現在の修正後の1株当たりの純資産価額（相続税評価額）（⑨÷⑩）	(注)　第5表の⊜及び⊛の金額に株式等以外の資産に係る金額が含まれている場合には、その金額を除いて計算します。
		⑩　　　　　株	⑪　　　　　円	

	1株当たりのS₁の金額の計算の基となる金額	修正後の類似業種比準価額（第7表の㉔、㉘又は㉙の金額）	修正後の1株当たりの純資産価額（相続税評価額）（⑪の金額）	
		⑫　　　　　円	⑬　　　　　円	

	区　分	1株当たりのS₁の金額の算定方法	1株当たりのS₁の金額
1株当たりのS₁の金額の計算	比準要素数1である会社のS₁の金額	⑬の金額と次の算式によって計算した金額とのいずれか低い方の金額 ⑫の金額　　　　　　　⑬の金額 （　　　　　円×0.25）＋（　　　　　円×0.75）＝　　　　円	⑭　　　　　円
	上記以外の会社 — 大会社のS₁の金額	⑫の金額と⑬の金額とのいずれか低い方の金額 （⑬の記載がないときは⑫の金額）	⑮　　　　　円
	中会社のS₁の金額	⑫と⑬とのいずれか　　　Lの割合　　　　⑬の金額　　　　Lの割合 低い方の金額 〔　　　円×0.　　　〕＋〔　　　円×（1－0.　　　）〕	⑯　　　　　円
	小会社のS₁の金額	⑬の金額と次の算式によって計算した金額とのいずれか低い方の金額 ⑫の金額　　　　　　　⑬の金額 （　　　　　円×0.50）＋（　　　　　円×0.50）＝　　　　円	⑰　　　　　円

2.S₂の金額	課税時期現在の株式等の価額の合計額（第5表の⑦の金額）	株式等の帳簿価額の合計額（第5表の⊖＋⊜－⊛）の金額）(注)	株式等に係る評価差額に相当する金額（⑱－⑲）	⑳の評価差額に対する法人税額等相当額（⑳×37%）
	⑱　　　　　千円	⑲　　　　　千円	⑳　　　　　千円	㉑　　　　　千円
	S₂の純資産価額相当額（⑱－㉑）	課税時期現在の発行済株式数（第5表の⑩の株式数）	S₂の金額（㉒÷㉓）	(注)　第5表の⊜及び⊛の金額に株式等以外の資産に係る金額が含まれている場合には、その金額を除いて計算します。
	㉒　　　　　千円	㉓　　　　　株	㉔　　　　　円	

※34

3.株式等保有特定会社の株式の価額	1株当たりの純資産価額（第5表の⑪の金額（第5表の⑫の金額があるときはその金額））	S₁の金額とS₂の金額との合計額（（⑭、⑮、⑯又は⑰）＋㉔）	株式等保有特定会社の株式の価額（㉕と㉖とのいずれか低い方の金額）
	㉕　　　　　円	㉖　　　　　円	㉗　　　　　円

第8表 株式等保有特定会社の株式の価額の計算明細書 (続)の留意点

1 この表は、評価会社が株式等保有特定会社である場合において、その株式の価額を「$S_1 + S_2$」方式によって評価するときのS_1における純資産価額の修正計算及び1株当たりのS_1の金額の計算並びにS_2の金額の計算を行うために使用します。

なお、この表の各欄の金額は、各欄の表示単位未満の端数を切り捨てて記載します。

2 「2. S_2の金額」の各欄は、次により記載します。

※34

(1) 「課税時期現在の株式等の価額の合計額」欄の⑱の金額は、課税時期における株式等の相続税評価額を記載しますが、第5表の記載方法等の2の(1)のロに留意するほか、同表の記載方法等の2の(4)により株式等保有特定会社の判定時期と純資産価額の計算時期が直前期末における決算に基づいて行われている場合には、S_2の計算時期も同一とすることに留意してください。

(2) 「株式等に係る評価差額に相当する金額」欄の⑳の金額は、株式等の相続税評価額と帳簿価額の差額に相当する金額を記載しますが、その金額が負数のときは、0と記載することに留意してください。

＜著者紹介＞

税理士　与良秀雄

　国税庁資産課税課課長補佐、川越税務署副署長、国税不服審判所副審判官、関東信越国税局広報広聴室長、日立税務署長、関東信越国税局人事第二課長、課税総括課長、課税第一部次長、徴収部長等を歴任し、平成28年に退官。

　現在、税理士、千葉商科大学客員教授（会計ファイナンス科）として活躍。

［主な著書］

　「所得税基本通達逐条解説」「租税特別措置法通達（譲渡所得、山林所得関係）逐条解説」、「土地収用法・都市計画法と税務」、「問答式株式譲渡益課税のすべて」、「空き家譲渡の3000万円控除の特例早わかり」（大蔵財務協会）など。

非上場株式の評価と活用の留意点Q＆A

| 平成30年5月25日　初版第一刷印刷 | （著者承認検印省略） |
| 平成30年6月8日　初版第一刷発行 | |

Ⓒ　著 者　与良　秀雄

発行所　税務研究会出版局

https://www.zeiken.co.jp

週刊「税務通信」「経営財務」発行所

代表者　山　根　　毅

〒100-0005
東京都千代田区丸の内1-8-2 鉄鋼ビルディング
振替00160-3-76223

電　話 ［書 籍 編 集］　03（6777）3463
　　　　［書 店 専 用］　03（6777）3466
　　　　［書 籍 注 文］　03（6777）3450
　　　　（お客さまサービスセンター）

各事業所　電話番号一覧

北 海 道	011（221）8348	関 　 西	06（6943）2251
東 　 北	022（222）3858	中 　 国	082（243）3720
関 　 信	048（647）5544	九 　 州	092（721）0644
中 　 部	052（261）0381	神 奈 川	045（263）2822

乱丁・落丁の場合は、お取替え致します。　　　印刷・製本　奥村印刷

ISBN978-4-7931-2274-3